Klaus Lohrmann • Zwischen Finanz und Toleranz

Meinen Mitarbeitern
in Dankbarkeit gewidmet

Klaus Lohrmann

Zwischen
Finanz und Toleranz

Das Haus Habsburg und die Juden

Ein historischer Essay

:STYRIA

Umschlagbild: Ansprache des Thronfolgers Erzherzog Karl in Czernowitz.
Jüdisches Museum Wien.
Abbildungsnachweis: Bildarchiv der Österreichischen Nationalbibliothek, Wien,
Kunsthistorisches Museum, Wien, Institut für Geschichte der Juden in Öster-
reich, St. Pölten, Jüdisches Museum, Wien, Archiv Verlag Styria.

Die Deutsche Bibliothek – CIP-Einheitsaufnahme

Lohrmann, Klaus:
Zwischen Finanz und Toleranz :
das Haus Habsburg und die Juden / Klaus Lohrmann. –
Graz ; Wien ; Köln : Verl. Styria, 2000
ISBN 3-222-12766-2

© 2000 Verlag Styria Graz Wien Köln
Layout und Umbruch: Helmut Lenhart, Graz
Umschlaggestaltung: Graphik-Design Mag. Kurt Rendl, Wien
Druck und Bindung: Wiener Verlag, Himberg
ISBN 3-222-12766-2

INHALTSVERZEICHNIS

VORWORT

Das vorliegende Buch beschäftigt sich mit dem grundsätzlichen Verhältnis einer europäischen Dynastie zu den Juden. Dynastien repräsentieren Reiche und Staaten, so dass sich eingangs die Frage stellt: Wie sinnvoll ist die Beschäftigung mit den einzelnen Vertretern einer Dynastie? Die Antwort fällt eher praktisch denn tiefsinnig aus: Es wäre nicht gerade sinnvoll, eine Geschichte über die Kapetinger und die Juden zu schreiben, da sich eine solche Untersuchung zumindest seit dem späten 12. Jahrhundert mit der Geschichte der Juden in Frankreich decken würde. Im Falle der Habsburger ergeben sich jedoch mit der wachsenden Zahl ihrer Länder interessante Vergleiche. Wenn auch die Lebensverhältnisse der Juden in den habsburgischen Territorien Mitteleuropas ähnlich sind, treten doch charakteristische Unterschiede auf, die von der politischen Lage, der Zahl der Juden und der Entwicklung der wirtschaftlichen Umfeldbedingungen entscheidend abhängen. Aus diesem bunten Muster verschiedener Voraussetzungen könnten Konstanten habsburgischen Verhaltens gegenüber den Juden hervortreten. Ob dies so war, wird sich im Verlauf unserer nachdenklichen Betrachtung zeigen.

In der Beziehung der Habsburger zu den Juden spiegelt sich aufgrund der verschiedenen Herrschaften die Stellung der Juden in der lateinisch-westlichen Kultur, und mit dem Ausgreifen ihrer Herrschaft in den osteuropäischen Raum wird auch das Verhältnis der Orthodoxie zu den Juden berührt. Dieser Aspekt ist allerdings nur eine marginale Erscheinung, da ja die Habsburger selbst bei aller Bedeutung der Toleranzpolitik gegenüber den Orthodoxen immer die lateinisch-katholische Identität vertraten. Wohl tauchte 1453 nach dem Fall von Konstantinopel der Gedanke auf, dass der westliche Kaiser nun auch die Aufgaben des östlichen zu übernehmen habe, doch der rasche Siegeslauf des osmanischen Imperialismus ließ diese Idee lange Zeit zur Theorie verkümmern. Die politische Theorie wurde von Kaiser Friedrich III. sehr konkret verstanden, soll er doch die Absicht gehabt haben, seine Frau Eleonore von Portugal in Helena und den kleinen Maximilian in Konstantin, nach dem Gründer der östlichen Reichszentrale, umzubenennen. Es ist nur logisch, dass mit den Türkensiegen des ausgehenden 17. Jahrhunderts diese Gedanken wieder auferstanden. Die Darstellung Karls VI. als Herkules an den Toren des Reichskanzleitraktes der Hofburg und ehemals vor der Hofbibliothek hat einen tiefen historisch-mythischen Sinn. Philipp von Makedonien, der Vater des westlichen Herrschers über den Osten, Alexanders des Großen, ließ auf die Rückseiten seiner Münzen das Bildnis des Herakles prägen.

Die auf den folgenden Seiten aufgeworfenen Fragen zum habsburgisch-jüdischen Verhältnis sind daher allgemeiner Natur. Anders formuliert: Es ist nicht meine Absicht, eine umfassende Untersuchung zur Geschichte der Juden unter habsburgischer Herrschaft vorzulegen, die aufgrund der Forschungslage noch gar nicht geschrieben werden könnte.

Mein Freund und Kollege Albert Lichtblau hat vor einigen Jahren mit Dr. Otto Habsburg ein Interview über diese Fragen gemacht, das er mir als Einstimmung für dieses Thema zur Verfügung gestellt hat. Es war beim Abhören des Bandes eine interessante Erfahrung, dass auch der heutige Chef des Hauses dazu neigte, jene traditionellen Bilder über die Stellung der Juden in der Monarchie zu beschwören, die bei einer oberflächlichen Beschäftigung mit Stefan Zweig oder Joseph Roth entstehen. Das Festhalten dieses Moments als Erinnerung inmitten der Umwälzungen des 20. Jahrhunderts machte aus einer denkbar kurzen Zeitspanne von wenigen Jahren ein Kulturphänomen der „langen Dauer". Hier muss der kritische Ansatz liegen und die Frage auslösen: War die Monarchie das supranationale Paradies der Habsburger und der Juden?

EINLEITUNG

Das Verhältnis der Habsburger zu den Juden ist in mehrfacher Hinsicht von weltgeschichtlicher Bedeutung. Als römisch-deutsche Kaiser und als Herrscher über die böhmischen Länder bzw. Ungarn bestimmten sie die Rahmenbedingungen jüdischen Lebens in einem beträchtlichen Teil Europas und erlangten 1772 weiteren Einfluss mit der Erwerbung der von Juden dicht besiedelten südlichen Teile Polens. Die Toleranzpolitik Josefs II. erhielt durch die mehr als 200.000 neuen jüdischen Untertanen wesentliche Impulse. Einige Historiker vertreten sogar die Meinung, dass die Toleranzpolitik gegenüber den Juden erst durch diese neue Situation bedingt wurde.

Abgesehen von diesem Aspekt gehört die Haltung Josefs zu den Juden, die bis hin zu Franz Joseph I. prägend blieb, zu den charakteristischen politischen Leistungen der Dynastie im letzten Abschnitt ihrer Geschichte. Allerdings ist neueren Forschungen folgend Josefs Politik gegenüber den Juden durchaus ambivalent zu beurteilen. Dabei geht es weniger um die persönliche Meinung des Kaisers über die Juden als um einen Kreis von Politikern, der grundsätzlichen politischen Überlegungen folgend, die Position der Juden in der Gesellschaft verändern wollte. Dies hatte nachhaltige Auswirkungen auf das 19. Jahrhundert, die differenziert zu betrachten sind, da verschiedene Entwicklungen einander widersprachen. Grundsätzliches Misstrauen gegen die jüdische Bevölkerung blieb auch weiterhin bestehen, das in der Epoche des Neoabsolutismus zwischen 1850 und 1861 restriktive Maßnahmen gegen sie hervorrief. Erst unter dem Druck anderer Staaten, die bei der Entwicklung konstitutiver Verfassungen weiter als die Monarchie fortgeschritten waren, setzte sich die sogenannte Emanzipation der Juden fort.

Gleichzeitig mit der schrittweisen Verwirklichung der Emanzipation erhob sich eine neue Welle von Judenfeindschaft, in der sich Traditionelles als Kern mit einer starken Betonung ökonomischer und gruppenbezogener Argumente vermischte. Unter den gruppenbezogenen Argumenten verstehe ich jenen Themenkomplex, der im Allgemeinen unter dem nicht immer sinnvollen Sigle „Rassismus" läuft. Eine Analyse der Inhalte „rassistischer" Judenfeindschaft zeigt das Fortleben religiöser Gegnerschaft, die von manchen Antisemiten an einen angeblichen Volkscharakter der Juden gebunden wurde. Unter dem Einfluss der Rassenlehre, die allerdings vor 1933 von antisemitischen Urteilen erstaunlich wenig berührt wurde, wurde vereinzelt der Volkscharakter als Rassenmerkmal gedeutet. Dieser Art von Judenfeindschaft trat Kaiser Franz Joseph unmissverständlich entgegen. Die Schwierigkeiten, die der Kaiser bei der Einsetzung Karl Luegers als Bürgermeister machte, waren nicht zuletzt auf dessen politisch instrumentalisierten Antisemitismus zurückzuführen.

In gewissem Sinne blieben die josefinischen Toleranzgedanken die Grundlage der Entwicklung des 19. Jahrhunderts, denn Josefs Politik löste gleich geartete Reaktionen in Preußen und Frankreich aus. Die eigentlich für den Elsass verfasste Schrift „Über die bürgerliche Verbesserung der Juden" des preußischen Beamten Freiherrn von Dohm ist ohne Josefs konkrete Toleranzpolitik nicht zu verstehen. Diese Politik verband Altes mit Neuem: Die Absicht des Kaisers, die Juden dem Staate nützlicher zu machen, ist zutiefst aufklärerisch im Sinne der Schaffung neuer Ordnungen. Dass die Juden zum Nutzen der Fürsten wirken sollten, war schon im Mittelalter gang und gäbe. Im Rahmen der neuen Definition des Herrschers als erstem Diener des Staates verschob sich die Aufgabe der Juden zur Förderung des Herrschernutzens auf einen Beitrag zum Nutzen des Staates. Ein altes Schema in neuem Gewand! Neu war aber die von Josef gleichzeitig erhobene Forderung, die Juden nicht weiterhin so erbärmlich zu behandeln. Es scheint so, dass mit diesen Formulierungen erstmals ein europäischer Herrscher aus dem jahrhundertealten Schema des christlich-jüdischen Antagonismus ausbrach.

Bei aller Vorsicht, die bei der Beurteilung von Josefs Politik gegenüber den Juden angebracht ist, muss man doch den Gedanken ernst-
haft prüfen, ob nicht mit dem josefinischen Zeitalter eine neue
Epoche im jüdisch-christlichen Verhältnis angebrochen war. Wenn
auch das Schrifttum dieser Zeit so manche althergebrachte judenfeindliche Klischees beinhaltet, stellten sich die im Sinne der Aufklärung gebildeten Beamten trotzdem häufig auf geradezu revolutionäre neue Standpunkte, die heute die vielleicht bestimmende
Auffassung über die Juden prägen, nämlich dass die Anerkennung
der Menschenwürde eines Juden für die Existenz einer von Vorurteilen weitestgehend befreiten humanen Gesellschaft unerlässlich
ist. So gesehen ist der Josefinismus das zentrale Thema einer
Geschichte, die das Verhältnis der Habsburger zu den Juden behandelt.

Die Nachwirkungen dieser Auffassung sind auch für Franz Joseph I.
und den hohen Klerus kennzeichnend, auch in einer Zeit, als der
politische Antisemitismus Karl Luegers großen Erfolg hatte. Da
Franz Joseph zudem in den Nationalitätenkämpfen, in denen es für
die Juden der Monarchie nicht leicht war, sich zu orientieren, das
supranationale Oberhaupt repräsentierte, entwickelten viele Juden, und gerade die Gebildeten, eine große Anhänglichkeit an den
Kaiser. Der literarische Reflex auf diese Beziehungen ist besser bekannt als diese selbst. Franz Theodor Csokor ließ den jüdischen
Kompaniearzt Grün „die Erde aus Österreich" in ein Grab werfen,
und Joseph Roths Abgesang auf die untergegangene Monarchie
wurde zum Mythos des jüdisch-habsburgischen Verhältnisses.
Dieser Mythos prägt unsere Vorstellungen bis heute mehr als jede
nüchterne Analyse der Situation der Juden um 1900. Die Residenzstadt Wien nimmt einen zentralen Platz in der jüdischen Erinnerung ein; diese Bedeutung ist durchaus jener von Prag in der Zeit
des Hohen Rabbi Löw um 1600 vergleichbar.

Prag, das zweite Jerusalem, war am Ende des 16. Jahrhunderts habsburgische Residenzstadt. Die größte jüdische Gemeinde Europas
mit mehr als 10.000 Mitgliedern war dort angesiedelt. Kaiser
Rudolf II., an allen Geheimwissenschaften und Kuriositäten inte-

ressiert, pflegte Umgang mit den bedeutendsten jüdischen Gelehrten der Stadt. Aber als Verteidiger gegen die Osmanen drehte er auch rücksichtslos an der Steuerschraube, und seine Ratgeber erwiesen sich als unerschöpfliche Erfinder neuer Arten von Steuern. Die Geschichte dieser gewaltigen, sagenumwobenen Prager jüdischen Gemeinde ist im 17. Jahrhundert aufs Engste mit dem habsburgischen Mythos verknüpft, doch auch jenseits der Legenden strahlte sie mit ihren Gelehrten und bedeutenden Wirtschaftsleuten auf das Geistes- und Wirtschaftsleben der gesamten Monarchie aus. Der Ruf ihrer Prager Gemeinde war für die Juden in Europa so wichtig, dass die Juden des gesamten Kontinents erfolgreich gegen die Pläne Maria Theresias intervenierten, als sie die Juden 1744 aus Prag vertreiben wollte.

Die weltumspannende Bedeutung der Habsburger mit ihrem Reich, in dem die Sonne nicht untergeht, betrifft die Juden mit einem in mancher Hinsicht problematisch zu beurteilenden Kapitel. Die Tätigkeit ehemals jüdischer Christen, der sogenannten Conversos, in den Kolonien des habsburgischen Spaniens einfach als einen Aspekt „jüdischer Geschichte" oder des Verhältnisses von „Juden und Habsburgern" zu betrachten, würde doch auf einen gewissen Widerstand stoßen.

1492 waren die Juden aus Spanien von Ferdinand und Isabella vertrieben worden. Getaufte Juden, die im Verdacht standen, heimlich jüdische Bräuche zu bewahren, wurden von der Inquisition überwacht, und dies galt auch für die Kolonien. Neben denjenigen Juden, die in niederländischen Diensten tätig waren, spielten die Conversos für den Tabak-, Kaffee- und Kakaoimport nach Europa eine wichtige Rolle. Diego d'Aguilar, der als persönlicher Freund Kaiser Karls VI. angesehen wird, war zu Beginn des 18. Jahrhunderts einer der Importeure, zunächst ein Converso, der dann offenbar unter niederländischer oder englischer Herrschaft zum Judentum zurückkehrte. Später stellte er im Auftrag des Kaisers und der Hofkammer in Wien die Tabakproduktion auf eine ertragreiche Basis, sorgte für englische Subsidien und finanzierte den Pacassi-Umbau des Schlosses Schönbrunn mit.

Unter dem Einfluss der spanischen Tradition der Katholischen Könige entwickelte sich das Haus Habsburg zu der katholischen Dynastie „par excellence" in Europa. Bereits von Ferdinand I. befürchtete man entsprechende Einflüsse, die sich jedoch in Grenzen hielten. Im Rahmen unserer Überlegungen stellt sich die Frage, ob diese katholische Identität der Dynastie einen fühlbaren Einfluss auf ihre Stellungnahme zu den Juden ausübte. Zentrale Themen sind in diesem Zusammenhang das Wucherproblem, das angebliche Spotten der Juden über Jesus und Maria und die Messiasfrage. Seit dem 16. Jahrhundert traten die unterschiedlichen Auffassungen bezüglich der Trinitätsfrage und der Transsubstantiationslehre zurück. Die Wucherfrage spielte in der kaiserlichen Politik selbstverständlich eine zentrale Rolle, da nach gemeinem Recht der Wucher verboten war. In der Ausübung der Kaiserwürde kam die Konfession der Herrschaftsträger nicht zum Tragen, da die prinzipielle rechtliche Situation geregelt war. Obwohl die Habsburger als Landesfürsten oftmals das strikte Wucherverbot in ihren Ländern lockerten, als allgemeine Richtlinie aber auch wiederholt einschärften, ist auch in diesem Bereich von einer im besonderen Maße wirksamen katholischen Einstellung nicht die Rede. Emotional äußerte sich dazu lediglich Maria Theresia bzw. haben wir nur zu ihren Bemerkungen Quellen zur Verfügung. Die negative Beurteilung des Wuchers war aber kein Monopol der Katholiken. Auch die protestantischen Fürsten versäumten es nicht, auf die Gottlosigkeit des Wuchers hinzuweisen.

Leopold I., in dessen Regierungszeit die sogenannte „pietas Austriaca" zu einem wichtigen Merkmal österreichisch-habsburgischer Identität wurde, warf den Juden vor, in ihren Büchern die Jungfrau Maria zu schmähen. Dies ist der einzige Hinweis, dass Judenfeindschaft eine speziell katholische Färbung annahm. Allerdings ist auch diese Anmerkung mit einiger Vorsicht zu beurteilen, da gerade dieser Vorwurf gegen die Juden schon im Mittelalter erhoben wurde. Ganz konkret gesprochen, beschwerten sich schon 1419 Mitglieder der Theologischen Fakultät in Wien, dass die Juden in ihren abscheulichen Büchern die Jungfrau Maria schmähten.

Die wirtschaftlichen Zwänge standen immer im Vordergrund. Ein Herrscher wie Ferdinand II., an dessen katholischer Gesinnung nicht der geringste Zweifel bestehen kann, förderte unter dem Eindruck der Zwänge des Dreißigjährigen Krieges die Juden in bemerkenswerter Weise. Dabei ist es erstaunlich, dass er über die bloße Erlaubnis der Ansiedlung hinausging und der jüdischen Selbstorganisation im Sinne von Gemeindebildung großen Spielraum verschaffte. Die sehr weit gehenden Wiener Privilegien machen doch aufmerksam; natürlich wollte er auch namhafte Beiträge von den Juden.

Der jahrhundertelang wirksamen Bedeutung des Hauses Habsburg entspricht auch die Vielfalt der Stellung und Tätigkeit der Juden unter seiner Herrschaft. Ein oft schwieriges, aber meist geregeltes Verhältnis ist für die Geschichte dieser Beziehung im Laufe der Jahrhunderte kennzeichnend gewesen. Die Geschichte beginnt in Deutschland, als Rudolf, der reiche Graf von Habsburg, 1273 zum deutschen König gewählt wurde.

Der Aufstieg der Habsburger im 13. Jahrhundert zu einer der führenden Dynastien des Heiligen Römischen Reiches fällt in eine Zeit, da die Juden neben den italienischen Bankfachleuten die Rolle von Spezialisten für gemünztes Edelmetall übernahmen. Zumindest gilt dies für Deutschland. In Frankreich und England war der Höhepunkt dieser Tätigkeit bereits überschritten. König Ludwig IX. der Heilige hatte in Übereinstimmung mit kirchlichen Vorstellungen in Frankreich die Geschäftstätigkeit der Juden, Darlehen gegen Zinsen, untersagt. 20 Jahre später, nachdem Rudolf I. den deutschen Thron bestiegen hatte, wurden die Juden für Jahrhunderte aus England vertrieben.

Innerhalb Deutschlands und über die östlichen Grenzen hinausgreifend entstanden neue Siedlungsschwerpunkte der Juden – den politischen Verhältnissen entsprechend weiter im Osten des Reiches. Wie andere Fürsten versuchten auch die Habsburger im 13. und 14. Jahrhundert, die Juden durch möglichst günstige Rahmenbedingungen zur Einwanderung zu veranlassen. Dabei konnten sie in den neu erworbenen Ländern der Babenberger auf den von

Friedrich dem Streitbaren geschaffenen Grundlagen aufbauen. Seine im Jahr 1244 gewährte Judenordnung, die wirtschaftliche Fragen regelte und den Schutz jüdischer Einrichtungen und Lebensformen garantierte, wurde von Ottokar II. nach Böhmen, von Béla IV. nach Ungarn und von Boleslaw V. auf Kalisch im westlichen Polen übertragen. Der Raum, in dem die Juden fast identische Rahmenbedingungen vorfanden, deckt sich noch vor der Errichtung der habsburgischen Herrschaft in Österreich im Wesentlichen mit der Monarchie von 1526. Auch in Kärnten, das seit 1335 zur habsburgischen Ländermasse gehörte, galt schon vorher das Judenrecht von Friedrich dem Streitbaren.

Die finanziellen Interessen der Herzöge von Österreich an den Juden sind deutlich nachzuweisen. In den vielschichtigen politischen Auseinandersetzungen des Mittelalters war die Geldbeschaffung für die Fürsten und ihre adelige Gefolgschaft von entscheidender Bedeutung. Daher versuchten die Habsburger im Allgemeinen „ihre Juden" kraftvoll zu schützen. Judenverfolgungen gab es auch in den habsburgischen Ländern, vor allem die Beschuldigung, dass Juden Hostien schänden würden, führte immer wieder zu Tumulten, bei denen Juden ermordet wurden.

Die theologische Seite der Auseinandersetzung mit den Juden hatten zeitweilig auch die Herzöge von Österreich ernst zu nehmen, wenn auch manche Diskussionen und Gedanken kirchlicherseits, die den „Wucher" und die Stellung der Juden in der Gesellschaft zurückdrängen wollten, den politischen Erfordernissen zuwiderlaufen konnten.

Wien, spätestens seit Rudolf IV. wirklich Residenzstadt und Mittelpunkt der Herrschaft über Österreich, beherbergte gegen Ende des 14. Jahrhunderts eine der größten und bedeutendsten jüdischen Gemeinden des gesamten Reiches. Etwa fünf Prozent der Bevölkerung waren Juden (800 Personen), unter denen sich eine Reihe bedeutender Gelehrter befand, die häufig zu den reichen, in der Gemeinde den Ton angebenden Familien gehörten.

Weit weniger erfolgreich war der Judenschutz der Habsburger in den Vorlanden. Während der Verfolgungen 1348/50 konnten sie die Verbrennung der Juden z. B. in Schaffhausen nicht verhindern. Die Gründe dafür liegen in verschiedenen Herrschaftsstrukturen in den schwäbisch-schweizerischen Gebieten bzw. in den Erblanden.

Wirtschaftliche Veränderungen, die aus dem südwestdeutschen Raum nach Osten vordrangen, die Ausbreitung des bürgerlichen Kreditwesens und auf der anderen Seite die Krise der Spätscholastik, verbunden mit dem Reformwesen, schwächten die Position der Juden beträchtlich. Unter dem Druck dieser Entwicklung war schließlich Herzog Albrecht V. 1420/21 der Initiator einer Verfolgung und Vertreibung der Juden aus den österreichischen Donauländern.

Der wachsende Einfluss der Stände, die im sogenannten Innerösterreich darauf hinarbeiteten, die Juden loszuwerden, wurde von Friedrich III. noch eingedämmt, Maximilian I. stimmte aber 1496 nach finanziellen Zugeständnissen durch die Stände einer Vertreibung zu.

Die Zahl der Juden in Deutschland nahm ab, Wanderungen nach Italien, Böhmen, Ungarn und weiter in den Osten verschoben den Schwerpunkt der jüdischen Siedlungen wiederum. Juden, die sich im Laufe des 16. Jahrhunderts in den habsburgischen Erbländern ansiedelten, wohnten meist in Dörfern, in Wien gab es zeitweilig einige wenige Familien, die ständig vom prinzipiellen Aufenthaltsverbot in der Stadt bedroht waren. Dies war die Zeit, da Prag seine zentrale Rolle für das europäische Judentum übernahm. Unter sozial- und wirtschaftsgeschichtlichen Aspekten entwickelte sich die relativ kleine Gruppe der Hoffaktoren, die sich in den Residenzstädten niederließen. Mit Samuel Oppenheimer wohnte in Wien der angesehenste Jude des Reiches in unmittelbarer Nähe des Kaiserhofes. Er und andere Familien leisteten für einige Jahrzehnte wichtige finanzielle Beiträge zur Verwirklichung habsburgischer Politik. Mit wenigen Ausnahmen ging aber die Bedeutung der Hoffaktoren im Laufe des 18. Jahrhunderts deutlich zurück. Unter veränderten politisch-ökonomischen Zielvorstellungen und der geistigen Bewegung der Aufklärung kam es in der zweiten Hälfte

des 18. Jahrhunderts zu einem teilweisen Bruch mit den überkommenen Verhältnissen, der von einem Habsburger politisch
initiiert wurde.

Zwischenbemerkung

Es war schon davon die Rede und das Thema wird unsere Gedanken
auf den folgenden Seiten immer wieder begleiten: Juden als Finanziers und Wirtschaftsleute. Man kann vor dem Hintergrund des historischen und aktuellen Antisemitismus über diese Realität, nämlich dass sie gerade auf diesem Gebiet eine wichtige Rolle spielten,
nicht hinweggehen oder mühsam ein Gegenbild rekonstruieren,
das immer ein wenig schief sein muss. Natürlich waren Juden zu
keiner Zeit ausschließlich Geschäftsleute, sondern betätigten sich
auch als Gewerbetreibende, Künstler oder Gelehrte. Es besteht aber
kein Zweifel daran, dass die Führungsschicht der Juden seit dem
Zusammenbruch der antiken politischen und sozioökonomischen
Verhältnisse als Kaufleute und Finanziers das Rückgrat der jüdischen Gesellschaft bildeten. Gerade aus dieser Schicht kamen aber
auch die Gelehrten, die an dieser Konstellation und ihren Auswirkungen im Bereich der sozialen Repräsentation und des Taktierens
gegenüber dem Gesetz Kritik übten. Die Zwiespältigkeit der Situation der Juden wird aus einer einfachen Beobachtung deutlich
erkennbar: Aus rechtlichen Erwägungen, aus der Geschichte der
häufigen Verfolgungen, aus der offensichtlichen Ohnmacht der
Juden, ihre Position wirksam verteidigen zu können, und aus der
verbal und oftmals physisch brutalen Judenfeindschaft zogen und
ziehen viele Historiker häufig den Schluss, dass die Juden am unter-
sten Rand der Gesellschaft gestanden wären. Dem widerspricht
aber die Tatsache, dass ihre Führungsschicht trotz dieses bedrohlichen, permanent existierenden Hintergrundes fast immer in der
Nähe der Herrschenden agierte. Und dies nicht nur gezwungener-
maßen. Die Geschichte des Synagogenbaus zeigt z. B. deutlich, dass
die Gemeinden und ihre führenden Vertreter zeigen wollten, wie
erfolgreich sie an der gesellschaftlichen Entwicklung mitwirkten.

Die wenigen Familien in Wien, die während der Napoleonischen Kriege eng mit Kaiser und Staat zusammengewirkt hatten, setzten Anfang der zwanziger Jahre des 19. Jahrhunderts ihren Ehrgeiz darein, die Wiener Synagoge von dem angesehenen Architekten Joseph Kornhäusel erbauen zu lassen, der ein neobarock-klassizistisches Prachtwerk schuf. Dem entspricht, dass Konzile und Päpste schon im Mittelalter versuchten, die Juden zu hindern, zu große und zu kostbar ausgestattete Synagogen zu errichten. Nicht selten monierte man kirchlicherseits, dass die Synagoge die gegenüberliegende Kirche überrage. Dem gleicht die Warnung der Rabbiner, dass die Frauen am Schabbat sich nicht mit silbernen Gürteln in der Öffentlichkeit zeigen sollten. Die bitterbösen Bemerkungen von Karl Kraus über das jüdische Wiener Konzert- und Opernpublikum sind bloß die säkulare Variante dieser rabbinischen Kritik. Neben dem allgemeinen Vorwurf an mangelnder Bescheidenheit, der sich hinter diesen Bemerkungen verbarg, wiesen die Rabbiner auch auf die Gefahr des angestachelten Neides der Christen hin. Solche Erscheinungen dürfen nicht als Prunk- und Putzsucht abgetan werden. Das Streben nach gesellschaftlicher Anerkennung bei den politisch entscheidenden Leuten war die Triebfeder.

Das saturierte Auftreten der Juden und die genaue Beobachtung ihrer moralischen Standards, die mit den christlichen übereinstimmten (wenn dies auch in vielen Schriften von Christen vehement bestritten wurde), verschafften ihnen zeitweilig gerade beim Herrscher ein gewisses Ansehen und begründeten ein manchmal funktionierendes Vertrauensverhältnis.

Dem Streben der Juden nach gesellschaftlicher Anerkennung kam ein theologisch-ökonomisches Problem unterstützend zu Hilfe. Da in der christlichen Gesellschaft Fragen des Gewinnes aus Handelsgeschäften und besonders aus dem Geldverleih kontrovers und sehr misstrauisch in Hinsicht auf den Verlust des Seelenheils diskutiert wurden, herrschte bis ins 16. Jahrhundert eine gewisse Zurückhaltung, zumindest was das Geldgeschäft betraf. Da die Juden von dieser Diskussion in geringerem Maße betroffen waren (sie wurde aber in gelehrten Kreisen intensiv geführt), konnten sie flexibler reagieren und die Einladung der Fürsten annehmen, sich mit diesem Wirtschaftszweig neben anderen Gruppen, wie den norditalienischen Bankiers, zu beschäftigen. Damit war aber auch eine Institution geschaffen, die es Christen ermöglichte, sozusagen als stille Teilhaber, Geld bei Juden zu veranlagen. Die Frage, woher denn die Juden das Geld für die Kredite nahmen, lässt sich zum Teil damit beantworten, dass es sich um Kapitalien von Christen handelte. Kirchliche Verbote beweisen, dass diese Praxis in größerem Umfang üblich gewesen sein muss.

Damit entpuppt sich die Vorstellung, die Juden hätten einen in ihrer Natur liegenden Hang zu solchen Geschäften, als ein strukturell zu erklärendes Phänomen, aus dem auch viele Christen Vorteile zogen. Die Negation dieser Erkenntnis stellt aber ein Kernstück antisemitischer Agitation dar, die letztlich ein Ergebnis theologisch-programmatischer Entwicklungen mittelalterlicher Wirtschaftsethik ist und im 19. Jahrhundert mit Vogelsang und Lueger wiederkehrt. Auch die wirtschaftsethische Essenz der Schriften von Karl Marx ist diesem Denken verwandt. Die gegen Juden erhobenen Vorwürfe der Josephiner in den letzten Jahrzehnten des 18. Jahrhunderts gehören ebenfalls dieser Gedankenwelt an.

Habsburg
und die Toleranzpolitik

Toleranz und Toleranzpolitik

Die Politik Josefs II., besonders seine Toleranzpolitik, hat mehr Spuren im österreichischen Selbstverständnis hinterlassen als einen bloßen Bildungsinhalt für den historisch Interessierten. Ganz undifferenziert betrachtet, hinterließ die „Toleranz" ein Vermächtnis, das sich in der bürgerlichen Emanzipation der Staatsgrundgesetze der sechziger Jahre des 19. Jahrhunderts wiederfinden sollte; Grundsätze, die noch heute das Verhältnis von Mensch und Staat in Österreich und den funktionierenden Demokratien bestimmen. Dieses Grundgefühl ist eine Tatsache, wenn auch die historische Forschung seit langer Zeit erkannt hat, wie schwierig und differenziert Entstehung und Verlauf der Entwicklung waren. Die Toleranzzeit bildete eine Zwischenstufe, die von den emanzipatorischen Forderungen der Französischen Revolution schließlich überholt werden sollte.

Josefs Toleranzpolitik wurde gerne der Politik seiner Mutter gegenübergestellt, und besonders gilt das von der Toleranz, soweit sie sich auf die Juden bezog. Auch in diesem Punkt hat die professionelle Geschichtsschreibung mit Vorurteilen aufgeräumt, die in der josefinischen Toleranz den vorläufigen Endpunkt einer Entwicklung sieht, deren Elemente in einer immer dichteren Ballung während des gesamten 18. Jahrhunderts zu erkennen sind.

Vor dem Hintergrund des alles zudeckenden „Systems" der Toleranz wird das persönliche Verhältnis Josefs zu den Juden nicht mehr für relevant gehalten. Während Maria Theresias Haltung gegenüber den Juden vornehmlich an Anekdoten abgelesen wird – z. B. an ihrer berühmten judenfeindlichen Bemerkung anlässlich der Privilegienverlängerung für den Wiener Juden Götzl, als sie auf dem Akt notierte, sie kenne keine ärgere Pest für den Staat als diese Nation (gemeint sind die Juden) –, gibt es über Josef und die Juden nur sehr wenig Anekdotisches. Diese Tatsache ist deswegen erstaunlich, da sich ja auf anderen Gebieten die Anekdote seiner Person geradezu überwältigend häufig angenommen hat. Schon zu seinen Lebzeiten, vor allem in den ersten Jahren seiner Regierungszeit, scheinen die Meinungsbildner, die zur Zeit der Aufklärung eine fast modern anmutende Rolle in der Gesellschaft spielten, bestrebt gewesen zu sein, bezüglich der Toleranzmaßnahmen des Kaisers ein Monument zu errichten, das sich in Medaillen, Hausinschriften und einer reichen Publizistik fassen lässt. Monumente haben meist etwas Kühles, Unpersönliches und alles menschliche Maß Sprengendes an sich, und so ist es kein Wunder, dass die Toleranzpolitik selbst mit ihren vielschichtigen Problemen ein wenig hinter ihrem monumentalen Abbild verschwand. Die Forderungen dieser monumentalen Erinnerung zu erfüllen, stellt bis heute den Einzelnen und den Träger allgemeiner Entscheidungen vor fast unlösbare Aufgaben. Mit der Toleranzpolitik im Allgemeinen und gegenüber den Juden im Besonderen bündelte Josef an einem entscheidenden Punkt politischer, geistiger und ökonomischer Entwicklung einzelne Lösungsmöglichkeiten zu überlegten Gesamtentscheidungen (es gibt ja mehrere Toleranzpatente), die in sich schlüssig waren und im notwendigen Augenblick veröffentlicht wurden. Ungeachtet aller kritischen Bemerkungen, die zu den Toleranzpatenten mit Recht gemacht werden können, sind sie doch eine Lösung schwierigster Probleme. Die unglaublich rasche

Verwirklichung des „Gesetzeswerkes" war eine politische Großtat, die nur am Ende des 18. Jahrhunderts gelingen konnte, als der staatliche Zentralismus seinen Höhepunkt erreichte und auch die kompliziertesten Einwendungen die vom Kaiser vorgegebene Richtung nicht oder nur marginal verändern konnten.

Wenn wir lesen, dass es Josef darum ging, diese Nation, nämlich die Juden, dem Staate nützlicher zu machen, wirkt das zunächst ernüchternd. Ging es nur um Ökonomie und Steuern? Für einen Pragmatiker wie Josef war das natürlich ein wesentliches Argument; doch worauf bezog sich diese Nützlichkeit? Nicht auf den Hof oder irgendeine adelige Clique, sondern auf den Staat, der als transpersonales System gedacht war, das dem Einzelnen Glück und Wohlstand ermöglichen sollte. Für die Juden bedeutete das unter anderem, dass die Gesellschaft der „Hofjuden" des Barockzeitalters sich zu wandeln begann. Ein Wandel, der schon vor dem Beginn der Toleranzpolitik im eigentlichen Sinn festzustellen ist. Bisher waren die Juden mit wenigen Ausnahmen Lieferanten von Kriegsmaterial und Luxusgütern gewesen, die in einem recht persönlichen Verhältnis zum Herrscher und seinem höfischen Gefolge gestanden waren, ab nun wurden sie zunehmend für staatliche Einrichtungen wie z. B. bei der Organisation staatlicher Monopole (Tabak, Handel mit Staatspapieren etc.) tätig. Der einige Zeit in Wien lebende geheimnisvolle Diego d'Aguilar hatte schon in den zwanziger Jahren des 18. Jahrhunderts versucht, das Tabakwesen auf eine wirtschaftlich erfolgreiche Basis zu stellen, war aber an den egoistischen Forderungen von Mitgliedern der Hofkammer gescheitert. Erst 60 Jahre später gelang es, dieses Problem zu lösen, allerdings nur unter der Voraussetzung eines neu gestalteten Verhältnisses von Staat und Herrscher, das den Herrscher trotz aller persönlichen Macht dem Staatsgedanken unterordnete. Und was für den Kaiser galt, betraf ebenso die hochadeligen Leiter der staatlichen Behörden. Den Herrscher zeichnete der Wille aus, etwas durchzusetzen, seine Meinung war nicht entscheidend. Für die sachlich begründete Meinung gab es die Ratgeber. So setzte es Josef selbst als Mitregent und Ratgeber seiner Mutter auseinander.

23

Der Toleranzgedanke war in seiner politischen Pragmatik so schlüssig, dass dieser trotz aller Kritik, die vor allem nach 1785 einsetzte, auch zu einer Konstante in der Politik seiner Nachfolger wurde. Bei aller Abschwächung, die viele Gesetze Josefs erfuhren, rüttelte auch Franz II. (I.) nicht an der Toleranz. Das ist besonders erstaunlich, da Josef mit vielen seiner Maßnahmen in der Tagespolitik gescheitert war. Weder gelang es ihm innerhalb der Monarchie durch die Toleranz gegenüber einigen nicht-katholischen Gruppen ein Klima herzustellen, in dem sich die Stärkung des zentralistischen Staates verwirklichen ließ, noch hatte er damit Erfolg, den evangelischen Block im Deutschen Reichstag für die Sache Österreichs zu gewinnen. Im Gegenteil: Die über die Toleranzpolitik erbosten Katholiken verbanden sich offen mit Preußen, wodurch der katholisch-österreichische Block zerfiel.

Die Gewährung der religiösen Toleranz erwies sich hingegen als großer, zukunftsweisender Wurf jenseits aller propagandistischer Jubelschriften, auch von jüdischer Seite, und jenseits aller direkter und indirekter Kritik, die einerseits verurteilte und andererseits die Toleranzpatente als Stehenbleiben auf dem halben Weg betrachtete. Die politische Langzeitwirkung des Toleranzgedankens und sein Erfolg machen Goethes Bemerkung, Toleranz sei eine Beleidigung für den Tolerierten, zum intellektuellen, ziemlich weltfremden Aperçu, wenn wir auch heute aus unserer Sicht Goethe Recht geben müssen.

Josefs persönlicher Anteil an der Durchsetzung dieses politischen Prinzips ist hoch einzuschätzen: Seit den späten sechziger Jahren des 18. Jahrhunderts fuhr der Zug Richtung Toleranz, und der Lokführer war zweifellos der kaum 30-jährige Kaiser, der allein schon aus dieser Position heraus die österreichisch-erbländische Politik beeinflusste. Josef beschäftigte sich nicht systematisch-philosophisch mit der Toleranz, zeigte sich aber überaus beeindruckt, wo er ihr begegnete. Aus manchen streitbaren Briefen, die er mit seiner Mutter wechselte, geht seine Haltung weit deutlicher hervor als aus den politisch abwägenden schriftlichen Weisungen, mit denen er seit 1781 die Toleranzpolitik umsetzte.

Josefs berühmtes Handschreiben vom 13. Mai 1781, mit dem er die Toleranzpatente für die Juden initiierte, wäre bis auf zwei Passagen beinahe belanglos, würde man die Stoßrichtung seines Denkens nicht aus den Briefen der siebziger Jahre kennen, die eindeutig der Toleranz verpflichtet waren.

Das Handschreiben zeigt in seiner unendlich langen Einleitung, mit welch penetranter Didaktik der Kaiser die Juden zu bessern versuchte. Kein Hebräisch beim Gottesdienst, die „unvermerkte Beseitigung ihrer Nationalsprache" schienen dem Kaiser für den Einsatz der bisher von den Juden für überflüssig gehaltenen Aufklärungsmittel am geeignetsten. An den Sätzen, die sich mit der geplanten Schulbildung der Juden beschäftigten, formulierte er persönlich in handschriftlichen Zusätzen mit. Die Begründung, warum man Juden zu Berufen im Ackerbau, im Fuhrwesen, im Handwerk im Allgemeinen, zu künstlerischen Berufen und als Fabrikanten zulassen sollte, korrigierte er nicht. Diese Begründung lautete: „... damit sie (die Juden) von dem ihnen so eigenen Wucher und betrügerischem Handel abgeleitet werden." Der eher beliebigen, wenig durchdachten Aufzählung der „erweiterten Nahrungsweege" folgt dann der entscheidende Satz: „Übrigens sind auch alle jene demütigenden und den Geist niederschlagenden Zwangsgesätze, die den Juden einen Unterschied der Kleidung oder Tracht oder besondere äußerliche Zeichen auflegen, zu beseitigen." Die Anweisung zeigt den radikalen Wandel in der Betrachtungsweise unter dem Einfluss des Toleranzgedankens: Die jüdische Nation, der Josef offenbar ohne weitere Prüfung Wucher, also überhöhtes Zinsennehmen und betrügerischen Handel vorwarf, sollte keiner Kennzeichnung mehr unterliegen. Misstrauen ja, aber Beseitigung dieses Zustands durch Bildung und ein verbessertes Vertrauensklima, zu dem nur der Staat den ersten Schritt tun konnte. Der generelle Denkansatz wurde zumindest argumentativ von einem Vorurteil gegen die Juden begleitet. Man muss nämlich durchaus damit rechnen, dass der Hinweis auf die moralisch heilsame Wirkung der geplanten Toleranzgesetze für die möglichen Gegner bestimmt war, denen der Kaiser von vornherein den Wind aus den Segeln nehmen wollte.

Die Toleranz stellte für Josef ein Angebot der Philosophie des 18. Jahrhunderts dar, das ihm für die Umsetzung seiner politischen Pläne tauglich schien. Ein präzises Urteil über seine ganz persönliche Einstellung scheint nicht möglich, da eine Sammlung einschlägiger Aussagen des Kaisers ein in sich widersprüchliches Bild ergebe. Er sorgte aber dafür, dass seit den siebziger Jahren im Staatsrat eine Mehrheit von aufklärerisch gesinnten Männern tätig war, unter denen der Kanzler Kaunitz der einflussreichste war. Ohne die politischen Probleme der Monarchie wäre die Toleranz wahrscheinlich ein Thema für „Salondiskussionen" geblieben. Ökonomische und politische Fragen führten dazu, sie als politisches Mittel einzusetzen. Vielleicht kam der letzte Anstoß durch Josefs Kontakt mit dem französischen Staatsmann Anne Robert Jacques Turgot im Jahr 1777. Turgot hatte 1775 König Ludwig XVI. den Vorschlag gemacht, gegenüber den Hugenotten, die aus Sachsen nach Frankreich zurückkehren wollten, Toleranz walten zu lassen, d. h. ihnen ihr religiöses Bekenntnis zu erlauben. Die Briefe Turgots an den König fügte Josef seinem französischen Reisejournal bei.

Als er mit dem Tod Maria Theresias in seinen Entscheidungen völlig frei wurde, setzte er die Toleranz zur Lösung der anstehenden Probleme ein. Das dominierende Element auch seiner Politik blieb die antipreußische Tendenz. Mit der pragmatischen Anwendung der Toleranz wollte er durch die Gewährung der Religionsfreiheit die Gefahr beseitigen, dass unter katholisch-staatlichem Druck stehende Protestanten und Griechisch-Orthodoxe nach Preußen oder Russland auswanderten bzw. für diese Länder Spionage trieben. Die Durchsetzung dieses Prinzips stieß aber nicht nur auf den Widerstand Konservativer, sondern, strukturell noch bedeutsamer, auf unterschiedliche Voraussetzungen in den einzelnen Ländern. In Galizien z. B. waren die Griechisch-Orthodoxen bereits toleriert, und die Katholiken erwarteten seit 1772 eine energische katholische Politik aus Wien. Mit der Toleranz rannte Josef in Galizien offene Türen ein und machte den Katholiken noch bewusst, dass der Kaiser sie gar nicht unterstützen wollte.

Bei den Juden lagen die Dinge nicht viel anders. In Galizien hatten die Juden, weit über die Toleranz hinaus und sogar gegen die Prinzipien der Toleranzpolitik, ein hohes Maß an Selbstverwaltung, ja sie bildeten gewissermaßen einen Staat im Staat. In Mantua und Triest verfügten die Juden über beachtlichen Spielraum, der durch die Toleranzpolitik eher der Gefahr einer Einschränkung vorhandener Rechte unterworfen wurde.

Eine bloße Betrachtung des Patents für Niederösterreich und Wien würde den Zugang versperren, um die Schwierigkeiten, denen sich der Kaiser gegenübersah, zu erkennen. Der wichtige Aspekt, dass Josefs Toleranzpolitik zum Teil längst erworbene Rechte der Juden in Frage stellte oder gar beseitigte, ginge bei einer derart verengten Betrachtungsweise völlig verloren.

Erfolg und Misserfolg der Toleranzpolitik sind daher unter Berücksichtigung politischer und wirtschaftlicher Bedingungen in den einzelnen Ländern zu prüfen.

Wien und Niederösterreich

An den Verhältnissen in Wien und Niederösterreich war der Entwurf des Handschreibens primär orientiert. Seit 1669 bestand hier keine jüdische Gemeinde. Wenige Jahre nach der Vertreibung gab es eine Initiative für eine Wiederansiedlung von Juden in Wien. „Die Juden" boten zu diesem Zweck eine Zahlung von 300.000 Gulden an. Es ist nicht klar, wer „die Juden" waren, doch ist zu vermuten, dass einige nach Mähren geflüchtete Familien hinter diesem Angebot standen. Die Hofkammer erstellte ein Gutachten, das die wirtschaftlichen Folgen der Vertreibung sehr negativ schilderte und vor allem in zentralen moralischen Bereichen erstaunliche Gedanken präsentierte. Die Verbrechen hätten auch nach der Vertreibung der Juden nicht abgenommen, die christlichen Darlehensgeber seien bei weitem nicht so leistungsfähig wie die jüdischen und würden die Schuldner betrügen. Die Teuerung in Wien sei exorbitant. Besonders beklagte man den Rückgang des Geschäftes mit „alten Waren", denn die Wiener Händler seien zu faul, sich damit zu beschäftigen. Auf Anfrage der Hofkammer baute auch die Theologische Fakultät dem Kaiser goldene Brücken, um eine Wiederansiedlung der Juden zu ermöglichen. Trotzdem führte die Aktion zu nichts. Im September verhandelten Graf Breuner und Gabriel Selb in Wischau in Mähren mit einigen prominenten Juden und erreichten konkrete Ergebnisse. Daraufhin zogen sich weitere Verhandlungen bis Februar 1675 hin, die dann offenbar ohne Ergebnis abgebrochen wurden. Den Hintergrund dieser Verhandlungen bildete der Feldzug an den Rhein gegen Frankreich, auf den die Hofkammer auch ausdrücklich Bezug nahm, und das Ende der Gespräche deckte sich auffällig mit den kaiserlichen Siegen im Sommer 1675. Leopold I. verlor zwar durch das Ungeschick der Diplomaten wieder, was Montecuccoli auf den Schlachtfeldern gewonnen hatte, aber zunächst war die Notwendigkeit, Juden wieder in einem gewissen „System" anzusiedeln, nicht mehr gegeben.

Es sind wohl diese Ereignisse am Rhein gewesen, die zu den ersten Kontakten Samuel Oppenheimers, des bedeutendsten Juden im Reich, und Kaiser Leopold I. geführt hatten. In einem Brief aus dem Jahr 1681 erwähnte Oppenheimer, dass seine Geschäftsbeziehungen zum Kaiser seit 1674, ja sogar seit 1672 bestanden. Unter schwierigen Bedingungen versorgte er die Armee Montecuccolis. Oppenheimer, der sich bald darauf in Wien niederließ, wurde zum wichtigsten Finanzpartner des Staates, wobei die Kriegsfinanzierungen die bei weitem größte Rolle spielten. Da seine Lieferungen nie pünktlich und vollständig bezahlt wurden, versuchte er Zahlungen durch neue Versprechungen zu erzwingen. Diese Vorgangsweise brachte ihn immer wieder in größte Schwierigkeiten, die durch Klagen gegen ihn oft verschärft wurden, so dass er einmal sogar aus dem Gefängnis seine Geschäfte führen musste. Trotz der häufigen Behauptungen, er würde seine Geschäfte unredlich betreiben, genoss er unter den Juden im Reich und auch unter Christen einen ausgezeichneten Ruf, da seine Lieferungen pünktlich kamen und er, soweit es die Hofkammer zuließ, auch seine Schulden bezahlte. Oppenheimer stand an der Spitze einer Kreditkette, die dem Kaiser zugute kam. Aufgrund seines Rufes streckten ihm Juden und

Christen Warenlieferungen und Geld vor, das er mit wechselndem Erfolg bei der Hofkammer und anderen Behörden eintrieb, wobei er allerdings oft vor leeren Kassen stand, weil man ihm immer wieder Einnahmen verpfändete, die schon längst anderweitig verbraucht waren. Da seine Lieferungen und Kredite immer größer wurden, hatte er mit der Zeit den theoretischen Zugriff auf alle Staatseinnahmen. Dies trug ihm vor allem die Feindschaft des Bischofs von Wien, Graf Kollonitsch, ein, der die katastrophale Finanzgebarung des Staates bloß auf Oppenheimer schob und geflissentlich übersah, dass es gerade Oppenheimers Ansehen war, mit dem das fast kenternde Schiff über Wasser gehalten wurde. Als Oppenheimer über 70-jährig im Jahr 1703 starb, war der Staatsbankrott unausweichlich.

Oppenheimer und seine engsten Mitarbeiter bildeten den ersten Haushalt in Wien nach der Vertreibung 1669/70. Der bedeutendste Jude, der sich seit 1684 dauerhaft in Wien aufhielt, war Simson Wertheimer, der weit vorsichtiger als Oppenheimer agierte. Er genoss ein womöglich noch größeres Ansehen als Oppenheimer, obwohl er sich nicht auf derartig waghalsige Geschäfte einließ. Auch Wertheimer erhielt bald ein eigenes Privileg. Die Privilegien dieser beiden Familien begründeten eine neuerliche Ansiedlung von Juden in Wien.

Leopold I. und Josef I. stellten vor dem Hintergrund des Siegeslaufes gegen das Osmanische Reich und später der Auseinandersetzung im Spanischen Erbfolgekrieg nur selten prinzipielle Überlegungen über die Ansiedlung der Juden in Wien an. Sie beschränkten sich darauf, fallweise auf Beschwerden zu reagieren. Allerdings ist es nicht uninteressant zu beobachten, dass Leopold I. ausgerechnet im Jahr des Friedens von Karlowitz 1699 zwei Verwaltungsmaßnahmen gegenüber den Juden erließ. Am 26. Januar war der Frieden geschlossen worden, wodurch sich schlagartig die Situation änderte. Kaiser und Hofkammer mussten nicht mehr auf die drängenden Bitten der Heerführer hören, die Munition, Getreide und Uniformen brauchten. Daher war man auch plötzlich nicht mehr auf die Juden angewiesen, und so ging der Kaiser im Juli 1699 daran, die unrechtmäßig sich in Wien aufhaltenden Juden zu entfernen. Ferner verlangte er eine Aufstellung über alle Juden, die sich in Wien befanden. Ein Jahr später versuchte der Kaiser mit einem Initimationsdekret an die niederösterreichische Regierung Oppenheimer und Wertheimer das Wohnen in der Stadt zu verbieten und sie in die Vorstädte zu verdrängen. In diesem Dekret wollte der Kaiser den beiden Haushaltsvorständen erstmals verbieten, ihre Häuser zu kaufen – er wollte nur eine Pacht gestatten. Offenbar brachte der Ausbruch des Spanischen Erbfolgekrieges diese Aktivitäten wieder zum Erliegen.

Privilegien besaßen zunächst nur Oppenheimer und Wertheimer. Alle anderen Familien, die sich um 1700 in Wien ansiedelten, waren lediglich Teilhaber an diesen beiden Privilegien, konnten vereinzelt aber eigene Privilegien oder ein Indultum, eine Toleranz, erwirken. Das Indultum war nur eine Ausnahme vom allgemeinen Ansiedlungsverbot von 1669. Es galt meistens fünf bis zehn Jahre, und Verlängerungen wurden nur gegen hohe Zahlungen gewährt. Aus den Anordnungen, besonders Karls VI., geht hervor, dass der Kaiser die Aufenthaltserlaubnis als Gnade und nicht als Freiheit erteilte, formal lassen sich aber bei der schriftlichen Ausfertigung keine Unterschiede erkennen.

Trotz dieser von Misstrauen gegen die Juden gekennzeichneten Vorgangsweise wurden sie zu Beginn des 18. Jahrhunderts aus Steuergründen noch als Kommunität aufgefasst. Als 1708 eine Kopfsteuer für die in Wien lebenden Juden ausgeschrieben wurde, sollte Simson Wertheimer die Höhe bestimmen. Da die Juden eine „Communität" hätten, sollten sie auch gemeinsam besteuert werden. Natürlich handelte es sich nicht um eine Gemeinde, aber die Auffassung, dass dem Kaiser als Verhandlungspartner ein einzelner Haushaltsvorstand gegenüberstand, setzte sich erst später durch. In dieser Zeit hatten die Hofbehörden im Allgemeinen auch noch kein Problem mit der Tatsache, dass ein Jude in einem ihm „eigentümlichen" Haus wohnen konnte. Erst später wurde über ihre Berechtigung, Grundbesitz zu erwerben, diskutiert und erst in der Judenordnung von 1753 ein entsprechendes Verbot ausgesprochen.

Dass diese labile Rechtslage der Juden im Allgemeinen ihre Berechtigung, Häuser und Gärten zu erwerben, beeinträchtigte, gehört natürlich zur Beurteilung des Gesamtproblems dazu. Zwischen den achtziger Jahren des 17. Jahrhunderts und 1711, dem Todesjahr Josefs I., versuchten Leopold und Josef nur Missstände abzustellen, eine vorausschauende Politik, die über den alltäglichen Anlass hinausging, ist nicht zu bemerken. Leopold I. unterlief ja seine eigene Vertreibungspolitik von 1669 und wurde mehr oder weniger von der Hofkammer gezwungen, mit Oppenheimer zusammenzuarbeiten, und Josef übernahm die Regierung mitten in einem teuren Krieg, der alle Überlegungen, ohne Juden auszukommen, verbot. Erst mit der Übernahme der Herrschaft durch Karl VI. zeigt sich ein gewisser Wandel.

Schon 1711 ergingen mehrere Forderungen an die Wiener Judenschaft. Der Charakter einer Kommunität ist eindeutig zu erkennen. Die letzte Zahlung von 200.000 Gulden sollte der Finanzierung der Krönung Karls in Frankfurt dienen. Die verschiedenen Beschwerden, die der Kaiser bezüglich der Juden erhielt, veranlassten ihn, sich gründlicher als sein Vorgänger mit dieser Frage auseinanderzusetzen. Dies betraf nicht nur Wien, sondern in größerem Maße Prag, Böhmen und Mähren, wovon noch die Rede sein wird.

Am 13. März 1712 übergab eine Delegation des Wiener Handelsstandes eine Beschwerdeschrift, in der behauptet wurde, dass 4000 Juden in Wien lebten, deren Abschaffung man forderte. In altbewährter Weise wurden sie beschuldigt, ein luxuriöses Leben zu führen. Ein besonderer Dorn in den Augen der Wiener Händler waren die Handelsgewölbe, die von Juden geführt wurden. Da wir keine jüdischen Händler aus dieser Zeit kennen, wissen wir nicht, ob diese Behauptung stichhaltig war. Zu den von Juden gewährten Darlehen meinten sie, dass die Verzinsung mit 12 bis 20 Prozent zu hoch sei und die Besicherung nur gegen zwei- und dreifache Pfänder akzeptiert wurde. Seit 1707 gab es aber auf dem Markt für Kleindarlehen eine Konkurrenz: Damals hatte Josef I. in Wien eine Pfandleihanstalt eingerichtet, den Vorgänger des „Dorotheums", so dass keineswegs ein Kreditmonopol der Juden bestand. Der Kaiser rea-

gierte im Juni 1712 mit einem Schreiben, das der Wiener Handels-
stand sicher nicht freudig zur Kenntnis nahm: Von einer gänzlichen
Vertreibung der Juden könnte keine Rede sein, standen doch einem
solchen Unternehmen die wirtschaftlichen Bedürfnisse des Hofes
entgegen. Karl VI. antwortete den Händlern ganz unverblümt auf
ihre Beschwerdeschrift, sie sollten sich doch darüber Gedanken
machen, wie sie den Schaden ausgleichen würden, der durch eine
Vertreibung der Juden entstünde. Zu dieser Aufforderung schwie-
gen die Beschwerdeführer; eine Austreibung kam ihnen offenbar zu
teuer.

Stattdessen kam im Winter 1714/15 eine Diskussion über eine
Judenordnung in Gang. Daraus ergab sich ein Programm, das in
17 Punkte gegliedert war. Wiederum ist der Hintergrund für diese
Beratungen bezeichnend: In eben diesem Winter erfolgte der osmanische Angriff auf venezianische Stellungen in Griechenland,
der über kurz oder lang Habsburg auf den Plan rufen musste. In der
Tat handelte es sich um das Vorspiel zum letzten großen Türkenkrieg, der 1718 mit dem Frieden von Passarowitz endete. Im Januar
1715, einen Monat bevor das Programm für die Juden vollendet
wurde, verhandelte der Venezianer Pietro Grimani bereits in Wien
mit dem Kaiser über Maßnahmen gegen die Osmanen. Der Kaiser
musste mit neuen finanziellen Belastungen rechnen. Dazu passt
die einführende Bemerkung des Programms recht gut, dass der
Kaiser daran denke, einige „Capitalisten und Geldnegotianten all-
hier (in Wien) zu stabilisieren". Von einer Abschaffung der Juden war
keine Rede. Aber der Kaiser sammelte Vorschläge, um den Juden
eine bessere Ordnung zu geben. Neben der Tätigkeit als Geldleiher
und Finanziers für den Hof sah der Entwurf vor, die Juden als Großhändler einzusetzen, ihnen aber den Detailverkauf zu verbieten.
Gerade in Wien stand es schlecht mit dem Großhandel. Im Gegensatz zum Handel, der in Verkaufsläden abgewickelt wurde, fehlte es
an unternehmerisch gesinnten Leuten, die sich auf das Risiko eines
weit gespannten Handels einließen. Selbst die ausländischen
Niederleger, deren Aufgabe gerade dieses Geschäft gewesen wäre,
zogen es vor, in Wien Gewölbe aufzusperren. Eine prinzipielle,

Der Kaiser des Toleranzpatents:
Josef II. (1741–1790).

Samson Wertheimer (1658–1724).

Prager Oberrabbiner David Abraham
Oppenheimer (1664–1736).

Karl Graf von Zinzendorf, Stadthalter
von Triest.

Wappen des Lazar Wertheimer. Die Erhebung in den Adelsstand erfolgte im Oktober 1796.

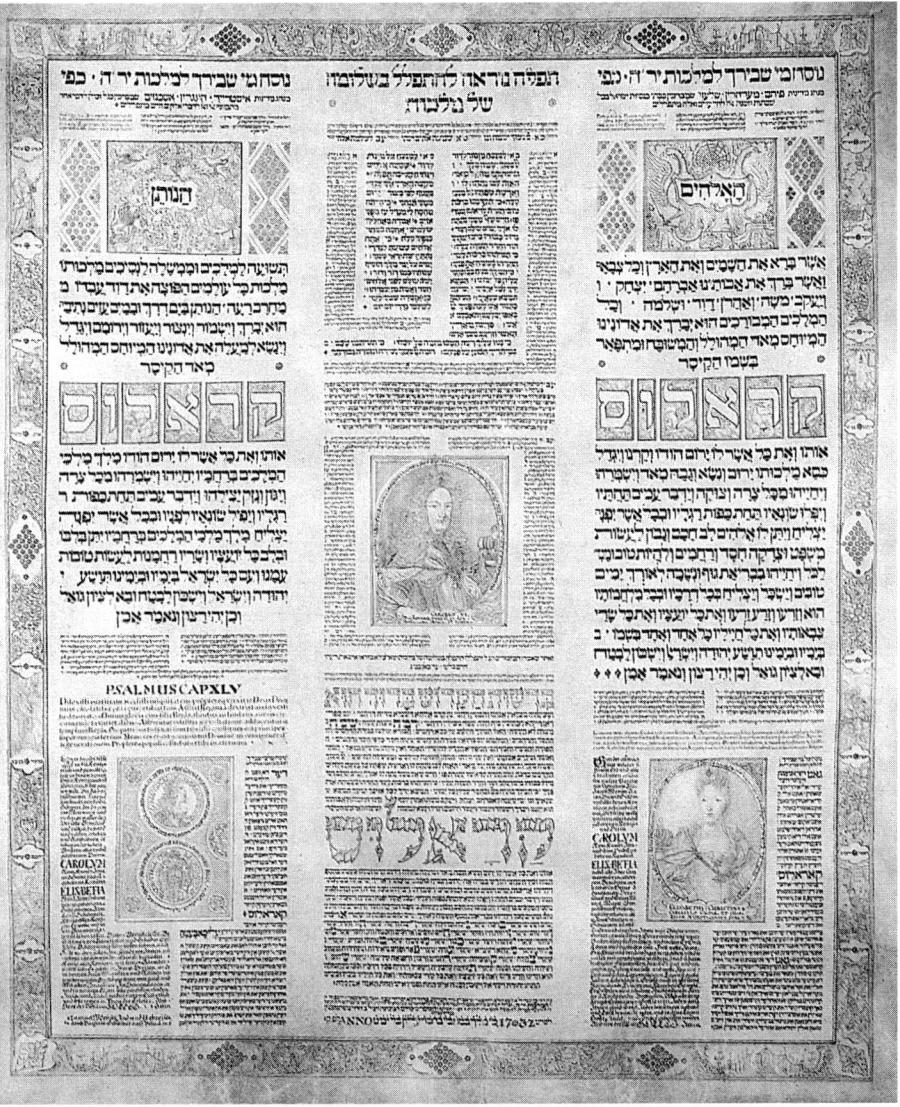

Widmungsblatt für Kaiser Karl VI. und seine Frau Elisabeth, Wien, 1732.
Geschrieben vom Schreiber Meschullan, genannt Simmel, aus Polna in
Böhmen.

Wir Joseph der Zweyte,

von Gottes Gnaden erwählter Römischer Kaiser, zu allen Zeiten Mehrer des Reiches, König in Germanien, Hungarn, und Böheim ꝛc. Erzherzog zu Oesterreich, Herzog zu Burgund, und Lotharingen ꝛc. ꝛc.

Entbieten jedermann Unsere Gnade, und geben euch hiemit gnädigst zu vernehmen:

Von Antretung Unserer Regierung an, haben Wir es einen Unserer vorzüglichsten Augenmerke seyn lassen, daß alle Unsere Unterthanen, ohne Unterschied der Nazion und Religion, sobald sie in Unseren Staaten aufgenommen und geduldet sind, an dem öffentlichen Wohlstande, den Wir durch Unsere Sorgfalt zu vergrößern wünschen, gemeinschaftlichen Antheil nehmen, eine gesetzmäßige Freyheit genießen, und auf jedem ehrbaren Wege zu Erwerbung ihres Unterhalts, und Vergrößerung der allgemeinen Aemsigkeit kein Hinderniß finden sollten.

Da nun mit dieser Unserer gnädigsten Absicht die gegen die jüdische Nazion überhaupt in Unseren Erblandern, und insbesondere zu Wien und in Niederösterreich bestehenden Gesetze, und sogenannten Judenordnungen nicht durchaus zu vereinbaren sind, so wollen Wir dieselben Kraft gegenwärtigen Patents in sofern abändern, als es die Verschiedenheit der Zeit und Umstände nöthig machen.

1. Zwar geht Unser höchster Wille keneswegs dahin, der in Wien wohnenden Judenschaft in Beziehung auf die äußere Duldung eine Erweiterung zu gewähren, sondern bleibt es auch in Hinkunft dabey, daß dieselbe keine eigentliche Gemeinde unter einem besondern Vorsteher ihrer Nazion ausmachen, sondern, wie bisher, jede einzelne Fa-

A

Das Toleranzpatent für Wien und Niederösterreich vom 2. Jänner 1782.

tiefgreifende Kritik an diesen wirtschaftlich-sozialen Umfeldbedingungen übten schon die bedeutenden „Nationalökonomen"
Hörnigk und Becher zur Zeit Leopolds I., die den Wiener Kaufleuten adeliges Prestigedenken vorwarfen und kritisierten, dass sie,
sobald sie genug Geld verdient hatten, adelige Lebensformen bevor-
zugten, d. h. lediglich nach dem Erwerb von Grundbesitz strebten
und ihre Söhne studieren ließen, statt ihnen das Kaufmanns-
gewerbe beizubringen.

In diesem Punkt zeigt sich im Entwurf eine gewisse Weitsichtig-
keit, die über rein tagespolitische Erfordernisse hinausging. Wenn
ein Jude ein Privileg erhielt, sollte er dem Ärar 100.000 Gulden
vorschießen bzw. ein „stuck Geld dem aerario gratis geben". Die
Juden sollten aus wirtschaftlichen Unternehmungen Gewinne machen und daraus dem Kaiser namhafte Beträge zur Verfügung
stellen. Zum Teil konnten diese Gewinne im Großhandel erzielt
werden, noch eher aber durch Kredittätigkeit gegenüber fremden
Fürsten. Der Kaiser selbst wollte sich durch diese systematische
und selektive Ansiedlung von Darlehen bei auswärtigen Juden frei-
machen.

Noch lebte ja Simson Wertheimer in Wien, der ein gewisses Übergewicht der kaiserlichen Juden zu garantieren schien. Das war aber
die Schwäche des Entwurfs, denn neben Wertheimer gab es keinen
Juden in Wien, der auch nur annähernd seinen Platz einnehmen
konnte. Mit seinem Tod 1724 verlor die Wiener Judenschaft für
längere Zeit an Bedeutung.

Der Entwurf von 1715 enthielt aber auch Vorschläge, die den
Wiener Juden den Charakter einer Kommunität nehmen sollten.
Vor allem sollte kein Jude mehr rechtliche Befugnisse gegenüber
anderen Juden haben, wie sich das aus der rabbinischen Stellung
ergab. So war Wertheimer Landesrabbiner von Ungarn und konnte
in dieser Funktion auch Rechtsangelegenheiten entscheiden, in
Wien wurde ihm das jedoch verboten. Die Gottesdienste durften
gemeinsam auch außerhalb des Haushaltes gefeiert werden, und es
gab damals noch einen Wiener Kantor. Für die Haushalte wurden
genaue Kontrollen bezüglich ihrer Größe festgelegt. Der Kaiser

wollte die Juden zwar von allen ordentlichen und außerordentlichen Abgaben befreien, verlangte aber von ihren Gewinnen 20 Prozent für die sogenannte Universalbankalität; sie sollten also die Staatsbank mitfinanzieren. Nur die Privilegieninhaber durften in der Stadt wohnen, alle anderen Juden mussten außerhalb Quartier nehmen.

Die Aufenthaltserlaubnis an sich wurde auf recht unsicherer Basis erteilt. Sie galt zwar neun bis zehn Jahre, sollte aber zwischendurch überprüft werden, ob sich die Juden in ihrer „ungemeinen Kökheit" nicht Rechte anmaßen würden, die ihnen nicht zustanden. Nicht gerade vertrauensbildend war die Maßnahme, nach der ein Jude, der einen Konkurs verursachte, den Schaden zu ersetzen hätte. Man meinte eben am Hof, dass Juden manchmal ihre Firmen mit „vorsätzlicher Bosheit" zugrunde richteten.

Das Programm ist nur ein Zeichen dafür, dass Karl VI. über eine konsequente Nutzung der Juden nachdenken ließ. Eine wirkliche Judenordnung entstand nie daraus. Die alltäglichen Probleme, insbesondere die weitgehenden Privilegien der Oppenheimerschen und Wertheimerschen Familien, stellten offenbar unüberwindliche Hindernisse dar. Vor allem verhinderten neben der drohenden Auseinandersetzung mit den Osmanen auch diese Privilegien, dass Karl schon 1715 an eine wirkungsvolle Abschiebung der Juden dachte. Jedenfalls sollten diese Überlegungen eine relative Freizügigkeit gegenüber den Juden beenden, deren Wurzel eine gewisse Unordnung war. Die Hofkanzlei setzte sich sogar für eine vollständige Abschaffung der Juden ein, konnte sich aber nicht durchsetzen.

Eine Folge der Beratungen von 1715 war die Privilegierung einiger Familien, die bisher unter dem Schutz Oppenheimers und Wertheimers gestanden waren. Mitten in die Verhandlungen um diese neuen Privilegien platzte die Geschichte eines Ritualmordes, den Juden begangen haben sollten. Der Kaiser reagierte sofort und beauftragte den Wiener Magistrat, er solle die Unschuld der Juden öffentlich kundmachen und gegen etwaige Gewalttaten einschreiten. Die Ausstellung der Privilegien gestaltete sich schwierig, da der Wunsch nach Ausweisung bzw. möglichst restriktiven Bedingungen, unter denen auch die Privilegierten leben sollten, sich mit den Finanzbedürfnissen des Hofes schlecht vertrug. Immerhin kam es dann zu etwa zehn Aufenthaltsbewilligungen. Letztlich fehlte den Maßnahmen des Kaisers die einheitliche Linie. Auch in den zwanziger und dreißiger Jahren des 18. Jahrhunderts wechselten Versuche, überhaupt keine Privilegien mehr zu vergeben, mit Verschärfungen der administrativen Überwachung der Juden und schließlich der Ausstellung neuer Aufenthaltsgenehmigungen. Im Schatten dieser schwankenden Politik konsolidierten sich aber jene Haushalte, die bis in die Toleranzzeit hinein das schwierige Überleben der Wiener Juden in der Residenzstadt sicherten.

Seit 1723 war es das Ziel Kaiser Karls VI., überhaupt keine Toleranzen zu gewähren und alle Juden aus Wien abzuschaffen. Doch der alltagspolitische Lauf der Dinge vereitelte diese Absicht. Wegen der Anwesenheit zentraler Behörden in Wien hielten sich Juden zur Führung von Prozessen in der Stadt auf, für die auch ein jüdischer Beherbergungsbetrieb eingerichtet werden musste. Dieser befand sich ironischerweise in dem Haus, in dem im Mittelalter das größte jüdische Bad gewesen war: die Badstube zu den Röhren, später Herzogsbad. Diese Herberge mit einer sogenannten Garkuchl führte Frau Herlinger, die Frau des kaiserlichen Bibliothekars Aron Herlinger, der durch seine Miniaturabschrift der Estherrolle bekannt wurde und damit ein weltberühmtes Kunstwerk schuf.

Eine andere jüdische Einrichtung war der Friedhof in der Seegasse. 1696 hatte ihn Samuel Oppenheimer, offenbar nach dem Tod einer Tante, von den bisherigen Besitzern, den Erben des Koppel Fränkel, gekauft. Diese hatten dafür gesorgt, dass der Friedhof nach der leopoldinischen Vertreibung gegen eine jährliche Zahlung im Auftrag der Stadt Wien von einem Leinwandbleicher betreut wurde. Von der Familie Oppenheimer gingen dann die Rechte am Friedhof auf ein Familienkonsortium über, wodurch sich ein Nukleus für die erst viel später entstehende Gemeinde bildete. Das Verbot, eine Gemeinde zu gründen, und eine scharf restriktive Zuwanderungspolitik blieben sogar noch in den Bestimmungen des Toleranzpatents vom 2. Januar 1782 erhalten. Trotzdem hatten die Behörden während des ganzen 18. Jahrhunderts alle Hände voll zu tun, die sich heimlich in die Stadt einschleichenden Juden wieder auszuweisen.

Die Betreuung des Friedhofs und die Pflege des religiösen Lebens waren die Kristallisationspunkte eines gemeindeartigen Lebens. 1698 ließ Oppenheimer auf dem Friedhofsgelände ein Siechenhaus bauen, das auch als Herberge für zugereiste arme Leute diente. Ausgerechnet im Jahr 1723, als die Diskussion über Ausweisung oder Duldung einzelner Familien einen Höhepunkt erreichte, bauten die Juden ein neues Spital auf dem Friedhof. Der Plan zu einem Synagogenbau scheiterte angeblich am Einspruch des kaiserlichen Beichtvaters. Eine Synagoge, die nicht nur als Haussynagoge verwendet wurde, befand sich im Hause des mährischen Landesrabbiners Berusch Eskeles, Vater des berühmten Bernhard Eskeles, Mitbegründer des Bankhauses Arnstein und Eskeles. Berusch war der Schwiegersohn von Simson Wertheimer und hielt eine Art öffentlichen Gottesdienst in Wien. Als 1750 der Kantor Jakob Kuhn verstarb, schrieb der Referent des Obersthofmarschallamtes, dass sich seine Wohnung in der Synagoge der Wiener Judenschaft befand. Kuhns Haushaltsvorstand war Berusch Eskeles. Der alte Wertheimer hatte sogar einem Rabbinerkollegium vorgesessen, zu dem auch Lazarus Simon gehörte. 1758 gab es sogar einen jüdischen „Schulmeister" zu Wien, der ein Testament unterschrieb. Wertheimer selbst hatte in seinem Haus in Eisenstadt eine Synagoge eingerichtet, die bis heute erhalten ist.

Die Regierungszeit Karls VI. zwischen 1711 und 1740 bildete für die Wiener Juden einen sehr wesentlichen Abschnitt, in dem sich durch die Auseinandersetzung mit den Oppenheimerschen und Wertheimerschen Privilegien eine veränderte Politik gegenüber den Juden entwickelte, die zwar zu Beginn noch von tagespolitischen Einflüssen betroffen war, doch bald in systematischere Bahnen einlenkte. Diese neuen Bahnen waren von Restriktionen, deren Kontrolle und weiter vorausschauender „Nutzung" der Juden bestimmt. Es ging nicht mehr um die bloße Finanzierung von Kriegen wie zu Oppenheimers und Wertheimers Zeiten, sondern um die Finanzierung von Banken und die Belebung des Großhandels. Im Grunde bereitete sich jene Politik vor, die unter geistig veränderten Voraussetzungen dann Josef II. klarer verfolgte. Tatsächlich nahm Maria Theresia zunächst die politischen Maßnahmen ihres Vaters auf, spitzte sie zu, ehe sie neue Kompromisse unter dem Einfluss aufklärerischer Ratgeber eingehen musste. Wichtig ist auch die Beobachtung, dass gegen die Mitte des Jahrhunderts die Leistungskraft der Juden vorübergehend zurückging und dadurch die restriktiven Maßnahmen begünstigt wurden.

Bis 1751 fehlen, soweit es die Wiener Juden betrifft, konsequente Maßnahmen Maria Theresias. Dann erst ließ sie sich Bericht über die Einnahmen von den Juden erstatten und verfügte schließlich 1753 die Erstellung einer Liste der in Wien lebenden Juden. Dies war eine vorbereitende Maßnahme für die erste ihrer Judenordnungen, die noch im gleichen Jahr publiziert wurde. Volkszählung und „Konskription" waren in dieser Zeit generell rasch weiterentwickelte administrative Mittel, um objektive Grundlagen für gesetzgeberische Maßnahmen zu erhalten.

In der Judenordnung von 1753 wurde nicht viel Neues verfügt. Die Themen, die zur Zeit Karls VI. diskutiert wurden, blieben im Vordergrund. Nur das große Vertrauen in die Administration zur Vermeidung von Übelständen fällt besonders auf. So sollten die Haushaltsvorstände in jedem Quartal eine Liste der in ihrem Haushalt lebenden Juden übergeben; trotzdem gab es auch Prüfungen von Kommissaren, die ohne Aufsehen durchgeführt werden sollten. Sie sollten Aufsehen vermeiden, damit der Kredit eines Juden nicht leide. Möglichst jede Kleinigkeit wurde geregelt, manches davon war in der Praxis kaum überprüfbar.

Nach dem Wortlaut der maria-theresianischen Judenordnungen von 1753 durften sich die Juden nur mit Wechsel-, Geld- und Juwelengeschäften befassen. Einzelne Haushaltsvorstände erhielten aber die Erlaubnis, auch mit anderen Waren Handel zu treiben, allerdings wurde der Handel mit ausländischen Produkten eingeschränkt bzw. verboten. Das Kreditgeschäft wurde fast unmöglich gemacht. Ohne dass davon konkret die Rede war, blieben als Partner der Juden für Geldgeschäfte nur der Hof und auswärtige Souveräne. Die beruflichen Einschränkungen stießen bald auf Kritik. Juden sollten ermuntert werden, Manufakturen und Fabriken zu gründen. Als Arbeiter kamen nur Christen in Frage, denn sonst könnte jüdisches „Gesindel" ins Land gezogen werden. Die Bemühungen Maria Theresias um erhöhte Wertschöpfung war der Motor der bevorstehenden Veränderungen. Josef II. nahm diese Gedankenwelt auf, indem er für die Juden vermehrte „Nahrungswege" in Aussicht nahm. Alle Maßnahmen bezüglich der Juden in Wien zielten nur darauf, die reichsten aus den anderen Ländern der Monarchie in die Nähe des Hofes zu ziehen und alle anderen daran zu hindern.

Im Schatten dieser Veränderungen begannen manche Mitglieder des seit 1760 bestehenden Staatsrates die Bestimmungen, die sich auf das tägliche Leben der Juden bezogen, ironisch zu sehen. Eindringlich hatte Maria Theresia noch in der Judenordnung von 1764 auf die Pflicht der Juden hingewiesen, sich Bärte wachsen zu lassen. In den siebziger Jahren witzelten aufgeklärte Geister im Staatsrat über den angeblichen Konnex von Moral und Haartracht. Wie die Herrscherin selbst über solche Dinge dachte, ist nicht bekannt, immerhin wies sie aber eine Beschwerde des Wiener Erzbischofs Migazzi, die sich auf modische Frisuren, Teilnahme an öffentlichen Veranstaltungen und das Tragen von Degen bezog, dem Staatsrat zur Diskussion zu. Die meisten Mitglieder des Gremiums verhielten sich distanziert-ignorant, da ihnen nicht in den Sinn kam, dass auch konservative Juden mit dieser Entwicklung möglicherweise keine Freude hatten. Dieser Aspekt ist absolut kein theoretischer Einwand des heutigen Historikers. 1714 beschwerte sich Maria Clara Mäzin von Springfeld, dass Wolf Wertheimer die Hütte für das Laubhüttenfest auf dem Gang des Hauses errichtet hatte. Sie erwartete Ärger wegen der „abergläubischen Possen", die von anderen Bewohnern bemerkt werden könnten, und wies darauf hin, dass der alte Wertheimer dieses Fest immer *auf* dem Hausdach gefeiert habe und dadurch niemandem ein Ärgernis entstanden sei. Simson,

Wolfs Vater, nahm ebenfalls gegen die Laubhütte *unter* dem Dach Stellung.

Die Ausgangsposition in Wien und Niederösterreich für die Umsetzung der Toleranzpolitik war dadurch gekennzeichnet, dass manche Punkte der Judenordnung von 1764 bereits veraltet erschienen, die grundsätzliche Tendenz zur Restriktion der Ansiedlung und die Bedeutung der ökonomischen Seite auch im Rahmen der Politik Josefs ihre Bedeutung behielten.

Die Präambel des Patents vom 2. Januar 1782 zeigt eine gewisse Bereitschaft zum Bruch mit den überkommenen Verhältnissen. Auch die geduldeten Nationen und Religionsgruppierungen sollten am öffentlichen Wohlstand teilhaben, gesetzlich garantierte Freiheit genießen und ihren Unterhalt vermehren können. Dieser Absicht standen die vorhandenen Gesetze für die Juden besonders in Wien und Niederösterreich teilweise entgegen. Josef wollte deshalb durch das folgende Patent Änderungen vornehmen.

Die ersten sieben Punkte des Patents bestätigten aber die bestehenden Beschränkungen: Die Gesetze zur Duldung wurden nicht erleichtert; es durfte keine Gemeinde geben, keine Vorsteher, keine Synagoge und keine eigene hebräische Druckerei, die nur in Prag zugelassen war. Die Ansiedlung in Wien blieb an die alten Regeln gebunden, auf dem Land in Niederösterreich kam eine Ansiedlung nur bei Gründung einer Fabrik auf ödem Grund oder der Einführung eines notwendigen Gewerbes in Frage. Weiters wurde das Schutz- oder Toleranzgeld eingehoben. Die Duldung galt auch jetzt nur für den Haushaltsvorstand. Josef versicherte auch, dass seine Absicht keineswegs dahin gehe, die Zahl der jüdischen Religionsgenossen in seinen Staaten zu vergrößern. Das böhmische Familiengesetz von 1726 widersprach keineswegs Josefs Vorstellungen.

Trotz der Bestätigung der alten Rahmenbedingungen jüdischen Lebens in Wien heißt es dann im Patent, dass für die Juden Begünstigungen bestehen, durch die das Patent vom 5. Mai 1764 außer Kraft gesetzt würde. Die neuen günstigen Bedingungen betrafen den Besuch der Normal- und Realschulen bzw. die Errichtung

solcher Schulen samt der Einrichtung des Religionsunterrichtes.
Die Juden durften sogar ihre „moralischen" Bücher selbst verfassen, mussten sie aber bei der Schuloberaufsicht zur Überprüfung
einreichen. Der Zugang zu fast allen Berufszweigen war ab nun
möglich. Unter diesen Umständen verlangten die Behörden die
Führung deutscher Geschäftsbücher. Die Zahl der Bedienten war
nicht mehr beschränkt, die Kontrollen wurden gelockert. Die Wahl
der Wohnung in der Stadt war frei, d. h. die Beschränkung auf einige
Häuser fiel weg. Ebenso wurde die sogenannte Leibmaut, die fremde,
nach Wien kommende Juden zu bezahlen hatten, abgeschafft, und
sie konnten, wo sie wollten, Quartier nehmen. Trotzdem wurden
die alten Kontrollmaßnahmen gegenüber den zu- und abreisenden
Juden beibehalten. Die Handelsbestimmungen waren auch für die
fremden Juden durchaus freizügig. Die doppelten Kanzlei- und
Gerichtstaxen wurden aufgehoben. Besonderer Beliebtheit unter
Historikern erfreut sich Punkt 24 des Patents, in dem den Juden
erlaubt wurde, keine Bärte zu tragen, an Sonn- und Feiertagen vor
12 Uhr auszugehen und Belustigungsorte aufzusuchen. Den Honoratioren wurde sogar gestattet, einen Degen zu tragen. Josef und
seine aufgeklärten Ratgeber konnten es sich wohl nicht verkneifen,
die Konservativen mit solchen Marginalien zu reizen. Diese Vergünstigungen hatten aber auch den Zweck, eine Verbesserung des
Klimas, in dem die Juden lebten, sicherzustellen, und zeigten eine
gewisse Öffentlichkeitswirksamkeit. Gerade diese Verbesserungen
drückten den Willen des Kaisers aus, die den Geist niederschlagenden Beschränkungen zu beseitigen. Zuletzt wurden die Juden aufgefordert, die Gesetze zu beachten und sich gegenüber den Christen
anständig zu betragen, da andernfalls solcher Frevel auf das Streng-
ste bestraft würde.

Aufs Ganze gesehen: Die Wiener Juden hatten Grund zu verhalte-
nem Jubel. Auf der Basis dieses Gesetzes lebte man mit wesentlich
weniger Schikanen und hatte zumindest theoretisch wesentlich
mehr Möglichkeiten, seinen Unterhalt zu verdienen. Spätere
Überprüfungen zeigten, dass vieles von dem Erlaubten nicht
verwirklichbar war und die Juden deshalb in ihren traditionellen

Berufen bleiben mussten, da es für sie zunächst sehr schwer war, in einem christlichen Meisterbetrieb als Lehrlinge unterzukommen. Immerhin stellten sich in den freien Berufen, insbesondere in den künstlerischen, bald gewisse Erfolge ein. Die Vertreter der josefinischen Politik merkten die zahlenmäßig wenig überzeugenden Erfolge auch mit großem Stolz an. Wie man die Sache auch im Detail sieht, Josef hatte für die Wiener Juden wesentlich bessere Lebensbedingungen geschaffen, wenn auch die tatsächliche Wirkung hinter den propagandistischen Lobgesängen für den Kaiser etwas zurückblieb. Das Patent konnte die Wiener Voraussetzungen nicht verändern. Hier brauchte man Juden, die genügend leistungsfähig waren, um mit den zentralen Behörden zusammenzuarbeiten, daher blieb eine Elite tätig, die keinen Grund für eine radikale Neuorientierung hatte.

Die Umsetzung des Patents war verbunden mit einer Flut von Detailverordnungen, die sich schließlich auf die Regelung der Namen der Juden und auf ihre Wehrfähigkeit bezogen. Die Prüfung der Bücher und der Schulbesuch brachten neue Probleme auf die Tagesordnung, die zum Teil von Josef selbst entschieden wurden. Manchmal zeigte sich eine gewisse Ungeduld gegenüber dem als rabbinisch charakterisierten „Aberglauben" mancher Juden, da das Vertrauen in eine allgemein anerkannte, der Vernunft entspringende Moral unter den Aufklärern beinahe grenzenlos war.

Böhmen und Mähren

Das böhmische Patent war das erste, das Josef erlassen hatte. Diese Tatsache ist immerhin erstaunlich, da die Juden in Böhmen allein durch ihre Zahl eine festere Eigenverwaltung aufwiesen als die einzelnen Wiener Familien. Der Unterschied der finanziellen Bedeutung zwischen Wien und Böhmen zeigt sich deutlich: Die Wiener Juden zahlten im Jahr etwa 7000 Gulden Toleranzgeld, die Einnahmen in Böhmen betrugen 216.000 Gulden. Die Prager Judenschaft, der Ausdruck Gemeinde wurde im 17. und 18. Jahrhundert kaum angewendet, umfasste mindestens 10.000 Personen, manche

Konskriptionen ergaben sogar mehr als 11.000. In Böhmen und Mähren lebten insgesamt 100.000 Juden, deren Zahl seit dem berüchtigten Familiantengesetz von 1726 etwa konstant blieb. Prag hatte für alle Juden in der Habsburgermonarchie und im Reich eine besondere Bedeutung – es galt als Metropole Israels –, und darin lag auch einer der Gründe, warum es 1744 nach dem Ausweisungsbefehl Maria Theresias zu diplomatischen Aktivitäten gegen diese Maßnahme kam. Noch 1741 hatten die Prager Juden einen ihrer prachtvollen Umzüge gehalten, um die neue Königin zu begrüßen bzw. sie gnädig zu stimmen. Es wirft kein gutes Licht auf die Berater der jungen Herrscherin, dass sie ausgerechnet gegen die böhmische Judenschaft vorging. Dadurch wurden, abgesehen von der internationalen Aktion, auch wirtschaftliche Strukturen in Prag und Böhmen über den Haufen geworfen. Die Forderung zahlreicher Prager christlicher Zünfte, die Juden wieder in Prag anzusiedeln, zeigt ganz deutlich, wie die Juden in die Prager Wirtschaft verflochten waren. Man kann es nicht anders formulieren: Die junge Königin muss der Teufel geritten haben, wahrscheinlich in der Gestalt Friedrichs des Großen, für den die Juden angeblich Spionagedienste geleistet hatten, als sie diese Verordnung unterschrieb.

Hier in Prag lebten die Juden in einer fest gefügten Kommunität mit eigener Gerichtsbarkeit, die auch Strafsanktionen aussprechen konnte, einer ständisch anmutenden Gesellschaftsordnung und dem religiös-rechtlichen Oberhaupt, dem Oberrabbiner von Prag. Bedeutende Leute wie David Oppenheim, Neffe des Wiener Oppenheimer, oder der Zeitgenosse Maria Theresias und Josefs II., Ezechiel Landau, übten dieses Amt aus. Die aus dem Mittelalter stammende Autonomie der jüdischen Gemeinde bestand nach wie vor. Die Habsburger der Barockzeit hatten es wesentlich schwerer, in diese Verhältnisse einzugreifen, als in Wien, wo die alten Strukturen seit dem 15. Jahrhundert ausgelöscht waren. Aber sie waren natürlich bereit, auch in Böhmen ihre Vorstellungen durchzusetzen.

Die in etwa 200 böhmischen Dörfern bzw. auf Grundherrschaften angesiedelten Landjuden hatten eine Vielzahl von Aufgaben, unter denen die wichtigste der zwangsweise Kauf von Erzeugnissen der Grundherren war. Der Handel bildete also die Lebensgrundlage der böhmischen und ebenso der mährischen Juden. Reiche Juden streckten armen Geld vor, mit dem diese möglichst alle auf den Grundherrschaften produzierten Güter aufkauften, die auf den Märkten angeboten wurden. Diese Tätigkeit war für die Grundherren ebenso lebenswichtig wie für die jüdischen Händler. Der Handel war an den Besitz oder Teilbesitz eines Hauses gebunden. Daher bestanden hinsichtlich des Grundbesitzes der Juden ebenso andere Voraussetzungen wie in Wien. Auch die Pächter von Häusern zur Erzeugung von Leder, Branntwein und Pottasche bauten sich manchmal in der Nähe des Pacht- oder Flusshauses ein eigenes Haus, das zur Grundlage einer Handelsberechtigung wurde. Die Händler waren jene Gruppe unter den Juden, die auch die Steuern bezahlten, sie waren allerdings eine Führungsschicht, die die Majorität unter den Juden bildete. In Prag waren 1159 Familienväter Händler, 644 Handwerker und 530 Dienstboten. Bei den Landjuden war das Verhältnis noch deutlicher zugunsten der Händler ausgeprägt.

Das wirtschaftliche Zusammenspiel von Grundherren und Juden bedingte häufig eine ablehnende Haltung der Stände und der böhmischen Landesbehörden, wenn der Kaiser in die Verhältnisse der Juden eingreifen wollte. Ähnlich ist auch die Forderung vieler Prager Handwerker nach der Rückkehr der Juden nach Prag zu erklären. Die Juden lieferten den Handwerkern die Rohmaterialien und kauften ihnen die Fertigprodukte ab. Dieses eingespielte System wurde durch die Ausweisung 1744 zerstört und brachte viele Handwerker an den Bettelstab. Das wird auch bei älteren Versuchen, die Zahl der Juden durch Ausweisungen zu verringern oder sie gänzlich abzuschaffen, deutlich. Die christlichen Bürger der Altstadt, die Nachbarn der Juden, waren oftmals jene Gruppe, die eine Ausweisung verlangte, dem widersprachen aber die Christen der Neustadt und der Prager Kleinseite und brachten das Ansinnen einer Vertreibung im Verein mit der böhmischen Kammer immer wieder zu Fall.

Seit dem Regierungsantritt Leopolds I. wiederholte sich ständig das Ritual um Reduktion, Ausweisung und Uneinigkeit der gutachtenden Behörden. Immer setzte sich letztlich die ökonomische Notwendigkeit durch, weil die Steuerzahlungen und anderen Leistungen der Juden in den böhmischen Ländern unverzichtbar waren.

Das böhmische Hofdekret erschien unter dem Titel „Verordnung zur besseren Bildung und Aufklärung" am 19. Oktober 1781. Es handelte sich dabei noch nicht um ein Patent. Der Kaiser hatte damit Eile, denn es schien notwendig, die armen Juden nach wie vor an ihre Niederlassungen zu binden und den Zuzug nach Prag zu verhindern. Die Einwanderer aus Galizien kamen in so großer Zahl nach Böhmen, dass auch dies ein Motiv für die rasche Veröffentlichung wurde. In diesem Sinne blieb es, wie in Wien, bei den bestehenden Rahmenbedingungen. Das bedeutete in Böhmen die Festsetzung der zugelassenen Haushaltsvorstände mit 8300. Schon am 1. Oktober hatte der Kaiser die Zahl der Haushalte in Mähren auf 5400 beschränkt. Die Restriktionen über Eheschließungen und Wohnrecht blieben erhalten. Um die Abwanderung nach Prag zu verhindern, wurden den böhmischen Juden der Einzelhandel und sogar das Hausieren gestattet. Die Hinweise auf die Anlage von Fabriken und die Ausübung von Gewerben ohne zünftische Kontrolle hatten in Böhmen natürlich eine ganz andere Bedeutung als in Wien. Hier gab es traditionell eine große Gruppe von Handwerkern, die ab nun nicht nur für Juden produzieren, sondern ihre Waren auch anderen Kundenkreisen anbieten konnten.

Die anderen Bestimmungen bezogen sich auf die Verwendung der gerichtsüblichen Sprache bei der Führung der Geschäftsbücher, in der Praxis bedeutete das die Verwendung des Deutschen. Ausführlich kam die Ausbildung der Juden zur Sprache. Dabei kamen zwei Richtlinien zur Anwendung: Es sollten alle Äußerungen vermieden werden, die dem jüdischen Glauben widersprachen, und die Bücher in den allgemeinen Gegenständen sollten sich von jenen der Christen nicht unterscheiden. An das Hofdekret schloss sich eine Verordnung des böhmischen Guberniums an, in dem die Ortsvorsteher aufgefordert wurden, „daß sie die Juden wie alle anderen Nebenmenschen betrachten, und das bei einigen, besonders bei niedrig denkenden Leuten gegen die jüdische Nazion bisher beobachtete Vorurtheil einer Verächtlichkeit ablegen, als wodurch schon öfters zu unsittlichem Betragen, auch sogar zu sträflichen Exzessen Anlaß gegeben worden ist". Auch die Geistlichkeit wurde angehalten, in diesem Sinne zu wirken. Dass das böhmische Hofdekret noch nicht als vollgültiges Gesetz verstanden wurde, zeigt sich auch daran, dass wenige Tage später den Prager Juden und der böhmischen Landesjudenschaft die alten Privilegien bestätigt wurden. Die späteren Patente beseitigten ja die älteren Vorschriften. Erst gute zwei Jahre später erließ Josef II. eine Verordnung, nach der die jüdischen Gerichte aufgehoben wurden und die Juden der jeweiligen Ortsgerichtsbarkeit unterstanden. Dies wird vordergründig von manchen Historikern als ein Schlag gegen die Autonomie des Gerichtswesens der Juden betrachtet. Die Maßnahme muss allerdings in einem größeren administrativ-politischen Zusammenhang gedeutet werden. 1783 führte Josef in Wien eine Magistratsreform durch, in der das Gerichtswesen der Stadt rationeller geordnet wurde. Schon vorher wurden Zivilangelegenheiten von der Stadt gerichtlich geregelt, Josef ordnete nun die Zuständigkeiten klarer innerhalb eines juristischen Senats, dem Zivil- und Strafsachen übertragen waren. Analog dazu wurden am 27. Februar 1784 die drei selbstständigen Prager Städte Altstadt, Neustadt und Kleinseite zu einer einzigen Stadtgemeinde umgewandelt. Der Magistrat wurde am 29. Juli 1784 Ortsgericht: „Die Aktivität des neuen Prager Magistrat hat den neunten künftigen Monats August anzufangen, folglich die Gerichtsbarkeit des akademischen Magistrats, sämmtlichen Nebenrechten und Juden-Elteste mit 8. nämlichen Monats aufzuhören." Es handelt sich also nur nebenbei um das Ende der autonomen Gerichtsbarkeit der Juden, die primäre Zielsetzung des Kaisers war eine Vereinheitlichung der städtischen Gerichtsbarkeit.

Von Böhmen bzw. von Trebitsch ging der Anstoß aus, sich mit der Frage der Namen der Juden zu befassen. Die Regelung der jüdischen

Vor- und Familiennamen macht bei oberflächlicher Betrachtung den Eindruck einer rein administrativen Maßnahme. Josef und seine Berater wollten in der zweiten Jahreshälfte 1787 Ordnung in das Wirrwarr der jüdischen bzw. hebräischen Vornamen bringen, indem es verboten wurde, Dialektformen zu verwenden. Dies forderte den Widerstand vieler Juden heraus, denn das Aufrufen zur Thoralesung könnte dadurch gestört werden. Trotzdem setzten sich die Behörden durch und gestatteten die Auswahl aus 120 Männer- und 37 Frauennamen. Erst seit 1836 konnten die Juden ihre Vornamen frei wählen. Hinsichtlich der Familiennamen sah sich Josef der Situation gegenüber, dass es unter den bedeutenden Geldleihern und Großhändlern viele gab, die seit längerer Zeit bereits Familiennamen führten. Meist waren es Herkunftsnamen wie Oppenheimer, Bunzlau, Wiener und dgl. oder Vornamen, die in der Familie üblich waren, wie Simon Mayer. Auch die Bezeichnung nach einem Hauszeichen wie z. B. Rothschild (obwohl die Familie ursprünglich im Haus zum Grünen Schild im Frankfurter Ghetto wohnte) kam öfter vor. An der Führung eines Familiennamens erkannte man bis 1788 die ständische Führungsstellung eines Juden. Nun sollten sich alle Juden Familiennamen wählen, wobei die gerade beschriebenen Typen von Namen nicht verwendet werden durften. Auf den „guten Namen" einer Firma nahmen die Behörden Rücksicht, indem den Inhabern erlaubt wurde, den bereits eingeführten Familien- oder Geschlechtsnamen zu behalten. Alle diese Namen sollten deutsche Form haben. Dies war in einem Land, in dem das Bewusstsein der eigenen Nationalität seit langer Zeit vorhanden war, kein gedankenloser Schritt, sondern näherte die Juden der deutschen Nation an. Im 19. Jahrhundert sollte diese Tatsache dann ihre Folgen haben.

Die Gesetze Josefs stießen bei den böhmischen Juden im Allgemeinen auf eine positive Resonanz. Neben dem Prager Oberrabbinat wirkten in Böhmen zwölf Kreisrabbiner, die als aufgeschlossen galten und daher einen Einfluss im Sinne der Aufklärung unter den Juden bewirkten. Selbst der sehr vorsichtige Ezechiel Landau begrüßte die neuen Lebensbedingungen in einer Predigt zu Pessach

1782: „... und Cyrus und Darius erbarmten sich unser (in der Zeit unter persischer Herrschaft), wie es in unserer Zeit geschehen ist, daß unser Herr der Kaiser sein Augenmerk auf uns gerichtet hat, uns Gutes zu erweisen, uns aus unserer verächtlichen Stellung zu erheben ... jetzt ist also ein frommer und erbarmungsreicher König zur Herrschaft gekommen und obwohl wir Knechte sind, hat er uns die Schande der Knechtschaft weggenommen und hat alle sichtbaren Zeichen der Knechtschaft abgeschafft." Es mag verwirren: Der so gelobte Josef hielt vom Prager Oberrabbiner im Gegensatz zu seiner Mutter nicht viel.

Die Verhältnisse in Mähren unterschieden sich von jenen in Böhmen teilweise nur sehr geringfügig, wichtig ist aber der Unterschied, dass die mährische Judenschaft traditioneller und konservativer war. In Mähren existierte noch ein Landesrabbinat, dessen bekanntester Vertreter im 18. Jahrhundert Bernhard (Berusch) Gabriel Eskeles war. Er war Inhaber einer Toleranz in Wien. Mähren und Ungarn waren abgesehen von den Zuwanderern aus dem Reich das Reservoir, aus dem die Wiener Tolerierten kamen. Die Eskelessche Stiftung, die für jüdische Studierende vorgesehen war, finanzierte die jüdischen Normalschulen in Mähren, nachdem seine Erben vergeblich zumindest eine Entschädigungszahlung aus dem väterlichen Nachlass gefordert hatten.

Das Gesetz für die mährischen Juden wurde in Form eines Patents am 13. Februar 1782 erlassen. Der längere Diskussionszeitraum gegenüber dem böhmischen Dekret erklärt sich wohl aus der scharf geführten Diskussion. Die städtischen Behörden nahmen bis auf Iglau gegen das kaiserliche Handschreiben Stellung, die Bezirks- und Kreishauptleute reagierten unterschiedlich. Eine Ignoranz sondergleichen legte der Bezirkshauptmann von Znaim an den Tag, der darauf hinwies, dass er eine Kur in Karlsbad zu absolvieren gedenke und daher keine Zeit für die Beantwortung der Fragen habe. Trotz dieser Verhältnisse kam es dank der Entschlossenheit der zentralen Gremien recht bald zur Veröffentlichung des Gesetzes. Auch in Mähren blieben die restriktiven Rahmenbedingungen, die Familienstellen, erhalten. Wie die Wiener Juden waren auch die mährischen auf die Prager Druckerei hebräischer Bücher angewiesen, und sie wurden einem Schulzwang unterworfen. Dies ist eine interessante Modifikation gegenüber den bisher besprochenen Gesetzen für Wien und Böhmen. Entweder spürten die Behörden in konservativen jüdischen Kreisen Widerstand oder, was durchaus wahrscheinlich ist, lagen die Verhältnisse in Mähren ein wenig anders. Von Seiten der Traditionalisten erwartete man vielleicht passive Resistenz. Dies würde sich mit der Beobachtung decken, dass das Toleranzpatent in Mähren bei weitem nicht mit jenem Enthusiasmus begrüßt wurde, wie dies in der ersten Zeit nach der Promulgation in Böhmen und Wien der Fall war.

Den Söhnen der reicheren Juden wurde der Besuch der Universitäten gestattet. Josef selbst hatte einmal bemerkt, dass der Besuch weiterbildender Schulen den Juden ohnehin immer offen gestanden wäre. Diese Bestimmung wirkt daher eigenartig, hat aber ihre Wurzeln in den Widerständen der mährischen Behörden. Man gewinnt fast den Eindruck, dass sich in Mähren christliche und jüdische „Reaktionäre" gegenüberstanden. Die mit dem Schulbesuch zusammenhängenden administrativen Fragen wurden ebenfalls geregelt, und es scheint fast so zu sein, dass hierin der Grund liegt, dass man die Frage überhaupt thematisierte. Das mährische Gubernium hatte nämlich zum Besuch der höheren Schulen gemeint, dass dies wegen des Aufenthalts jüdischer Schüler in Christenhäusern und wegen des Aufenthaltsverbots Schwierigkeiten verursachen würde. Die Schüler erhielten jetzt das Recht, bei Christen zu wohnen, und ihre Eltern durften sie besuchen. Bei eben solchen Fragen, die zwischen christlichen Meistern und jüdischen Gesellen bzw. Lehrlingen entstanden, mischte sich die Obrigkeit nicht mehr ein und überließ ihre Lösung Vereinbarungen zwischen den Partnern. Juden konnten Meister werden, sich aber nur an Orten ansiedeln, in denen es jüdische Kommunitäten gab. Das von einer mährischen Behörde (Brünn) angeschnittene Problem der Frage des Bürgerrechts überging man stillschweigend. Dass man bei allen unbürgerlichen Gewerben, der Anlage von Fabriken und verdienstreicher Geschäftszweige volle Freiheit gab, war selbstverständlich. Die Aufhebung der Unterscheidungszeichen stieß in Mähren auf keinen Widerstand, da die mährische Landesstelle zum Handschreiben vom Mai 1781 erklärt hatte, dass keine Kennzeichnungspflicht für die Juden bestehe und sich ohnehin nur die verheirateten Juden Bärte stehen ließen. Von den Maßnahmen nach dem Toleranzpatent waren die Juden in Mähren ebenso betroffen wie jene in Böhmen.

Josef und die zentralen Behörden, insbesondere der Staatsrat, reagierten auf die verschiedenen Darstellungen der Landesbehörden nur geringfügig. Das aufklärerische Gesamtwerk der Toleranzpolitik wurde „durchgezogen" und dabei auf regionale Verhältnisse nur wenig Rücksicht genommen. Die Reduzierung der jüdischen Selbstverwaltung ist für den heutigen Historiker am Ende des 20. Jahrhunderts sehr schwer zu beurteilen. Wir haben selbst erst in allerjüngster Zeit die Überzeugung gewonnen, dass es auch zu respektieren ist, wenn eine Gruppe nach anderen Richtlinien leben will, als jenen, die wir für richtig halten. In diesem Sinn haben wir den Josefinismus und andere Ideologien genereller Glückseligkeit erst kürzlich verlassen. Am Ende des 18. Jahrhunderts stellten nur finstere Konservative diese Überzeugung in Frage. Ein großer Teil der jüngeren Juden der damaligen Zeit war von der Richtigkeit des Näherrückens an die christliche Gesellschaft überzeugt und ging den Weg in die Emanzipation auch konsequent weiter.

Schlesien

Als einem Grenzland gegenüber Preußen, dessen größter Teil an eben dieses Preußen verloren gegangen war, kam den Juden in Schlesien neben anderen Bevölkerungsgruppen eine besondere Bedeutung zu. Sie beschäftigten sich mit Spionage für Preußen und waren auch als Schmuggler tätig. Um diese wenig erfreulichen Entwicklungen abzustellen, genügte es nicht mehr, zu disziplinierenden Maßnahmen zu greifen. Es war nicht leicht, Josefs Standpunkt durchzusetzen. Das 1742 errichtete schlesische Königsinstitut, die wichtigste Provinzialbehörde in Schlesien, wollte die Probleme in konservativer Weise lösen und verhielt sich extrem judenfeindlich. Der Kaiser und seine Hofräte lehnten die Vorschläge ab und veröffentlichten schon am 15. Dezember 1781 das Toleranzpatent für die Juden Schlesiens. Wie bei allen anderen Toleranzpatenten blieben die zahlenmäßigen Beschränkungen erhalten. Aufgrund des Fehlens einer innerjüdischen Organisation waren die jüdischen Eltern verhalten, ihre Kinder in christliche Schulen zu schicken. Gottesdienste durften nur privat und nicht öffentlich abgehalten werden, wodurch eine schlechtere Situation als in Böhmen gegeben war. Die Erlaubnis, Handel zu treiben, wurde insofern eingeschränkt, als dieser Handel die christlichen Kaufleute nicht stören durfte. Im Grunde bedeutete dies, dass die Juden keinen Handel treiben durften. Die übrigen Bestimmungen entsprachen jenen in Böhmen. Dieses offenbar in großer Eile durchgepeitschte Patent war in keiner Weise eine sorgfältige Reaktion auf die kritische politische Lage Schlesiens.

Ungarn

Das Toleranzpatent für die ungarischen Juden wurde erst am 31. März 1783 veröffentlicht. Gegenüber den bisher publizierten Gesetzen fällt seine Detailgenauigkeit auf, die wohl ein Ergebnis der Auseinandersetzungen der Behörden war, wahrscheinlich aber auch mit der späten Veröffentlichung zu begründen ist, da Josef und seine Berater aus den bisherigen Reaktionen auf die Toleranzpatente schon einige Lehren ziehen konnten.
Charakteristisch für die Lage der Juden in Ungarn vor 1780 war die Tatsache, dass ihnen zwar der Aufenthalt in vielen ungarischen Städten verboten war, eine Beschränkung auf eine festgelegte Anzahl von Haushalten aber nicht bestand. So waren seit der Regierungszeit Karls VI. besonders Juden aus Mähren nach Ungarn ausgewandert, nach 1772 nahm der Strom der Zuwanderer aus Galizien zu, so dass ihre Zahl zum Zeitpunkt der Herausgabe des Patents deutlich 50.000 überstieg. Die Zahlen sind wegen der Landstreicher und Räuberbanden nur mit großer Vorsicht zu beurteilen.

Die offiziellen Zählungen ergaben etwa 11.000 Haushaltsvorstände. Mit der Vertreibung von 1669/70 aus Wien und Niederösterreich hängt die Entstehung der berühmten Schewa kehilot, der Siebengemeinden, die unter der Herrschaft der Esterházys standen, zusammen. Eisenstadt bildete die größte der Gemeinden. Die Rabbiner der Siebengemeinden und von Preßburg galten als überaus gelehrt, zu Beginn des 18. Jahrhunderts bekleidete Simson Wertheimer die Funktion des Landesrabbiners. Dadurch eignete den ungarischen Juden ein konservativer Zug, der zu einer kritischen Auseinandersetzung mit manchen Bestimmungen des Toleranzpatents führte. Bezeichnend ist auch die von anderen Patenten abweichende Formulierung, dass die Juden sich ihre Bärte abschneiden mussten. Was als Vergünstigung für die Juden in Wien und in den Ländern der böhmischen Krone gedacht war, wurde für Ungarn in die Form eines Befehls gekleidet, den die Behörden allerdings nach Protesten wieder zurücknehmen mussten. Die uns schon bekannten Verordnungen bezüglich der Sprache, in der die Geschäftsbücher abgefasst werden mussten (in Ungarn deutsch, ungarisch oder lateinisch), und das damit zusammenhängende Normalschulwesen machten auf die Juden einen sehr negativen Eindruck. Sie verstanden nicht, warum sie den Betrieb von Schulen bezahlen sollten, in denen fremde Sprachen unterrichtet wurden, und dass der Thorunterricht nur im Rahmen dieser Schulen stattfinden durfte. Das kam für Josef nicht überraschend, denn in dem umfassenden Abschnitt über das Schulwesen befahl der Kaiser den Gemeindevorstehern und Rabbinern, die Bedenken der Juden zu zerstreuen und den Text des Toleranzpatents in den Synagogen zu verlesen. Um den Widerstand gegen das neue Schulwesen zu brechen, wurde verfügt, dass zehn Jahre später kein Jude mehr eine Geschäftsgenehmigung erhalten sollte, der kein Schulzeugnis vorweisen konnte. Diese Bestimmungen konnten nicht in vollem Umfang verwirklicht werden. Das konservative Klima war zu dominant. Erst um 1830 bahnten sich Veränderungen an. In anderen Punkten zeigte sich Josef flexibel. Die Pacht landwirtschaftlicher Betriebe bezog sich auch auf Bauernhöfe und nicht nur auf

Gutshöfe wie in den anderen Provinzen; auf den Hinweis, der Kaiser wolle die Zahl der Juden nicht vermehren, verzichtete man. Trotzdem blieben ihnen die Bergbaustädte als Wohnsitz verschlossen. In die Zeit des Toleranzpatents fällt der Beginn der Ansiedlung von Juden in Pest, wo sich innerhalb weniger Jahrzehnte eine große Gemeinde etablierte.

Die Toleranzpolitik in Ungarn griff im Allgemeinen weniger als in anderen Provinzen. Einige wohlhabende jüdische Familien ließen ihre Kinder nach den Vorstellungen des Kaisers ausbilden, in ganz Ungarn gab es aber nur 2000 jüdische Schüler an etwa 30 Schulen. Nach dem Tod Josefs wurden die meisten Schulen wieder zu traditionellen jüdischen Bildungseinrichtungen. 1785 bis 1787 wurde eine Kampagne entfacht, um jüdische Bettler zu verjagen. Als Bettler galt, wer anderthalb Jahre mit der Abgabe der Toleranzsteuer in Verzug war. Hier bewährte sich das Gemeindewesen der ungarischen Juden, denn die Gemeinden übernahmen traditionell die Garantie für eine pünktliche Bezahlung der Steuern.

Galizien

1772 beteiligte sich Maria Theresia mit schweren Gewissensbissen an der Zerstückelung Polens und erlangte die Herrschaft in den südpolnischen Großfürstentümern Halics und Wladimir (Galizien und Lodomerien). Damit kamen auch mehr als 200.000 Juden unter habsburgische Herrschaft. Josef war bestrebt, sich umgehend über deren Lebensverhältnisse zu informieren, ließ sich Berichte geben und unternahm schon 1773 eine Hofreise, um sich an Ort und Stelle selbst ein Bild zu machen.

Ähnlich wie in den Ländern der böhmischen Krone lebten die Juden in Galizien autonom. Bis 1764 wurden die Juden Polens politisch von der Vierländerkommission angeführt. Ihre Autonomie war nicht nur zentral geregelt, was in Polen nicht viel bedeutet hätte, sondern, noch wichtiger, durch zahlreiche Verträge mit lokalen Adeligen, Klöstern und städtischen Partnern. Dementsprechend existierte eine eigene jüdische Zivilgerichtsbarkeit, die von den Rabbinatsgerichten wahrgenommen wurde. Die meisten Juden waren im Handel tätig, im Jahr 1777 betrug die gesamte Zahl der christlichen Kaufleute nur 315, denen Tausende Juden gegenüberstanden. 30 Prozent aller Juden lebten auf dem Lande und arbeiteten dort als Pächter auf den adeligen Grundherrschaften, wo sie als Schankwirte, Schnapsbrenner und Handwerker wirkten. Aufgrund dieser Tätigkeit bestand ein enges und gutes Verhältnis zu den adeligen Grundherren. Gegner dieser Strukturen waren die christlichen Stadtbewohner, insbesondere die deutschen Kaufleute.

Auf dem Lande herrschte der Chassidismus, in den großen Städten Lemberg und Brody drang langsam, durch jüdische Kaufleute vermittelt, die Mendelssohnsche Aufklärung vor, doch behaupteten sich in der immer schärfer werdenden Auseinandersetzung die traditionellen Kräfte.

Der erste Gouverneur Galiziens, Johann Anton Graf von Pergen, legte zu Beginn von Josefs Hofreise einen ersten Bericht vor. Die Wurzel der in den Augen Pergens untragbaren Zustände war die Autonomie der Juden. Sie verfügten deshalb über politischen Einfluss, hätten das Vermögen des Adels und der Geistlichkeit an sich gebracht und einen Großteil der Bevölkerung in die Abhängigkeit geführt. Daher würden sie auch von diesen Leuten gegen jedes Ansinnen verteidigt, das auf Reduzierung oder Abschaffung der Juden hinausliefe. Sie hätten die Rechte von Bürgern, wohnten in den Zentren der Städte und verdrängten die Christen in die Vorstädte. Pergen schlug vor, trotz des Verlustes an Kopfsteuer, die Juden schleunigst zu reduzieren. Vor der Hofreise hatte Pergen schon erste Maßnahmen in diesem Sinne gesetzt, als er die Ausweisung jüdischer Bettler verfügte und den Juden verbot, Schenken und Schnapsbrennereien zu pachten. Letzteres stieß auf Schwierigkeiten, weil sich keine christlichen Pächter fanden. Die Zahl der jüdischen Bettler und Müßiggänger, die bei der Zählung 1772 festgestellt worden war, belief sich auf mehr als 23.000. In diesem Punkt hatte man Sorge, dass viele davon in andere Länder der Monarchie einwandern könnten. In der Tat gab es solche Wanderungen nach Ungarn und in geringerem Maße nach Böhmen und Mähren, wo die Behörden aber mit Hilfe des Familiantengesetzes Gegenmaßnahmen treffen konnten. Josef sah zunächst die Verhältnisse recht negativ und erwog sogar, zwei Drittel der Juden zu vertreiben. Aus der Tätigkeit der einzelnen Juden zog die Aristokratie enormen Nutzen und hielt mit Hilfe der Juden die übrige Bevölkerung nieder. Josef sah die Dinge ganz anders als Pergen. Unterschiedlich lagen die Dinge bei den jüdischen Gemeinden, die beim Adel und der Geistlichkeit hoch verschuldet waren, da sie bei den häufigen Pogromen und Ritualmordbeschuldigungen den Behörden hohe Zahlungen leisten mussten. Das Problem für Josef und seine Berater, insbesondere für den Kanzler Kaunitz, war, dass der Adel aus der Tätigkeit der Juden große Vorteile gewann, aber der Staat an den Juden zu wenig verdiente. Sie brachten auch keinen Nutzen als Bauern oder Soldaten und hatten sogar Christen in ihren Diensten. Der Kaiser kritisierte an den jüdischen Gemeinden, dass sie arme Juden heimlich unterbrachten und verköstigten, ihre genaue Zahl sei deswegen nicht feststellbar, was einen Politiker wie Josef, der für seine Maßnahmen statistische Unterlagen brauchte, besonders störte. Die Gesamtzahl der armen Juden sei zwar im Sinken, da die Politik der Eheeinschränkungen einen gewissen Erfolg verzeichnete, die Anordnung, die Armen auszuweisen, war aber nicht befolgt worden. Die meisten Informationen bezog Josef von Wanderjuden und jüdischen Fuhrleuten, obwohl er gerade diese Leute loswerden wollte. Christliche Bauern beschwerten sich, dass der Kaiser den Informationen der Juden mehr Glauben schenke als ihren Berichten. Bestürzt zeigte sich der Kaiser über die Wohnverhältnisse z. B. in Brody. Von der Synagoge war er begeistert, aber die elenden Wohnverhältnisse erfüllten ihn mit großer Sorge, weil die Leute, die unter diesen Umständen leben mussten, ihre Heimat verlassen würden, um sich im Westen des Reiches bessere Lebensbedingungen zu suchen. Von diesem Standpunkt aus verstehen wir die restriktive Toleranzerteilung in Wien und den Ländern der böhmischen Krone, die ja durch die Toleranzgesetzgebung erhalten blieb.

Neben einer Reihe von Vorschlägen, die Josef von seinen Beamten erhielt, interessierte er sich für die jüdische Sekte der Karäer, von denen 150 in Galizien lebten und die seine Aufmerksamkeit erregten, weil sie überwiegend als Bauern lebten. Und so kam er auf den Gedanken, dass es gelingen könnte, auch die Juden systematisch in die Landwirtschaft miteinzubeziehen. Wir sehen, dass tatsächlich eine Reihe jener Überlegungen, die in das Handschreiben vom 13. Mai 1781 einflossen, ihre Wurzel in galizischen Erfahrungen hatten. Zunächst aber war Josefs Einfluss auf die Gestaltung der Verhältnisse gering. 1776 erließ Maria Theresia eine Judenordnung für Galizien, die ganz ihre Handschrift trägt.

Die autonome Verwaltung der Juden wurde in Form einer so genannten Generaldirektion umgestaltet. Sie setzte sich aus Landes- und Kreisältesten und dem Landesrabbiner zusammen. Ihre Aufgaben waren vom Staat festgesetzt, und die Behörden mischten sich in ihre Tätigkeit ein. Das begann schon bei den Wahlen der Mitglieder der Generaldirektion, die unter Aufsicht der Behörde durchgeführt wurden. Auch der Gottesdienst, der ausschließlich in den Synagogen abgehalten werden durfte, stand unter Kontrolle. Versammlungen in Privathäusern wurden verboten. Auch bauliche Veränderungen an den Synagogen bedurften der behördlichen Genehmigung. Der Judeneid wurde verschärft. Unter diesen Arbeitsbedingungen war von einer wirksamen Autonomie keine Rede mehr. Anstelle der alten Kopfsteuer aus der polnischen Zeit wurde nun von jeder Familie eine Toleranzsteuer eingehoben, wie sie auch in anderen Ländern der Habsburger üblich war, daneben eine Gewerbe- und Vermögenssteuer, die von der Generaldirektion zugeteilt wurde, und zuletzt hob man eine Heiratstaxe ein. Die Judenordnung war kaum geeignet, die Probleme zu lösen. Bettler wurden abgeschoben, und gegen die Zahl der Pächter und Schankwirte ging man vor. Die Armut bekam man damit nicht in den Griff. 1780 stellte Josef fest, dass sich nichts geändert habe.

Als er die Alleinherrschaft antrat, setzte er für kurze Zeit die alte Politik fort, doch dann trat ein bemerkenswerter Umschwung ein. Der Hintergrund dieser Richtungsänderung lag vermutlich in der

Erkenntnis des Kaisers, dass die Juden auch Konsumenten waren und es daher richtig wäre, sie in anderen Berufen wie z. B. in der Landarbeit und im Straßenbau einzusetzen. Die Frage wurde insofern dringend, da die wirtschaftliche Not unter den Juden so groß geworden war, dass sich einige bereits Räuberbanden anschlossen. Zugleich begannen die Berichte zum Handschreiben einzulaufen, und bei der folgenden Diskussion im Kreise der galizischen Hofkanzlei stellte sich heraus, dass es in erster Linie um die Frage ging, wie man die Juden möglichst rasch einer landwirtschaftlichen Tätigkeit zuführen und ihnen die notwendige Bildung vermitteln könnte und wie man sie dazu brächte, sich modern zu kleiden. Andere Punkte des Handschreibens, die sich auf Juden als Handwerker oder Fuhrleute bezogen oder auf die Abschaffung diskriminierender Kleidung, stellten in Galizien kein Problem dar. Im Grunde war ein gewaltiges soziales und wirtschaftliches Problem zu lösen, neben dem alle anderen Fragen verblassten.

1785 ließ Josef das „Judensystem in Galizien" veröffentlichen, eine Vorstufe eines eigenen Toleranzgesetzes, dessen Ausformulierung zu lange gedauert hätte und auch für die Bukowina galt.

Auch in der Einleitung zu diesem Gesetz unterstrich der Kaiser seine Absicht, die Situation der Juden zu verbessern. Mit dem ersten Abschnitt beseitigte er alle autonomen jüdischen Institutionen samt den Rabbinatsgerichten. An ihre Stelle traten die Lokalbehörden und die Gerichte. Einige Aufgaben wie die Wahrung der öffentlichen Ordnung, die Sozialfürsorge und die Einziehung der Gemeindesteuern blieben in der Verwaltung der Gemeinden.

Um die Juden der Landwirtschaft zuzuführen, durften sie landwirtschaftliche Betriebe kaufen. Dies unterschied sich nun ganz wesentlich von den restriktiven Pachtbestimmungen hinsichtlich der landwirtschaftlichen Güter in den anderen Ländern. Flankierend wurde den Juden verboten, Waren mit Schnapslieferungen zu bezahlen. Die Ehesteuer blieb erhalten, nur Juden, die ausschließlich von der Landwirtschaft lebten, war sie erlassen. Gutsbesitzer und Kaufleute zahlten Steuern wie Christen in gleicher Funktion. Abgesehen von der Erlaubnis, einen Bauernhof zu kaufen, enthielt das Gesetz deutliche Abweichungen von der uns schon bekannten Gesetzgebung. Besonders wichtig ist das Fehlen jeder Maßnahme, die auf eine Verminderung der Juden zielte. Ungünstig für die Juden war das Verbot des Hausiererhandels.

Auch das „Judensystem" änderte wenig und linderte die Probleme kaum. Der eingeschlagene Weg wurde im Toleranzpatent von 1789 in weit umfassenderer Weise fortgesetzt. Als Vergleich mit der Gesetzgebung der anderen Länder bot sich der schon als wichtig erkannte Bereich der Landwirtschaft an. Auf diesem Gebiet zeigt sich die Flexibilität, mit der Josef die Toleranzpolitik anwandte. Im Falle Niederösterreichs wurde die Frage nicht einmal angesprochen, da die niederösterreichische Regierung und sogar Staatsrat Gebler befürchteten, dass die Juden den landwirtschaftlichen Boden nur als Spekulationsobjekt gebrauchen würden, und dieses Urteil war bei nüchterner Betrachtung der sozialen Verhältnisse der Wiener Juden realistisch. Die Behörden waren ja nur an der Ansiedlung reicher Juden in der Haupt- und Residenzstadt interessiert. Die große Zahl der Juden in Böhmen und Mähren, die wohl „eingefroren" war, machte es notwendig, die Pacht von landwirtschaftlichen Gutsböden zu erlauben. In Ungarn ging der Kaiser einen Schritt weiter und gestattete auch die Pacht von Bauernhöfen. Am notwendigsten waren Maßnahmen, um die Juden sesshaft zu machen, in Galizien. Daher bestand sogar die Möglichkeit, landwirtschaftlichen Boden zu kaufen. Diese Flexibilität diente vor allem dem Zweck, durch Anpassung an die gegebenen Voraussetzungen der ursprünglichen Zielsetzung möglichst nahe zu kommen. So ist gerade das galizische Patent ein Musterbeispiel für eine gelungene Umsetzung der Toleranzpolitik, wenn es auch in seinen Einzelheiten deutlich von den anderen Patenten abweicht.

Obwohl den Juden die Ausübung ihrer religiösen Bräuche ohne Einschränkung gestattet wurde, scheute sich der Kaiser nicht, rigoros in das Gemeindeleben einzugreifen. Die Befugnisse der Schriftgelehrten wurden neben ihrer Zahl und der Höhe der Gehälter festgelegt. Sogar die Formen des Synagogenbaus wurden geregelt. Umgekehrt versuchten die Behörden, die in ihrer Wirksamkeit zurückgedrängten Gemeinden gegen jene herumziehenden Juden einzusetzen, die man als Landstreicher betrachtete. Das Problem der „Wanderjuden" bestand nach wie vor, denn es hatte sich herausgestellt, dass keine behördliche Anweisung Abhilfe brachte. Die Kapitulation vor diesem Problem beweist auch, dass der Gesetzgeber auf alle Maßnahmen der Zuwachseinschränkung und auf die weitere Einhebung der Heiratssteuer verzichtete.

Trotz der in Resten noch vorhandenen Gemeindeorganisation, die allerdings in wachsendem Maße als religiöse Gemeinschaft verstanden wurde, waren die Juden wie die Christen Mitglieder der Ortsgemeinden, wo sie aktives und passives Wahlrecht besaßen und sogar das Amt eines Ortsvorstehers erlangen konnten. Daneben gab es nach wie vor die Wahl in den Gemeinden, wobei die Verhältnisse aber massiv durch staatliche Regulierungen beeinflusst wurden. Die Zuständigkeit der Gemeinden für die soziale Fürsorge war schon 1785 liquidiert worden, indem diese Aufgabe den Ortsgemeinden zugewiesen worden war. Dies funktionierte wahrscheinlich nicht ganz reibungslos, da im Toleranzpatent Christen und Juden noch einmal zur Zusammenarbeit aufgefordert wurden.

Aufgrund der schwierigen wirtschaftlichen Verhältnisse waren die beruflichen Bestimmungen von zentraler Bedeutung. Alle Berufsbeschränkungen wurden aufgehoben. Juden konnten sogar Mitglieder der Handwerkszünfte werden. Handel und Hausierhandel konnten frei ausgeübt werden. Ein gewisses Misstrauen bestand gegen Juden als Pächter und Schankwirte, so dass der Gesetzgeber die Ausübung dieser Berufe nur unter speziellen Bedingungen zuließ. Diese Arbeitsbereiche hatten ja auch zu Beschwerden Anlass gegeben und galten als die Ursache für die unbefriedigenden Wirtschafts- und sozialen Verhältnisse des Landes. So hatte der Kampf gegen Schankgerechtigkeiten und Schnapsbrennerei einen moralisch-didaktischen Aspekt, der ein bisschen an die Antialkoholkampagnen in den letzten Tagen der Sowjetunion erinnert. Diese weitgehenden Zugeständnisse sollten natürlich Wanderungen in andere Länder verhindern.

Die Bestimmungen bedeuten insgesamt sicher eine Besserstellung der Juden. Allerdings war aufklärerischen Aktivitäten durch die Behörden mit teilweise negativen Begleiterscheinungen Tür und Tor geöffnet. Der umstrittene Herz Homberg, der von 1787 bis 1806 die Leitung der deutsch-jüdischen neuen Schulen innehatte, machte sich unter den galizischen Juden durch übertriebenen Reformeifer und Ausnützung seiner Position, die ihn an den Rand der Legalität brachten, äußerst unbeliebt. Homberg, der von einem Teil jüdischer Historiker vor allem moralisierend beurteilt wird, ist weniger als Person denn als Symptom der Auswüchse aufgeklärter Politik zu betrachten. Gute Absichten, Beamtenkorruption und Ignoranz konnten sehr nahe beieinander liegen. Die zahlenmäßige Größe der galizischen Judenschaft, über die Josef und Kaunitz manchmal unverhohlen staunten, ihre im Grunde nur schwer veränderbaren ökonomischen Lebensbedingungen und die Erhaltung des traditionellen Zusammenlebens, in dem das überkommene Schulwesen eine besonders stabilisierende Wirkung entfaltete, ließen die Juden Galiziens als konservative Gruppe erscheinen, die sie bis zu einem gewissen Grad auch wirklich waren.

Triest und Italien

War es in Galizien und in gewissem Maße in Böhmen die Masse der Juden, die der Toleranzpolitik ihren Charakter gab, waren es in Triest die Verhältnisse einer wirtschaftlich in rascher Entwicklung befindlichen Hafenstadt, die auf die Lebensbedingungen der Juden schon vor dem Beginn der Toleranzpolitik in liberaler Weise einwirkten und ihnen im Vergleich mit den anderen habsburgischen Gebieten eine rechtlich unvergleichlich bessere Stellung ermöglichten. Seit 1660 war der Gedanke eines Freihafens Triest entstanden, der von Karl VI. verwirklicht wurde. Vom allgemeinen Bevölkerungswachstum waren auch die Juden betroffen. Am Ende des 17. Jahrhunderts lebten in Triest etwa 80 Juden, die noch unter der Drohung der Ghettoisierung standen. Wenige Jahrzehnte später war ihre Zahl auf 600 angewachsen, d. h. in der Triester Judenschaft herrschte Mobilität durch Zuwanderung. In der Zeit Maria Theresias nahm diese Entwicklung einen raschen Verlauf. Die wirtschaftliche Bedeutung der Stadt mit der Notwendigkeit des raschen Warenumschlags und seiner Finanzierung bot Voraussetzungen für eine relative Freiheit auch nicht-katholischer Bevölkerungsgruppen. Im Rahmen unserer prinzipiellen Erörterungen zur Toleranzpolitik sahen wir ja bereits, dass Maria Theresia gerade unter dem Eindruck wirtschaftlicher Argumente auch in religiösen Fragen durchaus flexible Entscheidungen treffen konnte. Seit 1746 war die jüdische Gemeinde in Triest anerkannt und durfte ihren Gottesdienst öffentlich abhalten. Das waren Rechte, die manchen Empfängern der Toleranzpatente verweigert wurden. Maria Theresias Anerkennung der Juden in Triest als Gemeinde und die damit zusammenhängenden Rechte gingen weit über die allgemeinen Grundsätze der Toleranzpolitik ihres Sohnes hinaus. Natürlich galten diese rechtlichen Vorteile in Triest auch für andere Leute, die keine Katholiken waren. Die Argumente des Statthalters Graf Zinzendorf, die sich allerdings auf Protestanten bezogen, waren eindeutig: Es sei besser, wenn die Leute sich in Triest statt in Venedig niederließen. Und das Unternehmen „Triest" stand ja von Anfang an in erklärter Konkurrenz zu Venedig. Die Grundlage jüdischen Lebens in Triest vor dem Beginn der Toleranzpolitik waren die Privilegien Maria Theresias für die Triestiner Juden im Jahr 1771, die aus dem eigentlichen Privileg und den Statuten für die Gemeinde bestanden.

Die Rechte waren weit entwickelt und zeigen in ihrer Begründung Argumentationen, denen man bei Maria Theresia auch anderswo begegnet. So wurde die jüdische Nation als für den Handel besonders geeignet apostrophiert. Im Rahmen der Absicht, den Freihafen als Zentrum des internationalen Handels zu fördern, erhielten die Juden umfangreiche wirtschaftliche, religiöse und rechtliche Vergünstigungen. Diese galten für alle bereits in Triest lebenden und künftig sich hier ansiedelnden Juden. Der sonst strikt befolgte Grundsatz, das Wachstum einer Judenschaft oder Gemeinde zu verhindern, bestand hier nicht. Nach der Schutzgarantie für die Person eines Juden und seine Habe verfügte man das freie Handelsrecht (auch für den Seehandel) und die Befreiung der an der Börse und als Kaufleute tätigen Juden von der Kopfsteuer. Ebenso wurden freie Ausübung der Religion und der Schutz der Synagoge und des Friedhofs garantiert. Dazu kamen Vorteile wie die Befreiung von den doppelten Taxen, an Festtagen durften sie nicht gestört werden. Dieses Privileg ist weniger der Ausdruck einer neuen Gesinnung, denn im Grunde bewahrt es die alten Freiheiten der Hofjuden aus dem 17. und frühen 18. Jahrhundert. Es ist also nicht klar zu erkennen, worin der konkrete Beitrag Maria Theresias bestand, denn es könnten ältere individuelle Privilegien in den Text eingeflossen sein, die zudem in Triest schon auf eine größere Zahl von Juden vorher angewendet wurden.

Die gleichzeitige Bestätigung der Statuten der Triestiner Gemeinde bedeutete ein hohes Maß an Autonomie der Gemeinde, die unter der Leitung sogenannter „Capi" stand. Allerdings stieß das umfassende Regelwerk auch auf jüdische Kritik. Fasst man diese Beobachtungen zusammen, zeigt sich, dass die Habsburger vor der Toleranzpolitik die Juden von Triest anderen Bevölkerungsgruppen gleichstellten, ja diese sogar Vorteile gegenüber den Protestanten genossen. Unter diesen Voraussetzungen musste Josefs Handschreiben vom 13. Mai 1781 in Triest einen seltsamen Eindruck gemacht haben, kündigte es doch Vergünstigungen an, die den Juden in Triest längst zustanden. Als Karl von Zinzendorf, der Statthalter in Triest, die deutsche Hofresolution in italienischer Bearbeitung den Gemeindevorständen vorlegte, hatte er aufgrund der Übersetzung die Möglichkeit, einige Fragen den Gegebenheiten von Triest anzupassen. Selbstverständlich strich er jene Passage, die sich auf die Aufhebung der herabwürdigenden äußeren Zeichen bezog, da diese ja seit 1729 in Triest definitiv nicht mehr bestanden. In anderen Fragen musste er Fingerspitzengefühl beweisen. Grundsätzlich wollte man ja die Juden dem Staate nützlicher machen, und der Kaiser formulierte dies auch ohne Umschweife. Zinzendorf sah hier offensichtlich Probleme, nicht zuletzt deswegen, weil die Juden in Triest eine solche Formulierung aufgrund ihrer Tätigkeit als Zumutung empfinden mussten. So schrieb er, dass der Kaiser die Lebensbedingungen der Juden verbessern *(migliorare)* wolle. Auch die aus Wien mit dem Holzhammer eingebläuten Forderungen nach einer besseren Bildung der Juden, wozu sie gefälligst selbst einiges zu tun hätten, konnten einen bestens gebildeten Juden aus Triest nur befremden. Zinzendorf ersetzte Bildung durch Schicksal: Die Juden sollten also ihr Schicksal selbst in die Hand nehmen. Wenn Josef die Juden obligat in die Normalschule schicken wollte, übersetzte Zinzendorf, dass es bei der in Triest bereits eingeführten Gewohnheit des Schulbesuchs bleiben solle. Die Forderung nach der Führung der Geschäftsbücher in der Landessprache konnte sofort erfüllt werden, da die Juden in Triest diese Bücher ohnehin italienisch führten. Der Kaiser wollte ja durch die Öffnung neuer Beschäftigungsmöglichkeiten die Juden von ihrem für die Gesellschaft schädlichen Wuchergeschäft und ihrem betrügerischen Handel abbringen. Zinzendorf entschärfte: Der Kaiser wolle den armen Juden aus diesen Gründen bessere „Nahrungswege" eröffnen. Damit fühlten sich die jüdischen Kaufleute und Börsenleute nicht mehr durch die von Vorurteilen belastete Bemerkung selbst betroffen. Zinzendorfs einfühlsames Vorgehen beruhte auf einer genauen Kenntnis der Verhältnisse und auf eigenem Erleben, war er doch als Protestant aus Karrieregründen erst 1763 zum katholischen Glauben übergetreten. Im Übrigen war er entschlossen, noch nicht verwirklichte Punkte des Handschreibens so rasch wie möglich durchzusetzen.

Die Funktionäre der jüdischen Gemeinde waren trotz Zinzendorfs entschärfter Übersetzung offensichtlich befremdet und desorientiert, was denn die ganze Angelegenheit bedeutete. Die Monate gingen ins Land, und man schwieg. Eine ungeduldige Anfrage aus Wien beantwortete Zinzendorf mit einer neuen diplomatischen Meisterleistung. Er spielte die reale Situation der Juden in Triest etwas herunter und gab damit dem Handschreiben auch im Lichte der Triestiner Verhältnisse einen gewissen Sinn. Er wusste offenbar genau, dass der Kaiser es nicht vertrug, wenn man ihm in konkreten Fällen politische Fehleinschätzungen zu verstehen gab. Als im September endlich die Juden selbst reagierten, waren sie in der gleichen Zwickmühle wie Zinzendorf, allerdings verquickt mit der Angst, dass des Kaisers wohlmeinende Äußerung, die in die Triestiner Verhältnisse einbrach wie die sprichwörtliche „Axt im Walde", der jüdischen Gemeinde Nachteile bringen könnte. So lobte man die Absichten des Kaisers und beharrte auf einer Bestätigung der alten Rechte.

Im Grunde wurde ein Gegensatz erkennbar, der in den folgenden Jahrzehnten die Diskussion beherrschen sollte: Das Verhältnis alter Privilegien für bestimmte Gruppen zu den allgemeinen Regelungen, die zu verfassungsmäßig garantierten Rechten führen sollten. Die Juden in Triest wollten natürlich ihre Rechte nicht verlieren. Sie wiesen auf die ihnen erteilten Privilegien hin, die sie der Milde der habsburgischen Dynastie verdankten. Ihre Stellung basierte auf mehr als bloßer Toleranz. Ein riskanter Hinweis! Sie verlangten Kontinuität zwischen den Privilegien und den guten Absichten des Kaisers. Deutlicher konnte man es wohl nicht sagen! Religionsfreiheit, Recht, unbeschränkt Besitz zu erwerben, und freier Zugang zum Groß- und Detailhandel waren die Säulen, auf denen die Gemeinde ruhte. Dies argumentierten sie historisch, lobten aber den Kaiser und trugen dick auf, indem sie erklärten, dass „in unseren Tagen die glücklichste Epoche für die Juden beginne". Den Gemeindevertretern war klar, dass einige ihrer Rechte auf dem Spiel standen. Darüber hinaus versuchten sie weitere Rechte zu bekommen. Aus ihrer Religionsfreiheit leiteten sie einen verstärkten Schutz vor der Zwangstaufe von jüdischen Kindern ab. Man hatte den Juden derartige Garantien gegeben, nun fürchteten sie, nicht ganz zu Unrecht, dass die „Aufklärer" an solchen Fragen überhaupt nicht interessiert waren. Ferner ging es um einen erweiterten Spielraum für die Realisierung von Gemeindebeschlüssen. Das Recht der Zustimmung sollte von den Zentralbehörden auf den Statthalter übergehen. Das Privilegium von 1771 wurde von den Juden oft als Grundlage ihrer Rechte erwähnt, die Gemeindestatuten beurteilte man „als nicht zu beobachten und auch nicht beobachtet".

Ein wichtiges Recht konnten die Juden erlangen: Sie konnten Mitglieder an der Börse werden, was ihren Einfluss in Triest durchaus stärkte. Doch die Grundfragen wurden nicht entschieden. Ihre Rechte blieben erhalten, doch eine Bestätigung der alten Privilegien erfolgte nicht. Die Juden empfanden dies als eine Zeit der Unsicherheit, ehe sich die Wirkung der Toleranzpolitik trotz aller administrativen Ergänzungen als stabil erwies. Die kuriose Situation mit ihren sehr ernsten strukturellen Konflikten wurde von kaiserlicher und jüdischer Seite durch Passivität entschärft.

Ähnlich stellte sich die Situation in Görz und Mantua (wo eigentlich die gesamte Judenschaft der Lombardei lebte) bzw. in den anderen italienischen Territorien dar. In Mantua waren die Juden verärgert, dass sie kein Patent, sondern nur ein Dekret erhielten, wofür sie den Fürsten Kaunitz verantwortlich machten. Unglücklicherweise richteten sie ihre Beschwerden an Josef selbst, und Kaunitz reagierte wie meist in solchen Fällen wie eine beleidigte Primadonna (war er ja tatsächlich *der* Drahtzieher der Toleranzpolitik) und bezeichnete die Juden in Mantua als taktlos und voller usurpatorischer Gelüste. Die Toleranzpolitik konnte in diesen Gebieten nur ärgerliche Situationen heraufbeschwören.

Für die Niederlande wurde am 30. September 1782 festgestellt, dass die Gewerbefreiheit der Juden nicht das Recht einschloss, an Wahlen der Stadtverwaltung teilzunehmen oder ein Amt zu bekleiden. Eine Art Toleranzgesetzgebung mag also auch in diesen Gebieten stattgefunden haben.

Zusammenfassung

Lässt sich die Toleranzpolitik zusammenfassen? Im Wesentlichen erreichte sie ihr Ziel einer durchschnittlichen Verbesserung des Status der Juden, wobei das Festhalten Josefs an seinen Grundsätzen Respekt abnötigt. Mochten einige Provinzialbehörden noch so judenfeindlich argumentieren: In Wien nahm man die Schriftstücke in Empfang, diskutierte sie, und dann wurde im Großen und Ganzen die Essenz des Handschreibens durchgedrückt. Trotzdem zeigt sich eine gewisse Sensibilität im Umgang mit gewachsenen Strukturen, auf die durchaus Rücksicht genommen wurde. Das Beispiel Galiziens zeigt, dass auch die Toleranzpolitik einer dynamischen Entwicklung unterlag und 1789 schon andere, weiterentwikkelte Formen repräsentierte als die Welle von 1781/82.

Die Reaktion der Juden auf diese Gesetzgebung wird meist an den euphorischen Reaktionen einiger weniger Juden, die der Haskala, der jüdischen Aufklärung, nahestanden, gemessen, wodurch unser Bild von der gesamten Reaktion verzerrend beeinflusst wird. Sicher trugen diese herausgehobenen Lobeshymnen zur Bildung des Monumentes des Kaisers und seiner „vorurteilsfreien Gesinnung" bei, doch für das künftige Verhältnis der Juden zu den Vertretern der habsburgischen Monarchie sollte die Toleranzpolitik anhaltende Folgen haben. Der Kaiser galt für den durchschnittlichen Juden als Stütze, und an dieser Einschätzung sollte sich über den Bestand der Monarchie hinaus nichts Grundsätzliches ändern.

Die barocke Absolutheit des Staates, die eine entscheidende Voraussetzung für die politische Umsetzung des aufklärerischen Gedankenguts darstellt und unter habsburgischer Frömmigkeit dem Staat bereits um 1700 paradoxerweise säkulares Eigengewicht gab, veränderte die Situation der Juden. Verändert wurden vor allem die Argumente gegen die Juden. Zwar tauchten geradezu pflichtschuldig die religiösen Beschuldigungen, die angebliche Schmähung Jesu und Marias in den Texten noch auf, doch gewannen die ökonomischen und politischen Argumente von Jahrzehnt zu Jahrzehnt an Bedeutung. Die katholischen Habsburger unterscheiden sich in diesem Punkt nur äußerlich von anderen Fürsten. Mit der Aufklärung wird die Hauptaufgabe des Staates die Schaffung von Rahmenbedingungen, die die Wohlfahrt für den Einzelnen und sein persönliches Glück sicherstellen sollen, mag sich der Betroffene noch so sehr dagegen wehren. Dieses Wehren hatte Grenzen, da ja auch der Empfänger der staatlichen Wohlfahrt von aufklärerischen Gedanken durchdrungen war, und das galt auch für die Juden. Die Aufklärung beseitigte zwar die allgemeine Gültigkeit christlicher Leitgedanken – diese konnten sich erst wieder unter weniger radikalen

Umständen im Rahmen der bürgerlich-individuellen Freiheiten entfalten –, ersetzte sie aber durch ein nicht minder rigoroses Programm der Vernunft und Menschlichkeit. Diese durchgreifende Dizplinierung war dem Mittelalter fremd und konnte wegen des rudimentär entwickelten administrativen Apparates kaum durchgeführt werden.

Die Toleranzpatente änderten aber auch das Erscheinungsbild des Kaisers in seinen landesfürstlichen Funktionen in den einzelnen Ländern. Diese Veränderung war nicht radikal, denn Judenordnungen bestanden ja neben den Privilegien schon längere Zeit. Die Toleranzpatente verkörperten zwar noch eine Art Judenordnung, ihr gesetzlicher Charakter war aber weiterentwickelt. Dies lässt sich besonders gut daran ablesen, dass sie häufig als Gegensatz zu den Privilegien und älteren Judenordnungen verstanden wurden.

Die Habsburger und die Juden im Mittelalter

Die Stellung der Juden im mittelalterlichen Herrschaftsgefüge

Richten wir zunächst unsere Aufmerksamkeit auf die Zeit des ersten habsburgischen Königs und die Voraussetzungen seiner Regierungstätigkeit, soweit sie die Juden betrafen. Während der 55 Jahre, die Graf Rudolf von Habsburg vor seiner Königswahl erlebte, kristallisierten sich jene Lebensbedingungen der Juden allmählich heraus, die für sie im Spätmittelalter bestimmend blieben. Zwei Jahre bevor Rudolf auf die Welt kam, war Papst Innozenz III. im Juli 1216 gestorben, und mit ihm verließ jener Mann die Bühne der Weltpolitik, der nicht nur den Einfluss der Kirche in der Politik zum Höhepunkt geführt, sondern auch nachhaltig die Position der Kirche gegenüber den Juden geprägt hatte.

Man kann nicht behaupten, dass namentlich in Deutschland sich geistliche und weltliche Fürsten die Grundsätze des Papstes bei der Behandlung der Juden zu eigen machten – dem standen handfeste macht- und finanzpolitische Erwägungen entgegen –, doch mit der Zeit entfalteten die Anschauungen des Papstes Wirkung. Innozenz übernahm Kritikpunkte, die angesehene Autoritäten wie der Abt von Cluny, Petrus Venerabilis, und einer seiner Vorgänger, Alexander III., bereits angesprochen hatten, und formulierte sie theologisch scharf und geradezu bedrohlich in Briefen an Fürsten und Bischöfe.

Der Einfluss Innozenz' III.

Grundsätzlich war Innozenz III. der Auffassung, dass die Tätigkeit der Juden im Dienste der Fürsten moralisch skandalöse Zustände geschaffen hatte. Der fürstliche Dienst versetzte die Juden seiner Meinung nach in die Lage, Christen unter dem Vorwand der Amtsausübung zu bedrücken. Theologisch griff Innozenz auf Augustinus zurück, indem er die dienende Stellung der Juden unterstrich und daraus, wie ein Rechtshistoriker meint, die Lehre von der „servitus Iudeorum", der gottgewollten Knechtschaft der Juden, entwickelte. Dementsprechend strebte der Papst danach, alle Möglichkeiten zu be- und verhindern, mit denen die Juden Druck auf Christen machen konnten.

So behauptete der Papst, dass die Juden durch ihre Tätigkeit als Geldleiher gegen Zinsen die Armen, Witwen und Waisen um ihr Erbe brächten und die Fürsten sich durch das Einziehen der Steuern an den Wuchergewinnen beteiligten und damit Todsünden begingen. Innozenz richtete den moralischen Druck gegen die Fürsten, die dafür sorgen sollten, dass die in seinen Augen ungerechtfertigten Gewinne an die Armen, d. h. an die Kirche, als Wiedergutmachung des Schadens zurückzuzahlen wären. Andernfalls stellte er ihnen den Verlust ihres Seelenheils vor Augen.

Was der Papst lange Zeit in Briefen einzelnen Fürsten einzuschärfen versuchte, ließ er in Zusammenarbeit mit den Konzilsvätern im Jahr 1215 auf dem IV. Laterankonzil zusammenfassen. Trotz des allgemeinen Charakters, den man von Konzilsbestimmungen erwarten würde, setzten die Abschnitte über die Juden mit der Zinsenfrage ein. Inzwischen schien man einen Kompromiss gefunden zu haben. Man begann zwar polemisch, dass die Juden mit ihren Geldgeschäften „die Christen aussaugen", verlangte aber nur finanzielle Entschädigungen von jenen, die übertrieben hohe Zinsen von den Christen erpressten. Diese Zinsen wurden lateinisch als „graves et immoderatas" bezeichnet, womit vice versa die Vorstellung von tolerierbaren „moderaten" Zinsen geboren war. Damit reagierte die Kirche offenbar realistisch auf die wirtschaftliche Lage, die es notwendig machte, einigen Gruppen das Zinsgeschäft zu erlauben, wenn auch in moderaten Formen. Da der Kirche im Allgemeinen keine Rechtsprechung über die Juden zustand, drohte man den Christen kirchliche Verfahren an, wenn sie die von der Kirche gezogenen Grenzen missachteten. Ein anderes Mittel, um auf die Juden Druck zu machen, bestand darin, den Christen den Verkehr mit ihnen im Bedarfsfall zu untersagen.

Wie prekär ihre Lage im Rahmen der grundsätzlichen christlichjüdischen Auseinandersetzung geworden war, liest man auch im 1198 ausgestellten päpstlichen Privileg. Der Papst stützte sich zwar auf den Gedanken des heiligen Augustinus, dass die Juden als Zeugen für die Wahrheit des Christentums überleben sollten, zugleich beschimpfte er aber ihre Haltung als vielfach nachgewiesene Verstocktheit.

Kritik des Talmuds

Die Nachfolger Innozenz' III. bemühten sich im Rahmen der schriftlichen Entwicklung des kanonischen Rechtes, den Einfluss der Kirche auf die Juden auszudehnen, wobei der Kritik am Talmud besondere Bedeutung zukam. Das nahm eine gefährliche Wendung, als einige Theologen versuchten, diese Kritik mit dem Häresiegedanken zu verbinden. Seit den Albigenserkreuzzügen und den Definitionsversuchen, was denn Rechtgläubigkeit sei, hatten die Dominikaner bei ihren Befragungen (inquisitiones) die Vorstellung von Abweichungen vom rechten Glauben entwickelt. Es lag in der ersten Hälfte des 13. Jahrhunderts gewissermaßen in der Luft, den Talmud als häretische Schrift zu brandmarken. Diesem Zweck diente die berühmt-berüchtigte Pariser Talmuddisputation von 1240, die tatsächlich als Ergebnis die Verurteilung des Talmuds als häretische Schrift und die Verbrennung mehrerer Wagenladungen von Talmudexemplaren in Europa brachte. Seit der Mitte des 12. Jahrhunderts war der Talmud ins Kreuzfeuer der Kritik geraten. Petrus Alfonsi, ein zum Christentum konvertierter Jude, hatte sich in einigen Schriften über bestimmte Stellen des Talmuds lustig gemacht, in denen Gott in allzu menschlichem Gewand gesehen wird. Diese Schriften wurden Petrus Venerabilis bekannt, der ihre Ironie ins Polemische wendete und in eigenen Schriften seinen Lesern versprach, ihnen mit dem Talmud ein böses Monstrum vorzuführen. Durchschlagenden Erfolg hatte der generelle Schluss, dass im Talmud allerlei Anschläge auf die Christen programmatisch gefordert würden und er Schmähungen gegen den christlichen Glauben enthielte. Zuletzt informierte der in Prag wirkende Professor für alttestamentarische Bibelwissenschaften August Rohling seine Zeitgenossen im Jahr 1874 über die finsteren Absichten, die aus dem Talmud herauszulesen wären.

Beschuldigungen gegen Juden

Noch zwei andere Fragen beunruhigten das Klima zwischen Christen und Juden im 13. Jahrhundert. Ermordeten die Juden christliche Knaben zu rituellen Zwecken und vergingen sie sich ähnlich wie Zauberer an geweihten Hostien? Die Diskussion war heftig, Prozesse und Gespräche wurden oft mit vordergründigen Argumenten geführt, denen man die schnöden Absichten leicht ansieht. Angeblich von Juden ermordete Knaben eröffneten die Chance, bei entsprechender Hartnäckigkeit als Heilige zu gelten. In Norwich in England hatte man seit 1144 jahrzehntelang für dieses Ziel gekämpft. Der Mangel an Reliquien hatte in England schon dazu geführt, Könige zur Ehre der Altäre zu erheben, doch die machtbewussten Nachfolger Wilhelms des Eroberers eigneten sich wenig für solche Demonstrationen, erfreuten sie sich doch lediglich bei ihrem normannischen Gefolge einer von Furcht geprägten Achtung. Mit der Legende vom Ritualmord war eine neue Möglichkeit gefunden worden, Heilige zu kreieren. Eine Möglichkeit, die sich in

Europa rasch verbreitete, aber auf den Widerstand zunächst des Kaisers und dann auch auf den des Papstes stieß. Kaiser Friedrich II. ließ 1235 diesen Vorwurf untersuchen, seine Absurdität feststellen und verbot derartige Beschuldigungen. Am 5. Juli 1247 setzte sich Papst Innozenz IV. aus gegebenem Anlass mit dieser Frage auseinander und schützte die Juden vor derartigen Vorwürfen mit kirchlichen Sanktionen.

Die mit Innozenz III. einsetzenden Maßnahmen gegen die Juden hatten wirtschaftsethische Hintergründe, die durchaus Ähnlichkeit mit der antiliberalen Polemik des Pfarrklerus des 19. Jahrhunderts aufweisen. Im Mittelpunkt standen der Schutz der Armen und das Verhindern von Wucher. Der mittelalterliche Wucherbegriff ist theologisch scharf umrissen und schließt nicht nur überhöhte Zinsnahme ein, sondern alle Formen ungerechtfertigter Gewinne. Die Wucherdiskussion beschäftigte scholastisch gebildete Theologen bis in die Zeit um 1400, ehe sie von den wirtschaftlichen Entwicklungen überrollt wurde. Kaufleute ließen manche ihrer Geschäfte von Theologen prüfen, ob nicht irgendwo Wuchergewinne zu orten wären. Denn Wucher war eine Todsünde. In der Diskussion um Wucher und Zinsen sind die Spannungen zu suchen, die zumindest zwischen den weltlichen Fürsten und dem Klerus aufbrechen konnten. Allerdings bemühte man sich an der Spitze, also zwischen Kaiser und Papst, sich vor allem an die rechtlichen Spielregeln zu halten und damit eine Eskalation des latent vorhandenen Konflikts zu verhindern.

Wenn auch die Wucherdiskussion durch die Entwicklung des Großhandels und die zu ihm gehörige Kreditwirtschaft überholt wurde, setzte sie sich seit dem 15. Jahrhundert in veränderter Weise fort. Wucher wurde von einem allgemeinen Begriff zu einem zugespitzten, der sich nur mehr auf die überhöhten Gewinne und Zinsen bezog. Diese Form von Wucher wurde in mehreren Entwicklungsschritten allgemein geächtet. Entsprechende Bestimmungen wurden auch in die „Polizeyordnungen" des Reiches und der Territorien aufgenommen, wodurch das Wucherverbot zu einem allgemeinen „Gesetz" wurde. In besonderen Bestimmungen wurde auch

den Juden immer wieder der Wucher verboten. In modifizierter
Form setzte sich der kirchliche Standpunkt auch im römisch-deutschen Reich durch.

Weltliche Herrschaft über die Juden

Die Möglichkeiten der Fürsten, ja sogar des Königs, sich der Juden
im Rahmen der herrschaftlichen Kompetenzen zu bedienen, waren
durch die geschilderten Bemühungen kirchlicher Institutionen
einigermaßen behindert. Friedrich Barbarossa hatte gegen Ende seiner Regierungszeit im Bewusstsein seiner kaiserlichen Machtfülle
über seine Verpflichtung zum Judenschutz einige stolze Erklärungen abgegeben, die, wie es scheint, ihre Wurzeln im spätantiken
Kaiserrecht hatten. Er erklärte, für das Wohlergehen der Juden
ebenso verantwortlich zu sein wie für das der Christen. Sein Enkel,
der sizilianische Friedrich, angeblich der Taufpate Rudolfs von
Habsburg, erklärte, dass die Juden unmittelbar seiner Herrschaft
unterworfen seien, und nannte sie seine Kammerknechte, worüber
die moderne Forschung unangemessen viel Tinte vergossen hat.
Der Kaiser erklärte zwar dem Papst, dass dies die Stellung der Juden
zum Kaiser nach jenem Recht gewesen sei, das er für römisches
hielt, musste aber einräumen, dass auch die Bischöfe Rechte an den
Juden hätten, die dem kaiserlichen Recht sogar voranstünden, weil
es sich um alte Privilegien handelte. Die meisten dieser bischöf-
lichen Privilegien stammten aus dem 10. und 11. Jahrhundert. So
sehr die Entwicklung der nächsten Jahrzehnte dem kaiserlichen
Anspruch auch entgegenwirkte, das westeuropäische Beispiel, wo
die Könige tatsächlich konkurrenzlos über die Juden herrschten,
löste einen Trend aus, der 1342 sogar den schwachen Kaiser
Ludwig IV. zu der Erklärung hinriss, dass die Juden als seine
Kammerknechte mit Leib und Gut ihm gehörten, und daran hielt
er fest, wenn auch zwei Drittel der Juden an andere Herren verpfändet waren.
Zu Rudolfs Gedankenhorizont gehörten die staufischen Ansprüche, und das fügt sich nahtlos in seine Wiederaufnahme staufisch-

schwäbischer Königs- und Kaiserideologie ein. Seine Erfahrungen sahen allerdings anders aus. Gegen die Ansprüche der rheinischen Bischöfe in Köln, Speyer und Mainz war von vornherein nicht viel zu machen – im Gegenteil, der Mainzer baute seine starke Stellung geographisch sogar weiter aus, und noch zu Lebzeiten Friedrichs II. erwarben mehrere Fürsten Rechte an den Juden. Es bedurfte also gar nicht des Interregnums, um den königlichen Einfluss nicht nur in dieser Frage zurückzudrängen. Rudolfs Ziel war es nicht – wenn man die Dinge realistisch sieht –, zu den realen Zuständen der Zeit Friedrichs II. zurückzukehren, sondern die staufische Herrschaftsideologie erstmals zu verwirklichen. Und so verhielt er sich auch gegenüber den Juden. Sie sollten im Rahmen der Stärkung der königlichen Machtgrundlagen bestimmte Aufgaben übernehmen.

Rudolfs Maßnahmen machen auf den modernen Betrachter einen zielstrebigen und systematischen Eindruck; bei genauerer Untersuchung in chronologischer Ordnung haftet seinen Entscheidungen etwas Zufälliges an. Wohin der Weg des Königs führte, dort versuchte er günstige Lösungen für Probleme zu finden, die an ihn herangetragen wurden. Die Juden wurden davon insofern berührt, als in den vorangegangenen Jahrzehnten an vielen Orten mehrere Lokalgewalten Herrschaftsansprüche gegenüber den Juden erhoben hatten.

Die Bürger und die Juden

Seit dem Beginn des 13. Jahrhunderts beanspruchten die Bürgergemeinden, d. h. die Stadträte, oft in Konkurrenz zum örtlichen Bischof herrschaftliche Rechte gegenüber den Juden. Konkret verlangten die Räte die Ausdehnung ihrer Gerichtsbarkeit auf die Juden und eine Beteiligung am Empfang der von ihnen geleisteten Steuern. Der Grund dafür lag im alltäglichen Verkehr von Juden und Christen. Ein wirksamer Judenschutz war nur von den Leuten zu erwarten, die mit den Juden in Nachbarschaft lebten. Streitigkeiten über Geschäfte wurden der Einfachheit halber vor den Stadt-

73

gerichten abgewickelt, und die Fürsten neigten dazu, Bürger wie Juden als Einnahmequelle zu betrachten. Die Städte übernahmen also eine Reihe von Aufgaben gegenüber den Juden und stellten deshalb an den Stadtherrn Forderungen, mit denen sie häufig Erfolg hatten. Meist endeten diese Auseinandersetzungen mit Kompromissen. 1252 beteiligte z. B. der Erzbischof von Köln die Schöffen der Stadt Köln an den Einnahmen von den Juden, behielt aber seine Vormachtstellung. Wenig später waren die Bürger in Augsburg gegenüber ihrem Bischof um einiges erfolgreicher: Dem Bischof blieben nur Reste seiner früheren Rechte. Das enge Beziehungsgeflecht drückte sich in manchen Städten schon in der Bezeichnung „Bürger und Jude" aus. In Worms gab es bereits ein formelles Verfahren, um die Juden als Bürger aufzunehmen. Der Judenrat, ein Gremium, das in der jüdischen Gemeinde dem Stadtrat entsprach, nahm einen Zuwanderer auf und präsentierte ihn dem Stadtrat und dem Bischof. Zugleich übernahm er auch die Bürgschaft für den Neubürger. Dieser leistete einen Eid, der z. B. in Frankfurt ins Bürgerbuch eingetragen wurde. Solche Ergebnisse von städtisch-fürstlichen Auseinandersetzungen waren aber keine ein für allemal gültigen Lösungen, sondern wurden im Fluss der politischen Entwicklungen immer wieder neu modifiziert.

Die Ähnlichkeit der Organisationsformen von christlicher Stadtgemeinde und jüdischer Gemeinde ist Ausdruck einer grundsätzlichen Struktur, die neben dem Privilegienprinzip deutlich zu unterstreichen ist: Es gab gemeinsame Rechtsgrundlagen für Christen und Juden, die dort ergänzt wurden, wo Abweichungen wirksam wurden, die sich aus der jüdischen Identität der Betroffenen ergaben.

Die Versuche Rudolfs I., seine Macht stärker zur Geltung zu bringen, brachten wieder einige Probleme in Bewegung. Der wachsende Einfluss der Stadtbewohner auf die Lebensverhältnisse der Juden hatte zwar positive Seiten, wie fallweise enge wirtschaftliche Kooperation, aber es bestand auch ein unübersehbares Konkurrenzverhältnis. Aus diesem erwuchs Kritik an älteren Privilegien der Juden, die ihren Handel und besonders die Geldleihe begünstigten.

Diese Kritik konnte durch die Berufung auf kirchliche Argumente an Schärfe gewinnen. In Süddeutschland wuchs der kirchliche Einfluss dadurch besonders, dass Grundsätze des kanonischen Rechts in den Schwabenspiegel aufgenommen wurden, dessen „Erfolgsstory" als weitverbreitete Rechtssammlung gerade in rudolfinischer Zeit begann. Diese Sammlung von Rechtsgrundsätzen für den Gebrauch von Richtern, in wessen Diensten sie auch standen, wurde vermutlich im Kreise von Augsburger Minoriten verfasst und um 1275, also zur Zeit der Wahl Rudolfs, vollendet. Hunderte von Abschriften haben sich bis heute im süddeutschen Raum erhalten, Einflüsse sind in manchen Stadtrechtsbüchern und Stadtrechten zu erkennen, wenn auch die Beweisführung in konkreten Fällen sehr schwierig ist und zu den komplexesten Problemen spätmittelalterlicher Forschung gehört.

Ein Beispiel für die Reibungspunkte älterer Privilegien mit neueren Rechtsvorstellungen ist jenes Recht der Juden, das früher als „Hehlerrecht" und heute in Vermeidung antisemitischer Terminologie als Marktschutzrecht, Handelsrecht oder besonderes Lösungsrecht bezeichnet wird. Worum geht es dabei? Entdeckte jemand im Lager eines Juden eine Ware oder einen Pfandgegenstand, von dem er behauptete, er sei ihm gestohlen worden, musste der Jude den Gegenstand abweichend von der allgemeinen Rechtspraxis nicht ersatzlos herausgeben, sondern konnte einen Eid leisten, dass er diesen oder jenen Betrag dafür bezahlt habe. Der angeblich Bestohlene erhielt den Gegenstand nur gegen Bezahlung des durch Eid erwiesenen Preises. Dieses Privileg, obwohl aus anderen Gründen gewährt, eröffnete tatsächlich die Möglichkeit zur Hehlerei bzw. beargwöhnte man die Juden, dass sie dieses Recht dazu missbrauchten. In den Städten begann man dagegen zu kämpfen und verlangte, dass der einwandfreie Kauf einer Ware nur am hellen Tag auf offener Straße vor Zeugen stattzufinden habe. Nur dann dürfe dieses Recht gelten. Nachdem diese Neuerungen auch in den Schwabenspiegel Eingang fanden, scheinen sie sich allmählich durchgesetzt zu haben, wie sich z. B. aus dem Stadtrecht von St. Veit in Kärnten ergibt.

Verteilung der Juden im Reich

Als Rudolf den deutschen Thron bestieg, war die Lage der Juden regional recht unterschiedlich, und die verschiedensten Kräfte führten Auseinandersetzungen um die Herrschaft über sie und damit um den von ihnen zu erwartenden finanziellen Nutzen. Seit dem frühen 12. Jahrhundert, vermutlich in direkter Folge der Massaker nach dem Ersten Kreuzzug in den rheinischen Gemeinden, die zusammen mit Regensburg und Prag die ältesten jüdischen Ansiedlungen beherbergten, wanderten die Juden in andere Gebiete des Reiches aus. Gemeinden gab es den Main aufwärts, doch Frankfurt stand noch vor seinem großen Entwicklungsschub, Würzburg war bedeutender, Nürnberg steckte in seinen Anfängen, und Erfurt hatte bereits beachtliche Größe erreicht. Nördlich von Frankfurt entwickelten sich die teilweise schon bedeutenden Gemeinden in der Wetterau, ein Musterbeispiel staufischen politischen Gestaltungswillens. In Schwaben und Bayern bildeten sich zahlreiche kleine Gemeinden, Augsburg gewann im Interregnum an Bedeutung, und Regensburg blieb ein Zentrum der Gelehrsamkeit. Um 1250 entstand dort das programmatische Buch der Frommen, das die ideale Lebensweise eines frommen Juden zur Richtschnur machte. Weiter im Osten, in Meissen, regelte der Markgraf Heinrich der Erlauchte die Rechtsverhältnisse der Juden, die sich wohl erst in den fünfziger Jahren des 13. Jahrhunderts in seinen Landen niedergelassen hatten. Ganz im Südosten, in Österreich, nahe der ungarischen Grenze, lebten auch schon einige jüdische Familien, die möglicherweise aus Regensburg stammten. Auch im Norden des Reiches gab es einige Gemeinden, in Magdeburg schon seit der Zeit Ottos des Großen, dichter gesät am Niederrhein mit abnehmender Dichte nach Osten, meist an Orten, wo ein Bischof residierte. Ganz in den Anfängen steckte die Entwicklung in den welfischen Herzogtümern, sieht man von Goslar ab, und östlich davon in Brandenburg.

Die meisten Gemeinden verfügten über Synagogen, zumindest über ein Haus, in dem man sich versammelte, und über ein rituelles Bad; größere und ältere Gemeinden über einen Friedhof und ein rabbinisches Gericht, wo nach jüdisch-talmudischem Gesetz Recht gesprochen wurde. Das ökonomische Rückgrat der Gemeinwesen waren die wenigen führenden Familien, die sich mit der Geldleihe befassten. Aus ihren Reihen stammten überwiegend die Rabbiner, die Gemeindevorsteher, die man auch Judenräte nannte, und an ihrer Spitze stand der Judenbischof oder Judenmeister. Neben den männlichen Haushaltsvorständen gingen auch Witwen im selben Umfang ihren Geschäften nach.

Diese wenigen Familien waren wirtschaftlich erfolgreich und zahlten die meisten Steuern, über die 1241 das älteste erhaltene Verzeichnis angelegt wurde. Sie gewährten Darlehen, die für die verschiedensten Zwecke eingesetzt wurden, bis hin zur Absicherung von Eheverträgen bedeutender adeliger Personen und von Schadenszahlungen bei Friedensverträgen. Der Zugriff auf die Juden war von nicht zu unterschätzender Bedeutung, da man keine Italiener ins Land bringen konnte, und der Streit um sie gewann daher manchmal beträchtliche Schärfe. Trotzdem brachte man ihnen Misstrauen entgegen, das sich gegen Ende des 13. Jahrhunderts mehrfach in Verfolgungen entlud.

Es ist daher nicht die Frage, wie der eine oder andere Herrscher persönlich zu den Juden stand, denn das lässt sich aus den Quellen im Regelfall nicht entnehmen, sondern wie er sich Entwicklungen anpassen konnte, die von der ökonomischen Existenz der Juden in einigen Bereichen geprägt und von den theologischen Positionen konterkariert wurden. Ein Ausgleich manchmal unvereinbarer Gegensätze war notwendig, der beachtliches politisches Fingerspitzengefühl erforderte, was von den meisten Habsburgern im Mittelalter auch geschickt gelöst wurde.

Die Juden in Österreich zur Zeit des letzten Babenbergers und König Ottokars

In diesen Rahmenbedingungen stand die Entwicklung in Österreich im 13. Jahrhundert. Ihren eigenen Charakter gewann die Situation hier im Südosten des Reiches durch eine 1244 von Herzog Friedrich dem Streitbaren ausgestellte Judenordnung, die zwar das ältere kaiserliche Recht nicht außer Kraft setzte, aber durch viele neue Bestimmungen die Schwerpunkte verschob und den tatsächlichen aktuellen Verhältnissen der Juden in vielen Lebensbereichen Rechnung trug. Diese Judenordnung verbreitete sich in Mitteleuropa über die Reichsgrenzen hinaus, worauf wir noch zurückkommen werden. In welchem inhaltlichen und geographischen Umfang sie auch auf benachbarte, andere Reichsterritorien einwirkte, lässt sich nicht mit Sicherheit bestimmen.

Wenn eine Judenordnung erlassen wurde, müßte man annehmen, dass sich doch einige jüdische Gemeinden in Österreich befanden. Gerade das lässt sich aber aus dem überlieferten Quellenmaterial kaum beweisen.

Der erste Versuch der Ansiedlung eines jüdischen Münzmeisters noch in der Zeit Herzog Leopolds V., der allerdings nach dem Eintreffen des englischen Lösegeldes für Richard Löwenherz 1194 von den Mächtigen eher als Ärgernis betrachtet wurde, endete 1196 mit seiner Ermordung, wobei noch 15 seiner Hausgenossen erschlagen wurden. Durchziehende Kreuzfahrer hatten wegen eines Diebstahls Tumulte ausgelöst, die tragisch endeten. Herzog Friedrich I. zog zumindest die Rädelsführer zur Verantwortung. Damit war aber dieses Vorspiel der jüdischen Wanderung nach Österreich zu Ende.

Seit den zwanziger Jahren tauchte in der Umgebung Leopolds VI. ein gewisser Teka auf, der ein Haus in Wien besaß, für den König von Ungarn Steuern einzog, Besitzungen im österreichisch-ungarischen Grenzbereich, also im heutigen Burgenland, innehatte und als Bürge für eine riesige Entschädigungszahlung bei einem Friedensschluss zwischen dem Herzog und König Andreas II. fungierte. Sonst benahm er sich im Lichte landläufiger Vorstellungen über Juden recht auffällig: Bei schriftlich bestätigten Rechtsgeschäften stand er vor allen Adeligen in der Zeugenliste an erster Stelle, er nahm sozusagen im Circle Platz, verstach gerne einen Speer in Turnieren, besaß ein Lehen in Kagran und überfiel mit einer Schar Bewaffneter nächtlicherweise eine Burg an der ungarischen Grenze. Vielleicht war er es, der Friedrich dem Streitbaren im

Krieg mit Bayern den Rat gab, die Getreideausfuhr dorthin zu sperren, wie der Salzburger Annalist ohne Namensnennung entrüstet berichtet. Außer ihm gab es vor 1244 nur noch einen gewissen Bibas, von dem nur bekannt ist, dass er ein Darlehen vergab. Die Quellen lassen uns ansonsten im Stich. Dass es damals nur so wenige Juden in Österreich gab, ist unmöglich. Schon 1238 hatte Kaiser Friedrich II. bald nach seinem Aufenthalt in Wien im Winter 1237 den Wiener Juden ein recht altertümliches Privileg ausgehändigt. Im Wesentlichen stimmt es mit jenem Privileg überein, das Kaiser Heinrich IV. im Jahr 1090 den Juden in Worms gewährt hatte. Der Staufer war offenbar anlässlich einer Ritualmordbeschuldigung in Fulda und der folgenden Untersuchung darauf gestoßen und hatte es allen Juden in Deutschland verliehen. 1238 kam es ihm in der Auseinandersetzung mit Friedrich dem Streitbaren gerade recht. Vielleicht wollte er damit verhindern, dass die Wiener Juden den Herzog unterstützten, denn er unterstellte sie ja seiner Herrschaft und seinem Schutz. Das wäre aber doch ein Hinweis, dass nicht nur Teka irgendwo in Wien wohnte. 1239 ist schon von Juden in Wiener Neustadt die Rede, die bezüglich ihrer Zollabgaben mit den Bürgern der Stadt gleichgestellt wurden. Chronologisch passt der älteste Grabstein von Wiener Neustadt mit seinem Datum 1252 recht gut dazu.

Vor diesem dürftigen Hintergrund werden die Quellen der fünfziger und sechziger Jahre geradezu dicht. Krems gerät in den Mittelpunkt unserer Betrachtung: Mehrere Juden bezeugen das Darlehensgeschäft eines Genossen mit dem Stift Göttweig 1256, und im Jahr 1264 gibt es bereits einen christlichen Judenrichter in Krems. Bei dieser Gelegenheit werden wieder einige Juden namentlich genannt. Ist es ein Zufall, dass der damalige Markgraf Ottokar II., der 1251 zur Beendigung der inneren Streitigkeiten in Österreich von einer bedeutenden Gruppe des österreichischen Adels ins Land geholt wurde, 1255 seine erste Judenordnung in Krems und nicht in Wien ausstellte? Krems war zumindest am Beginn von Ottokars österreichischer Landesherrschaft sein bevorzugter Aufenthaltsort. Die zwar nur durch wenige Urkunden bewiesene Präsenz von Juden

in Krems nach 1250 ist wohl auf die zentrale Rolle der Stadt zurückzuführen. Rechnet man noch Laa an der Thaya hinzu, lebten in
vier Städten Österreichs Juden. In der Steiermark sind die ersten
Juden erst einige Jahre später nachzuweisen.

Ottokars Verhalten gegenüber den Juden unterschied sich kaum
von dem des letzten Babenbergers. Er wies den Juden die gleiche
Rolle zu und räumte ihnen dieselben Rechte ein. Seine Juden-
ordnung ist eine Wiederholung jener von 1244 und wurde bezeich-
nenderweise sehr bald nach der sogenannten Pax Austriaca, einem
Vertrag, den er 1254 mit dem österreichischen führenden Adel
schloss, ausgestellt. Die Judenordnung gehörte zu einer Gruppe von
Verträgen und Verfügungen, die in Summe den Eindruck einer
„Verfassung" machen, zumindest sollte eine gewisse Ordnung im
Lande hergestellt werden, nachdem einige vornehme „Glücks-
ritter" mit Hilfe überlebender Damen aus der babenbergischen
Familie deren Erbe antreten wollten. Auch die Privilegierung der
Juden stellte primär einen Akt der Friedenssicherung dar, der öko-
nomisch günstige Folgen mit sich brachte.

Der Inhalt der Judenordnung von 1244 bzw. 1255 ist rasch umrissen: Die Juden und ihr Besitz genossen landesfürstlichen Schutz,
insbesondere waren ihre Gemeindeeinrichtungen wie Synagogen
und Friedhöfe qualifiziert geschützt; die Schändung eines Friedhofs
stand sogar unter Todesstrafe, einem damals relativ modernen Instrument, den Frieden zu erzwingen. Mit einer Kompensations-
zahlung kam man nicht mehr davon. Für Streitigkeiten zwischen
Juden war die interne jüdische Gerichtsbarkeit vorgesehen, d. h. in
gewissem Umfang wurde die rabbinische Gerichtsbarkeit anerkannt. Fälle von größerer Bedeutung, womit wohl finanzielle Streitigkeiten zwischen Juden gemeint waren, die der Landesfürst lieber
selbst entschied, kamen vor sein Gericht bzw. das seines Kämmerers. Im Grunde wies der Landesfürst damit den Grundsatz des jüdischen Rechts zurück, dass innerjüdische Angelegenheiten nur von
einem jüdischen Gericht entschieden werden durften.

Für Prozesse zwischen Juden und Christen wurde ein Judenrichter
eingesetzt, der vermutlich schon damals dem Judengericht vorsaß,

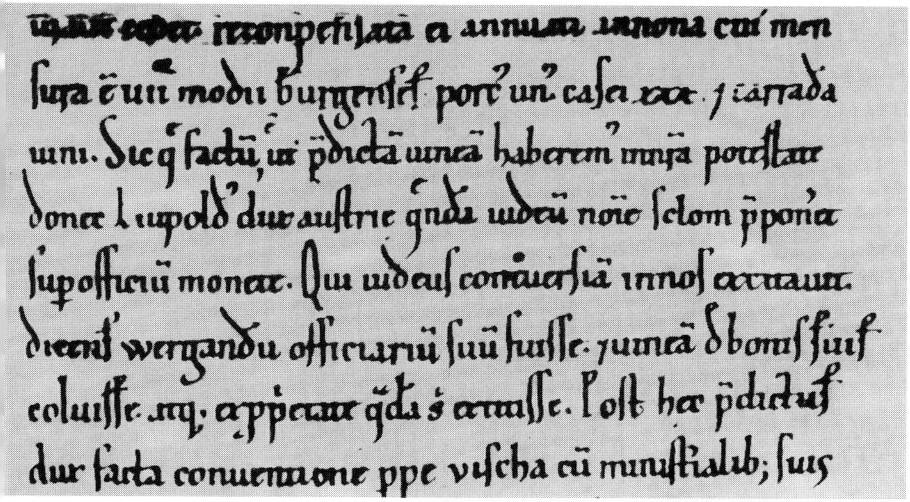

... recompensatā et annuam annona cū men
sura ē uini modiu burgensis porc̄ uni casea xxx. 7 carrada
uini. Sicq factū, ut pdictā uineā haberem in nra potestate
donec Liupold dux austrie qndā iudeū noie Sclom pponiat
sup officiū monete. Qui iudeus controuersiā nobis excitauit.
dicens Wergandū officiariū suū fuisse. 7 uineā d bonis suis
coluisse. sicq; apparet qd eā sibi attraxisse. Post hec pdictus
dux facta conuentione pe Vischa cū ministialib; suis

Erste Erwähnung des Juden Schlom im Formbacher Traditionskodex.

Ottokar II. Przemysl (1230–1278) König von Böhmen. Grabmal im Prager Veitsdom.

Rudolf I. von Habsburg
(1218–1291),
römischer-deutscher
König 1273–1291.

Albrecht II. der Weise
(1298–1358), Herzog
von Österreich.

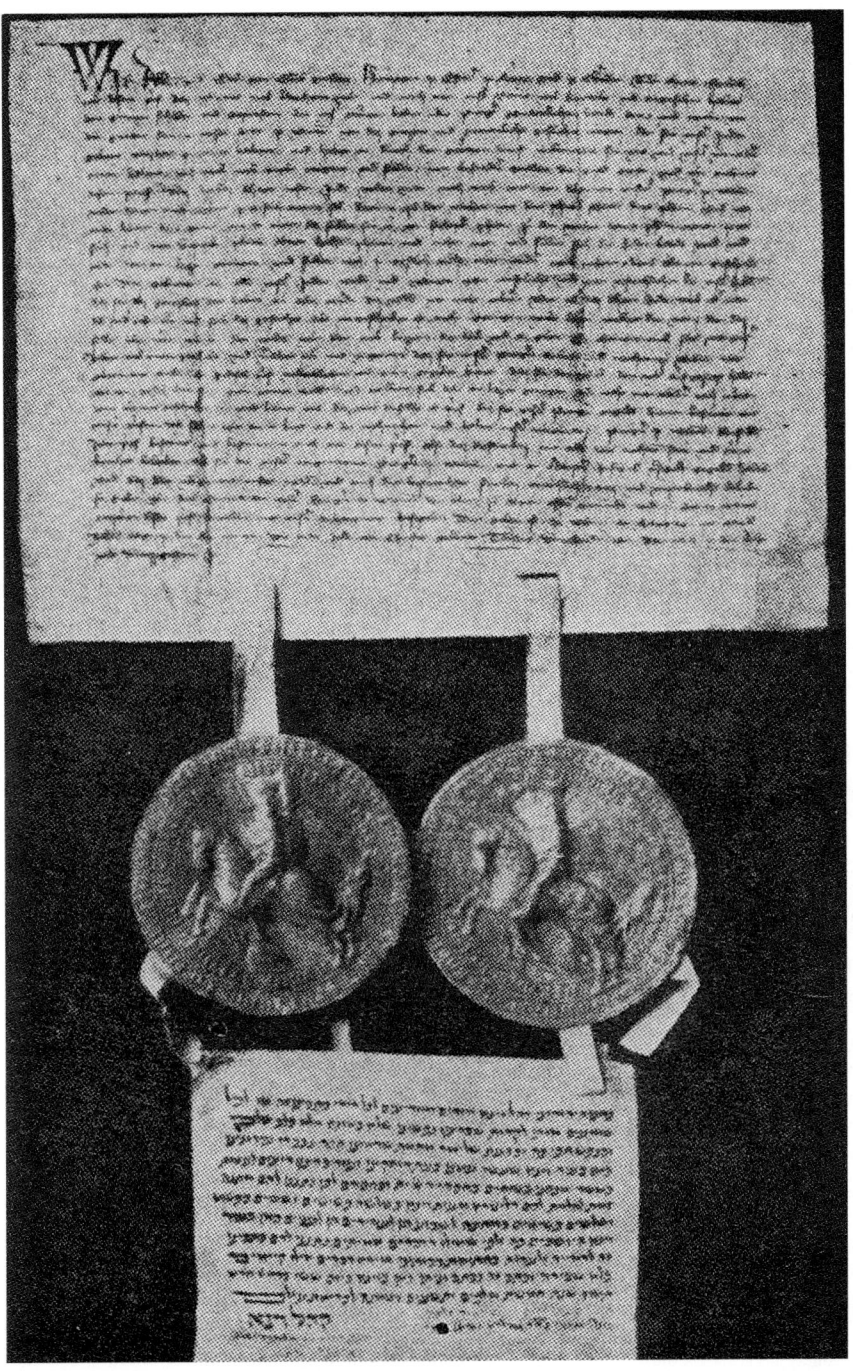

Senkung des Zinssatzes in Wien, 20. Juli 1338.

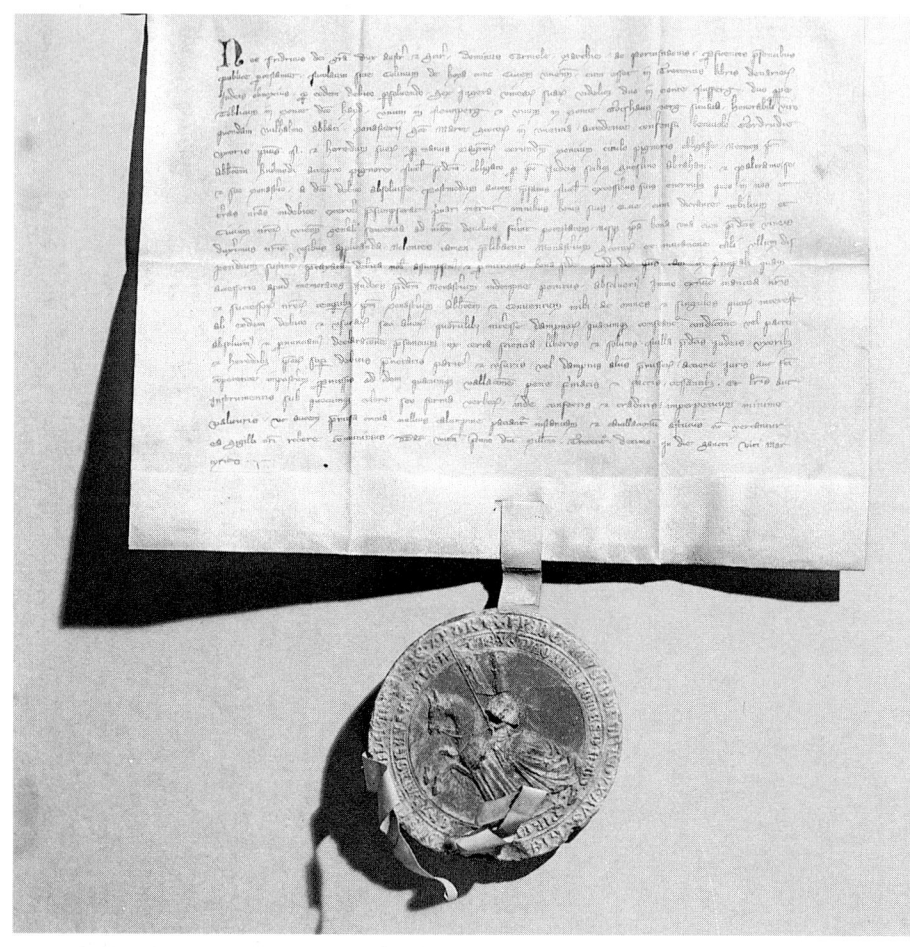

Herzog Friedrich der Schöne befreit das Wiener Schottenkloster von einer
Bürgschaft für Nikolaus von Hoya, 15. Juni 1310.

dem christliche und jüdische Schiedsleute angehörten. Man kann sich allerdings des Eindrucks nicht erwehren, dass das Judengericht nur in Bagatellsachen zusammentrat, denn Fälle von einigem Gewicht wurden unter Beteiligung des Herzogs, führender Landherren und Juden von wirtschaftlichem Einfluss beigelegt. Obwohl nach dem Wortlaut unserer Judenordnung der Einfluss des Stadtrichters weitgehend beseitigt war, zeigt es sich, dass in der täglichen Prozesspraxis Juden vor dem Stadtgericht oder grundherrschaftlichen Gerichten wie z. B. vor dem Berggericht des Stiftes Klosterneuburg erschienen. Dem von Christen und Juden besetzten Judengericht entsprach die vor allen Gerichten geltende Bestimmung, dass gegen einen Juden nur mit christlichen und jüdischen Zeugen ein Beweis geführt werden durfte. Dies war eine alte Rechtsvorstellung, die noch im personenbezogenen und nicht im landesbezogenen Recht des Frühmittelalters fußte. Eine Juden betreffende Regelung dieser Art ist schon in einer Rechtssatzung (Kapitular) Karls des Großen nachzuweisen.

Inhaltlich wurde vor allem die Geldleihe geregelt, wobei das schon erwähnte Marktschutzrecht nicht mehr auf den Warenverkehr, sondern auf die Pfandgegenstände bezogen wurde. Der Zinssatz wurde mit acht Pfennigen pro Pfund und Woche festgesetzt. Daraus haben Historiker des vergangenen Jahrhunderts einen Horror-Prozentsatz von 173 Prozent errechnet, ein Denkmodell der Prozentrechnung, das mit der mittelalterlichen Praxis nichts zu tun hat. Soweit es sich um einen echten Zinssatz und nicht um eine Verzugszinsendrohung bei Terminüberschreitung handelte (so scheint dieser Zinsfuß in den Urkunden auf), betrifft er Darlehen, die nach drei oder vier Wochen zurückgezahlt wurden. Aus jedem einzelnen Geschäft holte ein jüdischer Geldleiher ein paar Pfennige heraus, und bis zur Mitte des 14. Jahrhunderts ist es recht unwahrscheinlich, dass er mehr als nur einen kleinen Teil seiner Kapitalien verliehen hatte, denn die Nachfrage war noch recht gering. Unter diesen Umständen ist es ziemlich sinnlos, diese genannten Angaben in die uns geläufige Form von Jahreszinsen umzurechnen. Aus konkreten Geschäften wissen wir, dass die Bonität eines

Schuldners im Keller sein musste, wenn er 20 Prozent Jahreszinsen zahlte. Bei den vielen Möglichkeiten der Umgehung des Verbotes für Christen, Zinsen zu nehmen, war Kapital unter derartigen Bedingungen sicher nicht zu verkaufen. Die Konkurrenz der Umgehungskredite bestand ja immer. So wurden Grundstücke offiziell verkauft und eine Rückkaufklausel vereinbart. Das Grundstück wurde dann teurer zurückgekauft als verkauft.

Ziel dieser Bestimmungen war es, erstens den Kapitalumlauf möglichst reibungslos zu ermöglichen und zweitens eine gewisse landesfürstliche Kontrolle sicherzustellen. Da diese bei der ständigen Reisetätigkeit des Fürsten kaum möglich war, fiel den Städten automatisch eine gewichtige Rolle gegenüber den Juden im täglichen Leben zu. Will man es korrekt und ein bisschen kompliziert formulieren, hatten die Juden die Aufgabe, in speziellen, heikleren Fällen den Bedarf an gemünztem Edelmetall zu decken. Anders ausgedrückt, sie sorgten für den Umlauf des im Auftrag des Landesfürsten geprägten Geldes. Der Umlauf von Barrensilber war eine andere Angelegenheit und beschränkte sich im Wesentlichen auf die Kapitaltransaktionen zwischen Fürsten.

Vorübergehend übertrug Ottokar einzelnen Juden, vermutlich nach ungarischem Vorbild, auch eine weitere Aufgabe: einen Teil der Steuereinhebung. Es wurde bereits erwähnt, dass Teka diese Tätigkeit in Ungarn ausübte. Bis zum Jahr 1267 gab es auch in Österreich zwei Juden, die als Kammergrafen bezeichnet wurden. Schon ihr Vater Henuk war in Ungarn Kammergraf, und es ist nicht auszuschließen, dass eine Verwandtschaft mit Teka bestand. Einer der beiden hieß lateinisch Lublinus, er wurde auch ungarisch latinisiert als Farcasius und deutsch als Wölfel oder Wolvlinus bezeichnet. Sein Sohn Süßlein versorgte Rudolfs I. Tochter Agnes in den siebziger Jahren in Wien mit Geld. Unter dem Eindruck kirchenpolitischer Entwicklungen, die noch zur Sprache kommen werden, verloren die beiden Juden ihr kammergräfliches „Amt". Es handelte sich dabei aber um kein Amt, sondern um eine Pacht. Die Juden schossen das Geld vor und sammelten dann die Steuern ein. Lublin und sein Bruder beschäftigten sich auch mit der Geldleihe – zu ihren Kunden gehörten die Kuenringer und das baierische Neustift in Freising. Ein ungarisches Kloster verpfändete ihnen die berühmte Admonter Riesenbibel, die auf seltsamen Wegen dorthin gelangt war. Ein Vermerk in der Handschrift der Nationalbibliothek erinnert noch heute an die Verpfändung.

1267 war ihre Tätigkeit als Kammergrafen zu Ende. Ottokar II. reagierte damit auf eine einschlägige Bestimmung des Konzils der Salzburger Kirchenprovinz, das in diesem Jahr in Wien stattfand. Die Schlussbestimmungen dieses Konzils sind in mehreren Handschriften überliefert, und es ist erstaunlich, dass die Abschnitte, in denen von den Juden die Rede ist, einen unverhältnismäßig hohen Anteil am gesamten Text haben. Es handelt sich bei diesen Texten nicht um eine einfache Übernahme der 50 Jahre vorher in Rom empfohlenen Maßnahmen gegenüber den Juden. Der dem Konzil vorsitzende Kardinallegat Guido differenzierte nach der regionalen Notwendigkeit und den aktuellen Erfordernissen. Wenige Wochen vorher hatte er bis auf einen einzigen Punkt die gleichen Bestimmungen in Breslau durchgesetzt. Dort hatte er zusätzlich gefordert, dass die Juden hinter Mauern wohnen sollten, da die Christen Schlesiens in ihrem Glauben noch nicht sehr gefestigt wären.

Bringt man den Inhalt der Konzilsbestimmungen auf den Punkt, war es ihr Ziel, den Umgang von Christen und Juden auf ein Minimum zu beschränken. Dies bedeutete im Verein mit Empfehlungen zu Beschränkungen des Kreditwesens in den Augen Ottokars eine nachhaltige Störung seiner finanziellen Gebarung. Warum stimmte Ottokar der Veröffentlichung dieser unangenehmen Maßnahmen in Wien zu?

In der Mitte der sechziger Jahre sah es vorübergehend so aus, als könnte Ottokar im Bündnis mit dem Papst seine Herrschaft im Nordosten Europas bis nach Preußen und Lettland stabilisieren und sein Kanzler vom Bischof von Olmütz zum Erzbischof einer geplanten Kirchenprovinz in diesem Raum aufsteigen. Schon wenig später stürzte die Zweckallianz in sich zusammen, und Ottokar reagierte hinsichtlich der Juden mit einem Affront gegen die

Kirche: Anders kann man die Neuausstellung der auf Friedrich den Streitbaren zurückgehenden Judenordnung im August 1268 nicht verstehen. Die Ausdehnung der Judenordnung auf Böhmen und Mähren war bereits 1262, wohl im Zusammenhang mit seiner Krönung zum König von Böhmen, geschehen. Damals erfolgten schon die geringfügigen Veränderungen gegenüber dem Text von 1244: Aufnahme des päpstlichen Verbots der Ritualmordbeschuldigung gegen Juden, Freigabe des Zinssatzes und einige stilistische Korrekturen.

Wenn auch Ottokars Herrschaft über die Juden inhaltlich der des letzten Babenbergers glich, nahm er zunehmend in der öffentlichen Darstellung die Haltung eines Großkönigs, konkret gesagt, die Haltung des künftigen römischen Königs an. Er sparte nicht mit Anspielungen, dass er die Juden schütze, da er als König „clementia" üben müsse, die Milde gegenüber den Unterworfenen, wie das auch in der Spätantike die Aufgabe des römischen Kaisers gewesen war. Damit spielte er auf die dienende Stellung der Juden an, die sich aus der Ideologie der Kammerknechtschaft ergab, und bestritt damit, ohne es ausdrücklich zu sagen, dass ausschließlich das immer dichter werdende Netz von kanonischen Bestimmungen der Kirche für die Stellung der Juden in seinen Ländern und vielleicht später einmal im gesamten Reich ausschlaggebend sein sollte. Judenschutz wurde hier zur Machtdemonstration.

In Österreich wurde damit die schon länger vorhandene Grundtendenz verstärkt, dass die königlich-fürstliche Herrschaft über die Juden keine Konkurrenz haben sollte und durfte. Diese Verhältnisse unterschieden sich grundsätzlich von der Lage in den alten Siedlungsgebieten: Das Ergebnis der Entwicklung des 13. Jahrhunderts brachte dort die Auseinandersetzungen zwischen dem König, den geistlichen und weltlichen Fürsten, den Städten und schließlich den Reichsrittern um jeden Steuerpfennig der Juden. Rudolf I. sollte diese Unterschiede deutlich zu spüren bekommen.

Rudolf I. und die Juden

Die Wahl Rudolfs I. im Oktober 1273 zum römischen König war auf die Einsicht der Fürsten zurückzuführen, dass eine weitere Schwächung der Reichsgewalt auch den fürstlichen Interessen letztlich schaden musste. Der neue König hatte daher auch in gewissem Umfang die Unterstützung der Fürsten, wenn er zielstrebig daranging, das Reichsgut zumindest zum Teil dem König wieder verfügbar zu machen. Für die Ausbildung einer soliden Machtgrundlage des Königs standen die Aussichten ohnehin schlecht. Der schwäbisch-staufische Machtblock in Südwestdeutschland war zerfallen – die Habsburger hatten sich an der Aufteilung kräftig beteiligt –, und die Zerschlagung des Regnum Ottocarianum mit der möglichen Nutzung des babenbergischen Erbes brauchte Zeit.

Rudolf musste sich auf die Hilfestellung anderer Institutionen stützen. Im Vordergrund stand die Finanzkraft der Städte, die aber einen politisch kompliziert zu behandelnden Partner darstellten, der nicht immer verlässlich war. Als finanzkräftig galten auch die Juden, und in dieser Richtung boten sich Chancen, die königlichen Rechte wieder stärker zur Geltung zu bringen.

Der König beschritt mehrere Wege, um die Verfügbarkeit über die Juden zu verbessern. So griff er in die komplizierten Verhältnisse in den Städten ein, bei deren Veränderungen auch der vom König gewählte Partner Vorteile hatte, eine gewisse Oberhoheit des Königs aber anerkennen mußte. Die Bürgerschaft von Augsburg konnte sich mit Unterstützung des Königs den Löwenanteil an den verschiedenen Abgaben der Juden sichern, musste im Gegenzug aber hinnehmen, dass der Stadtvogt in der vom König abhängigen Hierarchie stand. Der Reichslandvogt von Oberschwaben ernannte den Stadtvogt, und jener war nicht nur „verfassungsmäßig" von Rudolf abhängig, sondern zählte als sein Schwager, er war der Bruder der Königin Anna von Hohenberg, zu seinen wichtigsten Parteigängern.

Mit der Einrichtung von Landvogteien war oft auch die Übertragung des Judenschutzes auf den Vogt verbunden. Meissen wurde auf diese Weise dem Erzbischof von Mainz unterstellt, und der Erzbischof selbst gehörte wie der Hohenberger zu den engsten politischen Vertrauten des Königs. Die Landvogteien waren keine im Reich flächendeckenden Einrichtungen, sondern funktionierten nur dort, wo sich der König politisch selbst oder durch Parteigänger durchsetzen konnte. So stand Norddeutschland abseits, und das wirkte sich natürlich auch auf die Herrschaft über die Juden in diesem Raum negativ aus.

Eine der wichtigsten Methoden Rudolfs, um seine Herrschaft in den Kernlanden, also im Rhein-Main-Gebiet, zu festigen, war der Ausbau der Reichsburgen und seine Sorge, ihnen so viele Mittel zur Verfügung zu stellen, dass sie ihren strategischen Aufgaben nachkommen konnten. Das System der Reichsministerialen, das in der Stauferzeit seinen Höhepunkt erlebt hatte, funktionierte nicht mehr. Die Dienstleute des Königs waren mächtige Herren geworden, gingen mit ihren Dienstgütern wie mit Lehen- oder Eigenbesitz um und waren bisweilen dem König eher gefährlich denn hilfreich. Die Reichsburgen waren also mit neuen Leuten zu besetzen, für deren Finanzierung zu sorgen war. Das klarste Beispiel für diese neue Politik waren Rudolfs Maßnahmen für die Burg Friedberg in der Wetterau nördlich von Frankfurt am Main. Die Juden, die genau im Grenzbereich zwischen Stadt und Burg Friedberg wohnten, reichten Abgaben an die Burgmannen, und diese Abgaben betrachtete man als Burglehen. Friedberg ist der einzige Fall, wo sich diese Konstruktion über Jahrhunderte hinweg erfolgreich erwies. Ähnliche Maßnahmen in Rödelheim bei Frankfurt, Oppenheim und Carlstein bei Marburg an der Lahn griffen nur kurzfristig.

Wenn sich die Möglichkeit ergab, unterstrich der König, staufischem Vorbild folgend, die besonderen Rechte und Pflichten, die er gegenüber den Juden hatte. Berühmt wurden die Ereignisse, die sich um die Flucht einiger Juden aus den Rheinlanden unter der Führung des berühmten Rabbiners Meir von Rothenburg abspielten. Er wollte mit seiner Großfamilie nach Erez Israel auswandern, wurde aber beim Alpenübergang nach Italien erkannt und gefangen genommen. Er blieb bis zu seinem Tod 1293 in der Haft des Königs, da er den Gemeinden verbot, das verlangte Lösegeld zu bezahlen.

Der Erzbischof von Mainz und Graf Eberhard von Katzen-
ellenbogen erhielten vom König die Vollmacht, die Besitzungen der
Geflohenen einzuziehen. Die Begründung war bemerkenswert: Die
Juden hätten sich ohne Erlaubnis des Königs auf den Weg gemacht.
Da sie eine Übertretung begangen hatten, besaßen der König und
die betroffenen Fürsten das Recht, das zurückgelassene Gut zu beschlagnahmen. Noch war nicht die Rede davon, dass das Gut der
Juden dem König prinzipiell zur Verfügung stand. Der Grund für
diese Berechtigung lag in einer Verfehlung der Juden und ist daher
als Strafe aufzufassen. Die Meinung, dass die Juden einer Erlaubnis
bedurften, um den Herrschaftsbereich des Königs oder eines
Fürsten zu verlassen, war aber neu. Dass Rudolf auch den Fürsten
dieses Recht einräumte, hatte zum einen mit der allgemeinen Entwicklung zu tun, in der die Fürsten eine zunehmend bedeutende
Rolle spielten und daher auch Herrschaft über die Juden in ihren
Gebieten ausübten, zum anderen aber mit den Rechten, die die
eigene Dynastie in den ehemals babenbergischen Ländern beanspruchte und durchsetzte.

Rudolfs Bemühungen, die Juden in vielfältiger Weise für die Stabili-
sierung seiner Herrschaft heranzuziehen, hatten aber nicht nur
Nachteile für sie. Der König trat auch sehr bestimmt gegen ihre
Bedrohung ein und bediente sich dabei einer sehr deutlichen Sprache. Als zwischen 1287 und 1289 ein Pogrom am Rhein wütete, das
infolge eines angeblichen Ritualmordes an einem Knaben ausge-
brochen war („Der gute Werner"), und dem vermeintlichen Opfer
der Juden bei Bacharach sogar eine Kapelle errichtet wurde, soll
sich Rudolf kritisch dazu geäußert haben. Der Erzbischof von
Mainz sollte den Christen predigen, dass die Juden zu Unrecht
verfolgt worden waren und der Leichnam des „guten Werner", den
manche einfältige Christen als Märtyrer verehrten, besser
verbrannt werden sollte, damit sich die im Wind zerstreute Asche
in nichts auflöse. Bei der Predigt sollen mehr als 500 bewaffnete
Juden anwesend gewesen sein, die bereit waren, einen widerspre-
chenden Christen mit ihren Schwertern zu töten. Rudolf zeigt sich
in dieser Angelegenheit als ein Angehöriger einer Generation, die

Beschuldigungen dieser Art skeptisch gegenüberstand und sich durch Wunderberichte aller Art nicht irre machen ließ. Die Geschichte mit den 500 bewaffneten Juden mag ein wenig übertrieben sein, dass aber schwerttragende Juden nichts Ungewöhnliches waren, erfährt man auch aus anderen gelegentlichen Erwähnungen. So setzten sich Juden gegen Räuber auf dem flachen Land mit dem blanken Schwert zur Wehr. Dies sei deswegen erwähnt, da vor einigen Jahrzehnten auf die Entwicklung des sogenannten „Waffenrechts" der Juden großes Gewicht gelegt wurde. Die Erkenntnis, dass die Juden das Recht, Waffen zu tragen, allmählich verloren, ist ein Schluss, der nur aus theoretischen Rechtsquellen gewonnen wurde und daher als recht weltfremd zu beurteilen ist.

Auch Reichsministeriale, die längst zu großen Herren aufgestiegen waren, mussten zur Kenntnis nehmen, dass Rudolf sich energisch gegen Eingriffe in seine Rechte wehrte. In einem politisch nahen Verhältnis stand Rudolf zum Reichstruchsess Werner von Bolanden und seinem Bruder Philipp. Es handelte sich um eine der mächtigsten Familien am Mittelrhein, die wesentlichen Einfluss auf die Besetzung des Mainzer Erzstuhls gewonnen hatte. Philipps Witwe Lukardis nahm zwischen 1279 und 1282 einige Juden von Boppard gefangen, um Geld von ihnen zu erpressen. Rudolf befahl ihr, die Juden freizulassen, da er ihrem verstorbenen Mann nur erlaubt hatte, mit Juden gütlich wegen zusätzlicher Finanzleistungen zu verhandeln und dabei deren Rechte zu achten. Das klare Vorgehen des Königs erstaunt umso mehr, als sein unehelicher Sohn Albrecht nur zwei Jahre später die Tochter Philipps heiratete, die so wie ihre Mutter Lukardis hieß. Rudolf schrieb in dieser Angelegenheit einen zweiten Brief an einige „Getreue", die ihn über die Sache informiert hatten, und betonte, dass es nicht seine Absicht gewesen sei, durch die Philipp von Bolanden gewährte Vergünstigung die Freiheiten der Juden zu schmälern. Wer diese „Getreuen" wohl waren, denen der König sein Vorgehen in dieser Weise erklären wollte? Gewöhnlich beschwerten sich Juden benachbarter Gemeinden über solche Gewaltakte gegen Glaubensbrüder, es ist also nicht ausgeschlossen, dass die Empfänger des zweiten Schreibens Parnassim, also führende Juden rheinischer Gemeinden, waren. Rudolf bemühte sich also zum Teil erfolgreich, die Juden möglichst eng an die königlichen Interessen zu binden. Doch auch er musste Parteigängern Rechte an den Juden überlassen. Unter ihnen befanden sich die Grafen Reinhard und Ulrich von Hanau aus dem Maingebiet, Vater und Sohn, die den König oft bei seinen auf Stärkung der zentralen Gewalt zielenden Aktionen unterstützten und 1277 selbst für militärische Leistungen die Steuern der Juden in Assenheim, Münzenberg, Nidda und später auch Gelnhausen erhielten. Als spezieller Anlass für die Verpfändung von 1277, die eine Summe von 300 Mark abdecken sollte, wird ihre Teilnahme am Zug Rudolfs gegen Ottokar von Böhmen erwähnt. Die genannten Städte lagen im engeren Herrschaftsbereich der Hanauer, vor allem in der Wetterau bzw. an ihrem Rand. Wieder tritt uns die Bedeutung der von Friedrich Barbarossa geförderten Wetterau entgegen, an deren Südrand die Stadt Gelnhausen lag, der gegenüber sich inmitten der Flussschlinge der Kinzing die berühmte Pfalz befand, die unter Heinrich VI. ihre endgültige Gestalt erhielt. Die Hanauer gehörten zu jenen Leuten, die Rudolf unterstützten, dabei aber so viel Macht gewannen, dass sie zur Gefährdung und letztlich zum Einsturz des Systems beitrugen, das die Reichslandschaften wieder beleben und für den König nutzbar machen sollte. Die Münzenberger Juden lebten am Fuße einer gewaltigen Burganlage mit zwei Türmen, jene von Nidda in einer Stadt, die für ihre Steinbrüche berühmt war – kaum ein Bauwerk in dieser Landschaft, das nicht aus dem bekannten rötlichen Stein errichtet wurde –, und die Juden der Stadt Gelnhausen lebten an einem zentralen Punkt des Reiches. Die Verpfändungen an gräfliche Parteigänger – das betraf natürlich nicht nur die Juden, sondern auch die Bürger, deren Steuern, besonders das Ungelt, ebenfalls verpfändet wurden – kamen hier in den Kernlandschaften des Reiches an Rhein und Main häufig vor. Die sogenannten Rau- und Wildgrafen erhielten die Einnahmen aus der Judensteuer kleiner Siedlungen, die Wildgrafen durften mit Erlaubnis Albrechts I. 1301 sogar Juden in ihrem Gebiet aufnehmen und alle finanziellen Vorteile genießen, darunter besonders das Geleit-recht zum Schutz der Juden. Beide Familien waren möglicherweise Nachkommen jenes in den hebräischen Berichten zum Ersten Kreuzzug genannten Grafen Emicho, der dort immer wieder als Initiator von Verfolgungen begegnet.

So bestimmt Rudolf die königlichen Rechte gegenüber anderen Machtträgern an den Juden vertrat, wenn die Gelegenheit dafür günstig war, so ließ er sich in den neu erworbenen Ländern der Babenberger von anderen Richtlinien leiten. Die Erneuerung des Judenprivilegs Friedrichs des Streitbaren im Jahr 1277 nahm Rudolf natürlich als König vor, bezog sich aber in keiner Weise auf das königlich/kaiserliche Wiener Privileg des Staufers, sondern aus-schließlich auf die Urkunde des Babenbergers. „Ad imitationem itaque clare memorie quondam Friderici ducis Austrie et Stirie primo statuimus ...", fügte der König der Einleitung des Privilegs hinzu: „Indem wir dem Vorbild des einstigen Herzogs von Öster-reich und Steier Friedrich folgen und damit die Erinnerung an ihn pflegen, bestimmen wir ..." Rudolf stellte sich in die Tradition des österreichischen Landesfürsten, überging natürlich mit dem Bezug auf Friedrich den Streitbaren Ottokar Přemysl, vermied aber auch jeden Hinweis auf königliche Privilegien für die Juden. Der Unter-schied zum Wiener Stadtrecht ist evident, denn in diesem Fall be-stätigte Rudolf der Stadt auch das königliche Stadtrecht. Mit dieser Vorgangsweise brachte Rudolf Rechte an die eigene Dynastie in einem Gebiet, das er vermutlich von seinen ersten Aktivitäten in Österreich an als Hausmacht gewinnen wollte. Seine gezielten Aktionen, die Vogteirechte der Babenberger an Klöstern und dem Besitz Salzburgs und Passaus in Österreich zu gewinnen, dienten ja demselben Zweck. Dass Rudolf die Herrschaft über die Juden in Österreich beanspruchte, zeigt sich auch an Verfügungen, die für sie von Nachteil sein konnten: Den Bürgern von Tulln durften sie nur mehr einen Pfennig für den Schilling in der Woche als Zinsen verrechnen: Ottokar hatte den Zinssatz freigegeben, und Rudolf kehrte zur Bestimmung Friedrichs des Streitbaren zurück. In wel-chem Maße die Neuausstellung des Privilegs durch den König der

Urkunde eine noch weitere Verbreitung sicherte, muss dahingestellt bleiben. Jedenfalls wurde es eine Generation später in Kärnten für die Bambergischen Herrschaftsgebiete verwendet, was aber durch die einfache Tatsache zu erklären ist, dass der damalige Bischof ein geborener Herr von Stubenberg war, also dem steirischen Adel angehörte, und durch die häufige Zusammenarbeit der Familie mit Juden mit der rechtlichen Materie, wie sie in Österreich und Steier gehandhabt wurde, sicher vertraut war.

Albrecht I.

Juden scheinen eine dramatische Rolle bei einem 1295/96 von führenden Adeligen geplanten Aufstand gegen Albrecht gespielt zu haben. Drahtzieher dabei war wohl Leutold von Kuenring, der sogar mit König Adolf von Nassau konspirierte und ihn nach Österreich einlud, um den Herzog gemeinsam zu bekämpfen. Als Albrecht in bewährter Weise entschlossen gegen die Aufständischen vorging, unterwarf sich Leutold und übergab strategisch wichtige Burgen und Orte an Albrecht bzw. seinen besonderen Vertrauensmann Eberhard von Walsee, einem der Leute aus der schwäbischen Gefolgschaft der Habsburger, die sich rasch in die Gruppe der österreichischen Landherren integrieren konnten. Unter den zahlreichen Verpflichtungen Leutolds heißt es auch bezüglich einiger Juden: „Ich (Leutold) soll die Juden meines Herrn (Albrechts) entschädigen und soll das Geld, das ich ihnen weggenommen und geborgt habe, aufgrund einer Abrechnung zurückgeben." Leutold hatte die geplante militärische Aktion mit Krediten bei Juden und sogar gewaltsamer Geldbeschaffung vorbereitet. Der Herzog gestattete aber Leutold, mit den Juden Verhandlungen zu führen, versprach sogar, Schiedsrichter zu stellen, denn es musste ihm daran gelegen sein, die militärische Kraft dieses wichtigen Gefolgsmannes nicht zu schädigen. Daher versprach er auch Gefolgschaft gegen den römischen König, wobei wohl noch nicht ein offensives Vorgehen gegen den Nassauer gemeint ist, zu dem erst ein Jahr später in Prag die Vorbereitungen begannen.

Der Erfolg der „mitteleuropäischen" Politik Albrechts I., der sich in der Erwerbung der böhmischen Krone für seinen Sohn Rudolf III. und in seinen Ansprüchen in Ungarn manifestierte, stärkte die politische und wirtschaftliche Zentralitätsfunktion der alten Länder der Babenberger in diesem Raum. Es ist zu beobachten, dass eine verstärkte Einwanderung von Juden in die donauländischen österreichischen Gebiete und später auch in die Steiermark erfolgte. Insbesondere in Wien, das zwar noch keine Hauptstadt war, von Albrecht I. aber immerhin als „Vorort", also als wichtigste Stadt in Österreich bezeichnet wurde, siedelten sich einige Familien an, die meist aus Mähren kamen. Diese Migration ist ein Spiegel der Verschiebung des Schwerpunkts Mitteleuropas aus den Kerngebieten Ottokars II. an die Donau. Diese Juden standen von Anfang an mit der politischen Führungsschicht, den österreichischen Landherren, in Geschäftsverbindung, wie ja auch das abenteuerliche Beispiel des geplanten Aufstands von 1295/96 beweist.

Albrecht verstand es auch, mit Hilfe der Herrschaft über die Juden Politik zu machen. Als 1306 in St. Pölten die Juden beschuldigt wurden, eine Hostienschändung begangen zu haben, und einige Juden getötet wurden, belagerte sein Sohn Rudolf III. die Stadt und drohte sie dem Erdboden gleichzumachen und auf landesfürstlichem Grund und Boden, nämlich in Pottenbrunn, wieder aufzubauen. Hinter der Drohung Rudolfs stand natürlich der Vater, der damit den Bischof von Passau treffen wollte. Schließlich waren dann die Passauer Parteigänger der Meinung, dass den König mit seiner Ermordung 1308 die Strafe Gottes getroffen habe, da er die Rechte des Bischofs habe schmälern wollen. Relativierend muss man aber hinzufügen, dass alle jene, die Opfer der bisweilen rauen Politik Albrechts geworden waren, seinen Tod als göttliches Strafgericht interpretierten.

Das 14. Jahrhundert

Der Zeitraum vom Ende des 13. bis zum Ende des 14. Jahrhunderts bildet die Blütezeit der Geschichte der jüdischen Gemeinden im habsburgischen Österreich. Dies gilt nicht nur für die habsburgischen Länder, sondern für den gesamten süddeutschen Raum, für Böhmen und in schwächerem Maße auch für Ungarn. Es sind jene Jahrzehnte vor der Ausbildung der sogenannten oberdeutschen oder süddeutschen Hochfinanz, die ihre Wirkung ab dem 15. Jahrhundert entfalten sollte. Damit traten Christen in vollem Umfang in das Wirtschaftsleben und insbesondere in das Kreditwesen ein.

Man kann nicht behaupten, dass die Juden in dieser Zeit ihr Leben ohne Anfechtungen führen konnten, doch blieben ihnen in Österreich Katastrophen wie in Deutschland zur Zeit des Schwarzen Todes 1348 bis 1350 fast erspart. Die Habsburger dieses Zeitabschnittes können auch nicht durchgehend als „judenfreundlich" beurteilt werden – die von finanziellen Interessen geleitete Handlungsweise tritt immer wieder deutlich hervor –, zumindest zwei Herrscher profilierten sich aber in positivem Sinn: Rudolf III. († 1307) und Albrecht II. († 1358). Mehrfach traten sie in gefährlichen Situationen für Juden ein: Dies trug Albrecht II. sogar den Ruf eines „fautor Iudeorum", eines Begünstigers der Juden, ein. Allerdings muss man davon ausgehen, dass eine solche Bezeichnung ein Angriff auf den Herzog war.

Überraschend oft finden sich derartige Polemiken in den jährlichen Aufzeichnungen des Stiftes Zwettl, seltener in jenen des Klosters Neuberg an der Mürz, und schließlich beschäftigte man sich in Heiligenkreuz mit den um 1300 als intellektuelle Mode hoch im Kurs stehenden Texten, die dem Talmud häretische Inhalte vorwarfen. Alle drei Klöster gehörten zum Zisterzienserorden. Warum gerade in diesem Orden eine auffällige Polemik gegen die Juden und ihre wirklichen oder vermeintlichen Förderer herrschte, kann im Einzelnen nur unbefriedigend beantwortet werden. Vieles spricht für wirtschaftliche Konkurrenz, anderes für soziales Engagement, das sich allerdings mit intellektueller Überspanntheit verband.

Nach Jahrzehnten erfolgreicher Tätigkeit in der Landwirtschaft und im Gewerbe – eine typische Erfolgsstory jener, die ursprünglich Asketen waren – waren die Zisterzienser der einzige Orden ohne materielle Sorgen, die mit dem aufstrebenden Bürgertum wirtschaftliche und Begräbnisallianzen eingingen. Bürger legten ihre

Gelder in „Zisterzienserbanken" an, Konkurrenten waren, zumindest in Österreich, nur die Juden. Die spirituelle Seite der wirtschaftlichen Verbindung war der Begräbnisplatz eines Bürgers in einem Zisterzienserkloster. Von hier aus griff man die Spitzenpolitiker wegen ihrer Zusammenarbeit mit den Juden an. Dafür waren wohl die großen moralischen und theologischen Themen, die in Frankreich diskutiert wurden, verantwortlich. Frankreich – die intellektuelle Heimat und organisatorische Zentrale der Zisterzienser. Dort wehte längst ein rauer Wind gegen die Juden. Ihre Geschäftstätigkeit war fast zum Erliegen gekommen, und der Pariser Talmudprozess 1240/42 hatte zu dem Urteil geführt, der Talmud wäre eine häretische Schrift. Wie erwähnt wurde, beschäftigten sich auch gelehrte Mönche in Heiligenkreuz mit den Ergebnissen der Pariser Untersuchung. In Frankreich hatten sich die wirtschaftsethischen Vorstellungen Innozenz' III. fast zur Gänze durchgesetzt, aber auch das unselige Erbe des Petrus Venerabilis, des Abtes von Cluny. Die Sorge um die Armen und die Überzeugung von der Schlechtigkeit und Gefährlichkeit der Juden waren die bei Bedarf zuklappenden Schneiden einer Schere. Gemessen an der Entwicklung in Westeuropa erwiesen sich die Fürsten in Deutschland und Mitteleuropa erstaunlich unempfindlich gegen die Konsequenzen, die sich aus dem zunehmenden Misstrauen gegen Juden ergaben. Diese Unempfindlichkeit führte sogar zu unterschwelligen Konfrontationen mit einzelnen Vertretern der Kirche, ja sogar mit dem Papst. Davon war vor allem Ottokar II. betroffen, dessen Antwort auf die Bestimmungen des Wiener Konzils von 1267 etwa ein Jahr später vom Papst und seinem Legaten als Provokation betrachtet werden musste. Die Antwort bestand einfach in einer neuerlichen Veröffentlichung der Judenordnung für seine Länder aus dem Jahr 1262, deren Bestimmungen vereinzelt der Auffassung des Konzils diametral entgegenstanden. Die abnehmenden Aktivitäten der Päpste, Zeichen eines schwindenden politischen Einflusses, verminderten die Gefahr, dass die ersten Habsburger wegen der Einbindung der Juden in viele finanzielle Transaktionen und der Aufrechterhaltung günstiger rechtlicher Rahmenbedingungen mit den Päpsten prinzipielle Auseinandersetzungen führen mussten. Im Gegenteil: Wenn auch die Zisterzienser und vermutlich ebenso einzelne Mitglieder des Weltklerus Kritik übten oder gar Beschuldigungen gegen die Juden in die Welt setzten, denen die Herzöge misstrauten, sorgten diese dafür, dass die Vorwürfe nach kirchlichen Richtlinien untersucht wurden. Ein gewisses Spannungsverhältnis zwischen den Landesfürsten und einigen kirchlichen Institutionen in Österreich lässt sich deutlich erkennen, doch ließ sich dieses durch eine Kooperation mit den Bischöfen von Passau und den Päpsten entschärfen.

Der Vorwurf, Juden zu begünstigen, richtete sich nicht nur gegen Rudolf III. und Albrecht II., sondern hie und da auch gegen den gesamten Adel. Der sozialkritische Ton ist unüberhörbar, wenn zum Jahr 1298 berichtet wird, dass der Herzog nach einem von Juden begangenen Mord zwei arme Juden rädern ließ, die reichen aber ungeschoren davonkamen. 1306 merkte ein Chronist im Anschluss an die Geschichte eines Hostiendiebstahls, der sich angeblich in Wien zugetragen haben sollte, tendentiös an, dass Herzog Rudolf III. seine „geliebten Juden" vor Angriffen geschützt habe. Möglicherweise handelt es sich auch um eine kritische Bemerkung des Ambrosius von Heiligenkreuz, der die Geschichte aufgezeichnet hatte. Die Art der Zusammenarbeit des Herzogs mit den Juden wird noch deutlicher beschrieben: Er habe teil an ihren Gewinnen und Wucherzinsen, indem er hohe Steuern und Abgaben von ihnen einhob. Aus diesem Vorwurf ist nicht der Schluss zu ziehen, dass Rudolf III. Neuland bei der Steuereinhebung betreten hatte. Im Rahmen der Diskussion über den Wucher war schon im 12. Jahrhundert das Problem aufgetreten, dass sich einige Fürsten bei der Besteuerung der Juden über die Tatsache hinwegsetzten, dass sie damit moralisch nicht zu vertretende Gewinne besteuerten und sich damit an der Ausbeutung der Armen beteiligten, ja diese sogar förderten. Wenn ein solcher Vorwurf von einem gelehrten Mönch in Heiligenkreuz erhoben wurde, beeinflusste dies das aktuelle Finanzleben, wenn überhaupt, nur in geringem Maße. 100 Jahre früher hatten westeuropäische Könige und Fürsten derartige Vorstellungen der Päpste durchaus ernst nehmen müssen. Als Kommentar zu unserer Geschichte wirken sie als gelehrter Reflex auf die Wucherdiskussion, der allerdings direkt auf Herzog Rudolf III. bezogen wird.

Genaugenommen konnte der Autor keinem Juden etwas vorwerfen, denn der Hostiendieb von 1306, ein schlechter Bauer, wollte seine Beute einem Juden verkaufen, wozu es gar nicht kam. Immerhin wusste aber jedermann, dass Juden angeblich Hostien zu anrüchigen Zwecken zu kaufen pflegten, so dass der Fundort, ein Fass in der Nähe des Hauses eines Juden, den Zeitgenossen klarmachte, dass die Pogromstimmung gegen die Juden berechtigt war. Ambrosius von Heiligenkreuz, der 1305 eine angeblich von Korneuburger Juden begangene Hostienschändung untersucht hatte, war zunächst gegen die erhobenen Vorwürfe sehr skeptisch, ließ sich aber offenbar durch die Lektüre von einschlägigen Berichten über die Wundertätigkeit von Hostien umstimmen und nahm einen zunehmend irrationalen Standpunkt ein.

Diese Sicherheit des Wissens, dass Juden Hostienschändungen planten, konnte daher auch Gutachter in ihrem Urteil trüben: Als Bischof Albert von Passau ein Gutachten bezüglich der angeblichen Hostienschändung von 1338, so geschehen in Pulkau, einholte, zeigte sich der gelehrte Gutachter überzeugt, dass derlei Unfug unter den Juden üblich sei und sie daher keinen Schutz verdienten. Friedrich von Bamberg, so der Name des Gelehrten, beklagte aber insgesamt, dass man ausschließlich in Deutschland so glimpflich mit den Juden verfahre. In Neuberg an der Mürz kommentierte man die Vorfälle von 1338 trocken und bissig: Viele Juden seien getötet worden, wenige wurden von den Fürsten und vom Adel wegen des Geldes geschützt. In einer anderen Fassung hob man die viel wichtigere Tatsache hervor, dass die Juden in Wien und Wiener Neustadt erfolgreich geschützt werden konnten.

Trotz dieser Angriffe kamen Rudolf III. und Albrecht II., soweit man es heute beurteilen kann, ihrer Fürstenpflicht nach und gingen nach den kirchlichen Regeln vor. Die Untersuchung der jeweiligen Vorfälle zu Beginn des 14. Jahrhunderts und 1338 oblag dem zuständigen Bischof und die letzte Entscheidung dem Papst. Albrecht II. wandte sich sofort nach den Pulkauer Geschehnissen an Papst Benedikt XII.; nicht zuletzt deshalb, da sich die frühere in Korneuburg erhobene Beschuldigung gegen die Juden inzwischen als Betrug eines Geistlichen herausgestellt hatte.

Abgesehen von der Initiative zu einer kirchenrechtlichen und theologischen Untersuchung sorgten Albrecht II. und sein Bruder Otto der Fröhliche rasch für den Schutz der großen Wiener jüdischen Gemeinde und jener in Wiener Neustadt, wofür wir allerdings nur das Zeugnis aus Neuberg an der Mürz haben. Die Verhältnisse in Wien kennen wir genauer. Um in Wien eine Verfolgung zu verhindern, denn hier saßen die meisten bedeutenden Geldleiher, wurde der Zinssatz gesenkt. Offiziell verhandelte die jüdische Gemeinde in Wien mit Vertretern der Stadt Wien. Der Vorstand der jüdischen Gemeinde stellte darüber eine hebräische Urkunde aus, die von den Herzögen einen Tag später bestätigt wurde. Die Senkung des Zinssatzes griff in einem schwer einzuschätzenden Umfang in die Kreditgeschäfte ein, so dass die Herzöge wahrscheinlich von Anfang an die Verhandlungen überwacht hatten, wenn sie nicht sogar die Initiative dazu ergriffen hatten. Die Wiener Bürger waren in den vergangenen Jahren durch besondere Steuern schwer belastet worden, und es war notwendig, ihnen Erleichterung zu verschaffen. Die Pulkauer Angelegenheit hatte die Aufmerksamkeit plakativ auf die Juden gelenkt, und so schien es opportun, auf diese Vorgänge zu reagieren. Der Zinssatz wurde von acht Pfennigen, die für jedes geliehene Pfund in der Woche zu bezahlen waren, auf drei Pfennige gesenkt. Der alte Zinssatz war zuletzt von Rudolf I. 1277 verfügt worden. Eine Reihe von urkundlich nachgewiesenen Geschäften zeigt, dass er tatsächlich verrechnet wurde.

Die Zinsentechnik bietet eines der vielschichtigsten Probleme der mittelalterlichen Wirtschaftsgeschichte, das im Rahmen dieses Buches nur in Umrissen angedeutet werden kann.

Bis zur Einführung der Grundbücher in Wien in den sechziger und siebziger Jahren des 14. Jahrhunderts lässt sich die Kredittechnik nur an Urkunden studieren. Diese beziehen sich ausschließlich auf

Geschäfte mit Grundstückspfändern. Über die Darlehen gegen Faustpfänder sind nur normative Vorschriften überliefert, deren Wirksamkeit an Einzelfällen nicht überprüfbar ist, da solche Geschäfte keinen schriftlichen Niederschlag fanden. Darlehen mit einer Besicherung durch die Verpfändung eines Grundstücks hatten oft nur eine Laufzeit von wenigen Wochen; es ist daher zu vermuten, dass die Kredite mit beweglichen Pfändern meist für noch kürzere Zeit gewährt wurden. Der hohe Zinssatz von acht Pfennigen bedeutete in der Praxis daher eine geringe Belastung. Aus den schriftlich überlieferten Geschäften ergeben sich aber weitere Überlegungen: Die Zahl der Geschäfte, bei denen vereinbart wurde, dass die Zinsen sofort nach Auszahlung des Kredites zu laufen begannen, sind verhältnismäßig gering. Häufiger wurde ein Rückzahlungstermin vereinbart, nach dessen Verstreichen die Zinsen erst berechnet wurden. Es handelte sich dabei um ein Druckmittel, um entweder die Rückzahlung zu erzwingen oder Verhandlungen über einen neuen Kreditvertrag einzuleiten. Man spricht hier von Verzugszinsen. Wie hoch in solchen Fällen die Zinsen tatsächlich waren, ist nur auf kompliziertem Weg zu berechnen, denn wir kennen nur den rückgeforderten Betrag, in dem die Zinsen bereits eingerechnet waren. Aus Folgeverträgen und einzelnen Kreditgeschäften, in denen eine Zinsenzahlung festgesetzt wurde, wissen wir, dass die Zinsen bei längerfristigen Darlehen zwischen 12 und 20 Prozent lagen. Die Wiener Regelung von 1338 konnte also auf die tatsächlichen Geschäfte und Gewinne der Juden nur relativen Einfluss haben, soweit es sich um bedeutendere Hypothekardarlehen handelte. Da wir aber über den Umfang der Kleindarlehen überhaupt keine Schätzung wagen können, ist es nicht möglich, die Gesamtwirkung der Senkung des Zinssatzes abzuschätzen.

Albrecht II. und Otto der Fröhliche kamen mit dieser Maßnahme den Wünschen der Wiener Bürger sicher entgegen, ob sie dadurch merkliche Ausfälle bei ihren Einnahmen zu verzeichnen hatten, entzieht sich unserer Kenntnis. Immerhin ist die Handlungsweise Albrechts II., den wir als die treibende Kraft vermuten dürfen, bemerkenswert. Ohne dass es möglich ist, seine Motive im Detail zu erkennen, zeugt die Senkung des Zinssatzes von einer überlegten Politik, wenn man auch einschränken muss, dass der Zinsfuß von drei Pfennigen den wirtschaftlichen Verhältnissen im Bereich des rheinischen und schwäbischen Städtebundes entsprach und sich damit ein gut erklärbarer Einfluss aus dem südwestdeutschen Raum in Österreich durchsetzte. Ein grundsätzlich milderes Verhältnis des Herzogs zu den Juden ist nicht zweifelsfrei zu konstatieren. Für das Verhalten Albrechts II. in Fragen von Verfolgungen läßt sich eine Reihe von Parallelbeispielen finden, wie z. B. die deutliche Missbilligung Rudolfs I. gegenüber dem Kult des „guten Werner".

Ginge man von einer bewusst „humanen" oder vorurteilsentlasteten Einstellung Albrechts II. aus, wäre ein Text vom 5. Juni 1340 völlig unerklärbar. In dem von den Notaren Heinrich und Eberhart geschriebenen Text berichten sie, dass Albrecht II. sie beauftragt habe, ein Register zu führen, in dem alle Schuldurkunden der Juden einzutragen waren, um Urkunden- und Siegelfälschungen künftig zu verhindern. Abgesehen von diesen Vorwürfen strotzt das Dokument vor diffamierenden Äußerungen gegen die Juden. Ferner schließt sich an den Text ein Gebet, in dem Jesus um Schutz vor den Juden angefleht wird, denen alle nur denkbaren Übeltaten unterstellt werden. Eigenmächtige Formulierung der Notare oder Verarbeitung von Notizen, die aus den vorangegangenen Beratungen des Herzogs stammten, von denen im Text auch die Rede ist? Ersteres ist wohl nicht sehr wahrscheinlich. Die urkundenartige Vorrede zu diesem sicher noch im 16. Jahrhundert vorhandenen Register ist formal ein Rätsel. Es beginnt wie eine Urkunde, enthält offenbar kanonistische Anspielungen und steigert sich im Ton zu einem Gebet und nach dem Amen folgt dann auch das schon erwähnte eigentliche Gebet.

Wie sehr Albrecht von den allgemeinen Herrschaftsbedingungen bei der Ausübung des Judenschutzes abhing, zeigte sich zur Zeit des Schwarzen Todes. Es geht dabei um die Frage, ob die immer wieder behauptete Tatsache richtig ist, dass Albrecht II. den Verfolgungen während der Pestepidemie in Österreich wirkungsvoller als in den Vorlanden entgegentreten konnte.

Am 29. September 1349 wurden im Kremser Raum die Juden über-
fallen, viele ermordet und ihre Häuser geplündert. Als Grund wurde die Vergiftung von Gewässern angegeben. Dabei handelt es sich
um eine Wanderlegende, die der Pest von Stadt zu Stadt voraneilte.
Einige Juden retteten sich in die Kremser Burg, andere verbrannten
sich in ihren Häusern. Das Datum des Überfalls war kein Zufall:
Der 29. September war einer der zentralen Tage für die Abgabe der
Grund- und anderen Dienste, wo viele Menschen an zentralen
Orten zusammenkamen und ohnehin über die erzwungenen Geldflüsse schlechte Laune herrschte. Dass in einer derartigen Situation
ein übles Gerücht über die „reichen Juden" einen günstigen Nährboden fand, scheint plausibel zu sein. Der Herzog ergriff drakoni-
sche Maßnahmen gegen die Täter. Drei Schuldige wurden gehenkt,
einige gefangene Bürger starben im Gefängnis, Mautern und Krems
wurden zu Geldstrafen verurteilt. Eine herzogliche Söldnerschar
plünderte umliegende Dörfer. Schon im Sommer waren in Wien
einige Juden verbrannt worden, die man der Brunnenvergiftung
verdächtigte. In Zwettl berichtete man, dass in den „superiores
partes" alle Juden ermordet wurden. Mit dieser geographischen
Bezeichnung könnte Österreich ob der Enns gemeint sein, da unter
den Marterstätten zur Zeit des Schwarzen Todes auch Linz genannt
wird. Gleichgültig, auf welches Gebiet man diese unklare topo-
graphische Angabe bezieht, es erheben sich begründete Zweifel an
der landläufigen Vorstellung, dass Juden zur Zeit der Pest nur in
Krems verfolgt wurden. Albrecht II. tat sicher sein Möglichstes, um
die Juden in dieser Situation zu schützen, doch konnte er diese
Absicht nicht einmal in Wien lückenlos durchsetzen. Anlässlich
seines erfolgreichen Vorgehens im Kremser Raum nannte ihn
der Zwettler Chronist „fautor Iudeorum". Tatsächlich konnte
Albrecht in Österreich Vergeltungsmaßnahmen setzen, während in
den Vorlanden seine Richter sogar die Sentenz verkünden mussten,
dass die Juden zu verbrennen seien.
Manches deutet darauf hin, dass Albrecht II. tatsächlich in unge-
wöhnlichem Maße den Judenschutz übte, die Ursachen dafür sind
aber außerordentlich komplex. Der Blick auf die wirtschaftlichen

Zwänge, denen Albrecht in einer politisch schwierigen und was die Naturkatastrophen betrifft, furchtbaren Situation ausgesetzt war, erklärt seine nachdrücklichen Maßnahmen auf dem Gebiet der Steuereinhebungen und Steuerentlastungen. Dass in diesen Umständen die wesentlichen Ursachen für Albrechts Verhalten liegen, wird schon bei einem flüchtigen Blick auf die theologischen und kirchenpolitischen Schriften der Zeit klar. Wenn die Juden auch den kirchlichen Regeln entsprechend behandelt werden sollten, wodurch die Begünstigung von Verfolgungen ausgeschlossen war, nahm die antijüdische Theologie schroffe Formen an. Es gab für Albrecht also keinen Anknüpfungspunkt zu einer im heutigen Sinn „humanen" Behandlung der Juden. Ernst zu nehmen ist allerdings seine konsequente Haltung bei der korrekten Behandlung von auch schwersten Vorwürfen, die gegen die Juden erhoben wurden. Dies erforderte im Lichte des oft mit Beschuldigungen verbundenen emotional angeheizten Klimas und den allgemeinen Vorurteilen, die über Juden im Schwange waren, ein beachtliches Maß an Distanz gegenüber dem „Zeitgeist".

Die generelle Kritik an der Begünstigung der Juden bezog sich wohl nicht nur auf Rudolf III. und Albrecht II. Andere habsburgische Landesfürsten wurden zwar nicht persönlich angegriffen, doch allgemeine Missfallenskundgebungen waren durchaus üblich. Der Augustiner Leopold Stainreuter prägte in seiner berühmten „Chronik der 95 Herrschaften" für Österreich die ironische Bezeichnung „Judaeisapta", womit er ausdrückte, dass Österreich den Juden günstige Lebensbedingungen bot. Dies war bissig gemeint, doch enthielt sich der Autor jeder persönlichen Kritik an Rudolf IV. und seinen Brüdern.

Aus dem Fehlen persönlicher Angriffe ist aber nicht der Schluss zu ziehen, dass sich die Behandlung der Juden etwa durch Friedrich den Schönen oder Rudolf IV. grundsätzlich von jener unterschied, die ihnen Rudolf III. oder Albrecht II. angedeihen ließen. Die Differenzen, die man festzustellen meint, sind auf verschiedene tagespolitische Situationen und Erfordernisse zurückzuführen. In einem Fall trat die Schutzfunktion des Herzogs, im anderen die Herrschaft

über die Juden stärker hervor, die sich in einer wachsenden poli-
tisch-wirtschaftlichen Instrumentalisierung der Juden äußerte. Die
Ausübung des Judenschutzes war zwar fürstliche Pflicht, sie diente
aber ebenso dem möglichst reibungslosen Ablauf der notwendigen
Finanztransaktionen, an denen Juden beteiligt waren. Der Vertreter
des Herzogs in diesen Angelegenheiten, der Inhaber des Lehens
eines Obersten Kämmerers und der Wiener Judenrichter wurden
öfter angewiesen, den Juden beim Eintreiben ihrer Außenstände
behilflich zu sein.

Der großräumige politische Hintergrund des 14. Jahrhunderts, an
dessen Umsetzung zu einem gewissen Teil auch führende jüdische
Familien beteiligt waren, bestand im Zusammenschluss des südöstlichen Baiern (dem späteren Österreich) in Auseinandersetzung
mit den baierischen Herzögen aus dem Hause Wittelsbach und der
neu in Böhmen auftretenden Macht der Luxemburger. Damit setzten die frühen Habsburger konsequent die Politik der letzten
Babenberger fort. Letztlich beruhte der Erfolg des Unternehmens
auf den dichten sozialen und wirtschaftlichen Beziehungen des
Adels in Österreich, der Steiermark, in Kärnten und Tirol, die sich
in einem Netz verwandtschaftlicher Verbindungen niederschlugen.
An der Umsetzung der adelig-dynastischen Maßnahmen wirkten,
wie wir noch sehen werden, die Juden finanziell mit.

Mit der Abtrennung Kärntens von Baiern 976 begann ein Prozess
der Schwächung des zentralbaierischen Raums durch die Verlage-
rung des politischen Schwerpunkts in den Südosten, der konkret
durch die Übernahme wichtiger Funktionen baierisch-fränkischer
Familien in diesem Raum fassbar ist. Die Rolle der Babenberger in
der östlichen Mark ist nur das prominenteste Beispiel. Entscheidend war die Sicherung des Weges nach Italien, eine im Frühmittelalter bereits Baiern zufallende Aufgabe, die nun an Familien
überging, die in einer zunehmenden Entfernung vom baierischen
Herzogtum agierten. 1156 und 1180 betraf dieser Ablösungs-
prozess den österreichischen Donauraum und die Steiermark und
in einem langgestreckten Prozess vom 11. bis zum 13. Jahrhundert Tirol.

Der neuerliche Zusammenschluss dieser Territorien gelang vorübergehend Ottokar II. in den 1260er und 1270er Jahren, wodurch eine politische Zielvorstellung gegeben war, für deren langfristige Verwirklichung strukturell günstige Voraussetzungen gegeben waren. Das Ergebnis habsburgischer Politik um 1370 war der Zusammenschluss des südöstlichen Baiern, jener Region, aus der schon im 9. Jahrhundert die Mächtigen Baierns gekommen waren. Die Geschichte der Herrschaft über die Juden in Kärnten zeigt diese Zusammenhänge sehr deutlich. Als Albrecht II. und sein Bruder Otto der Fröhliche 1335 die Landesherrschaft in Kärnten übernahmen, war das nur mehr das Einsetzen des letzten Steins in ein bereits bestehendes Gebäude. Die Zustände werden an dem sogenannten „Bamberger Judenprivileg" sichtbar. Der Bischof von Bamberg war einer der entscheidenden Herrschaftsträger in Kärnten, und daher verdient sein Verhältnis zu den Habsburgern besonderes Interesse.

1303 wurde Wulfing von Stubenberg, ein steirischer Landherr mit Besitz in Kärnten, zum Bischof von Bamberg gewählt. Er regierte bis 1319, und in die Zeit seines Wirkens fällt das erste Eingreifen der Habsburger in Kärnten, als sie mit Herzog Heinrich im Streit um die böhmische Königswürde lagen. Als Friedrich am 5. April 1308 St. Veit das Stadtrecht bestätigte, betrafen einige Bestimmungen auch die Juden. Offenbar hatten die St. Veiter Bürger Einschränkungen für die Juden verlangt, die ihnen auch gewährt wurden. Aus dieser Vorgangsweise erkennt man, wie Friedrich der Schöne Parteigänger in Kärnten gewann.

Wichtiger als das Stadtrecht ist ein Judenprivileg, das Bischof Wulfing 1307 oder 1308 ausstellte. Dieses Privileg galt vielleicht nur für Wolfsberg, es könnte aber auch der Grundtypus einer Judenordnung für alle bambergischen Herrschaften in Kärnten gewesen sein.

Die einzelnen Bestimmungen sind mit jenen, die der letzte Babenberger 1244 aufzeichnen ließ, nahezu identisch. Kärnten rückte damit aus rechtlicher Sicht an die habsburgischen Länder heran. Der Aussteller erwähnte zwar nicht, dass diese Rechte der

Juden auf Friedrich den Streitbaren zurückgingen, sondern nannte kaiserliche Rechte und Gesetze als Quelle. Abgesehen davon, dass es immer günstig war, Bestimmungen, die Juden betrafen, aus kaiserlichen Satzungen abzuleiten, hatte Wulfing offensichtlich die Fassung der Friedrichsurkunde von 1277 vor Augen, die Rudolf I. ausgestellt hatte. Wulfing verstand dieses Privileg, das bereits weit verbreitet war, als ein königlich-kaiserliches, obwohl es 1244 nur regional wirksam war. Seine Anwendung auf Ungarn 1251 und die böhmischen Länder 1262 gab den Bestimmungen überregionalen Einfluss. Es wurde im Osten des Reiches samt Ungarn zum „Judenprivileg" schlechthin.

Im Lichte der Erfordernisse alltäglicher Politik ist die Übernahme des Judenprivilegs von 1244/1277 in den bambergisch-kärntnerischen Herrschaftsbereich leicht zu verstehen: Wulfing selbst konnte seine finanziellen Wünsche nicht bei Juden zufrieden stellen, die in Villach oder Wolfsberg lebten; er musste auf Grazer und Judenburger jüdische Konsortien zurückgreifen. Die rechtliche Angleichung an das in Österreich und wohl auch in der Steiermark gültige Privileg vereinfachte den Geschäftsverkehr, indem die Juden nach ihrer Gewohnheit auch in Kärnten arbeiten konnten, und in Einzelfällen begünstigte dies eine Übersiedlung in eine bambergische Stadt in Kärnten. Diese Durchlässigkeit zwischen der Steiermark und Kärnten zeigt auch später interessante Konstellationen.

Von den vierziger bis zu den sechziger Jahren wirkte ein Jude namens Häslein im salzburgischen Friesach und im steirischen Murau bzw. vorübergehend auch in anderen steirischen Städten. Die Verbindung zwischen Murau und Friesach stellte Otto von Liechtenstein her, der in Murau seinen Besitzschwerpunkt hatte und in Friesach der Hauptmann der Besitzungen des Erzbischofs von Salzburg war. Jenseits aller territorialpolitischen Betrachtungsweise stand Häslein unter der Herrschaft Ottos von Liechtenstein. Doch 1357 brachte sich Herzog Albrecht II. ins Spiel, indem er dem bedeutenden Geldleiher, dessen Nutzen er bereits kennengelernt hatte, ein Aufenthaltsprivileg für alle landesfürstlichen Städte der

Steiermark gewährte. Häsleins ursprüngliche Kontakte zu dem liechtensteinschen Verband wurden dadurch erschwert und, soweit es den Wirkungsbereich außerhalb der Steiermark betraf, unmöglich gemacht. Als er 1360 nämlich wieder nach Friesach unter die Herrschaft des Erzbischofs von Salzburg zurückkehrte, traf ihn zwei Jahre später die Strafe Rudolfs IV., der Häsleins Güter und Außenstände für sich einzog. Der territorienüberschreitende Wirkungsbereich einzelner adeliger Familien schuf für einige Juden vorübergehend die Möglichkeit einer Geschäftstätigkeit, die über die territorialen Grenzen hinausging. Dies konnte Vorteile bringen, wenn hinter der politischen Tätigkeit einer adeligen Familie die Förderung des Landesfürsten stand, wirkte sich aber negativ aus, wenn eine Adelsfamilie Unabhängigkeit durch eine Schaukelpolitik zwischen den Territorien erstrebte. In den letzten Jahren der Regierungszeit Albrechts II. und der Zeit Rudolfs IV. wurden solche Versuche mit einer restriktiven Territorialpolitik beantwortet, die oftmals auch den Juden Schwierigkeiten bereitete.

Das erfolgreiche Machtinstrument zur Durchsetzung des landesfürstlichen Willens entstand, soweit man heute sieht, aus zunächst rein kredittechnisch zu verstehenden Bestätigungen in der Zeit Friedrichs des Schönen. Ausgangspunkt war eine schriftliche Ungültigkeitserklärung, die sich gewöhnlich auf verlorene oder nicht auffindbare Schuldurkunden bezog.

1314 starb der in dieser Zeit führende Wiener Geldgeber Lebman. Zu seinen Schuldnern gehörte Rudolf von Sachsengang, der nach Lebmans Tod mit seiner Witwe und den Söhnen bzw. Schwiegersöhnen als Vertreter der schon verheirateten Töchter Verhandlungen über die noch vorhandenen Schulden aufnahm. Von den Schuldbriefen fand man einen und bezüglich neu auftauchender vereinbarte man, dass sie ein Jahr gültig sein sollten, danach aber „tot und nichtig".

Nach dieser Formulierung nennt man auch heute in der wissenschaftlichen Sprache solche Ungültigkeitserklärungen „Tötbriefe". Ähnlich verfuhr man auch im Falle des Verrufens von Brief und Siegel. Starb ein Adeliger, verkündete man in den großen Synagogen des Landes, bis wann die Juden Forderungen an die Erben des Verstorbenen richten konnten; spätere Forderungen waren „tot", also ungültig. Kein Gericht durfte einen solchen Fall nach dem festgesetzten Verfallstermin aufrollen.

Soweit das Prinzip, das aber ungeahnte politische Möglichkeiten in sich schloss. Denn es entwickelte sich ein weiterer Schritt: Seit dem Beginn des 14. Jahrhunderts ließen sich vereinzelt Adelige oder auch Äbte nach erfolgter Rückzahlung eines Darlehens zusätzlich zu der hie und da ausgestellten Rückzahlungsbestätigung des jüdischen Gläubigers auch vom Herzog eine Bestätigung ausstellen, dass ein später in der Sache auftauchender Schuldbrief ungültig sei. Damit garantierte der Landesfürst eine erhöhte Rechtssicherheit, zugleich bekam er aber die Möglichkeit in die Hand, in bestehende Schuldverhältnisse einzugreifen. Friedrich der Schöne ging auf diesem Weg ein wichtiges Stück voran.

Der Wiener Bürger und bedeutende Finanzier Nikolaus von Hoya war 1309 als Beteiligter am Wiener Aufstand gegen Friedrich den Schönen in Ungnade gefallen. Der Herzog konfiszierte seine Güter, und es stellte sich für Nikolaus die Frage, wie er ein Darlehen, das er bei Juden aus St. Pölten aufgenommen hatte, zurückzahlen sollte. Immerhin hatte er den Abt des Schottenklosters als Bürgen. Dieser wandte sich erregt über den drohenden finanziellen Verlust an Friedrich, der 1310 den Schottenabt von seiner Verpflichtung gegenüber Nikolaus von Hoya befreite.

Ob die jüdischen Gläubiger ihr Geld aus den konfiszierten Gütern bekamen oder leer ausgingen, weiß man nicht. Jedenfalls wurden durch solche Eingriffe die Kreditgeschäfte riskant. Dies ist der erste bekannte Fall, dass der Landesfürst in einen Schuldvertrag eingriff. Erklärungen gab Friedrich dafür nicht ab. Er ordnete diese Befreiung des Schottenabtes einfach an. Es fehlt jede theoretische Rechtfertigung dieser Vorgangsweise, die letztlich nur durch eine bestimmte Interpretation des Verhältnisses zwischen dem Landesfürsten und den Juden erklärt werden konnte. Solche grundlegenden Erklärungen sind erst eine Generation später nachzuweisen. Kaiser Ludwig IV. erklärte am 5. Februar 1343 die Schulden des Burggrafen

Johann von Nürnberg für erloschen und begründete dies damit, dass die Juden ihm und dem Reich mit Leib und Gut gehörten und dass er daher mit ihnen und ihren Krediten nach seinem Gutdünken verfahren könne. Zu gleicher Zeit lässt sich die Verfahrensweise auch in den habsburgischen Ländern nachweisen. Wenn auch die Ausbildung dieser Methode ein scharfes Licht auf die Verschlechterung der Rechtsverhältnisse der Juden wirft, so ist die politische Seite ebenso interessant. Der Landesfürst hatte mit dem Eingriff in ein bestehendes Schuldverhältnis die Möglichkeit, einen oppositionellen Adeligen unter Druck zu setzen oder ihn im Extremfall wirtschaftlich zu vernichten; dem gehorsamen Gefolgsmann hingegen konnte er durch die Ausstellung eines Tötbriefs eine Gnade erweisen. Allerdings war dieses Instrument sensibel zu gebrauchen. Den frühen Tötbriefen gingen wahrscheinlich gründliche Verhandlungen voraus, weil der Herzog natürlich auch den Schaden abwägen musste, der dem jüdischen Gläubiger entstand, den er wegen künftiger Geschäfte nicht in Unsicherheit stürzen konnte. Als Kompromiss begegnet man hie und da Reduzierungen der Schuldsumme. Die Tötbriefe wurden für die Juden erst zu einer bedrohlichen Waffe, als sich die herrschaftlich-territorialen Strukturen verfestigten und die Übersiedlung in ein Nachbarterritorium verboten war und als unziemliche Flucht betrachtet wurde. Diese Entwicklung wurde erst in der Regierungszeit Rudolfs IV. erreicht, als er mit dem mährischen Nachbarn ein Abkommen schloss, in dem wechselseitig vereinbart wurde, Juden aus dem Territorium des Nachbarn nicht aufzunehmen. Damit wurde es den Juden sehr schwer, den Folgen unangenehmer Maßnahmen, wie eben der Ausstellung von Tötbriefen, auszuweichen.

Die Basis dieser Entwicklung war eine bedeutsame Ausweitung des Kreditwesens der Juden, die während des Thronstreites zwischen Friedrich dem Schönen und Ludwig dem Bayern deutlich wurde. Die markante Vermehrung der Darlehen und die Anreicherung der Methoden der Kredittechnik sind nicht nur auf Seiten des Habsburgers festzustellen, sondern vielleicht in noch höherem Maße an den Eingriffen des Wittelsbachers. Ludwig strich einzelnen Städten ihre

Verpflichtung, für ein Darlehen den Juden auch die Zinsen zu zahlen, wenn die Gläubiger in den Verdacht gerieten, auch Kredite an den habsburgischen Gegner zu geben. Das vorübergehende Ausscheiden der Habsburger aus den Kämpfen um die Königswürde nach der Ermordung Albrechts I. im Jahr 1308 hatte ihren Finanzen einige Jahre recht gut getan. 1314 stieg Friedrich der Schöne wieder in die Arena und wurde von einem Teil der Fürsten gewählt. Eine Schlacht musste entscheiden, die erst acht Jahre später stattfand. In diesem Zeitraum stiegen die Kredite bei Juden sprunghaft an. Friedrich brauchte selbst Mittel, um ritterliche Gefolgsleute auf eigene Kosten auszurüsten, musste aber auch dafür sorgen, dass die österreichischen Landherren über genügend Geld verfügten, um sich und ihr Gefolge kampftüchtig zu machen. Teils konnten die Adeligen aus eigenen Mitteln bezahlen, teils mussten sie Kredite aufnehmen, die durch Zusagen und Verpfändungen regelmäßiger Einkünfte des Landesfürsten (Zölle, Mauten und andere Abgaben) effektuiert wurden.

Die Familien der Landherren, der politischen Führungsschicht des Landes, konnten ihren Aufgaben nur bei geordneten finanziellen Verhältnissen nachkommen. Einige Familien, wie die verschiedenen Zweige der Walseer, die Pilichsdorfer oder die Ebersdorfer, kooperierten schon seit geraumer Zeit mit führenden jüdischen Geldgebern, wie der Familie des Lebman aus Wien, dessen Witwe wir schon kennen gelernt haben. Sie konnten ihre Investitionen aus eigener Kraft mit Hilfe der jüdischen Geldgeber regeln. Andere Familien bedurften landesfürstlicher Unterstützung und Vermittlung.

Im Jahr 1319 gelang es, knapp vor einem wichtigen Vorstoß gegen Ludwig den Bayern die Waldviertler Familie der Falkenberger in einer gemeinsamen Aktion des Landesfürsten, des nördlich der Donau begüterten Adels und des Wiener Juden Gutman, dem ältesten Sohn des Lebman, finanziell zu retten und damit ihre Funktionstüchtigkeit zu erhalten.

Diese direkt mit dem Krieg in Zusammenhang stehenden Ereignisse sind aber nur der dramatische Höhepunkt einer tiefen strukturell-wirtschaftlichen Verbindung zwischen dem Adel und den Juden. Adeliger Landbesitz musste in bestimmten Lebenssituationen rasch in Bargeld umgesetzt werden. Solche Gelegenheiten waren Eheschließungen, die politische Chance auf Landgewinn oder den Erwerb einer Abgabe, für die Pacht zu bezahlen war, oder die Beteiligung an einem Siedlungsunternehmen. Kurz, es ging häufig um die Liquidität für Investitionen. Eheschließungen waren oft aufkommensneutral, dann nämlich, wenn die Mitgift der Frau die finanziellen Möglichkeiten des Bräutigams nicht hoffnungslos überstieg, der ja gegen die Mitgift seine Morgengabe setzen musste, ein Wertäquivalent zur Mitgift. Weitete jemand durch eine Heirat seine wirtschaftlichen Kapazitäten aus, konnte es leicht vorkommen, dass es bei der Stellung der Morgengabe Probleme gab: Ein Kredit musste her. Ein oft riskantes Vorgehen, das meist nur dann zu einem guten Ende gebracht werden konnte, wenn die heiratswillige Dame eine Erbtochter ohne Brüder war oder im Laufe der Zeit ihre Brüder verlor. Ebenso ging man bei Erbstreitigkeiten vor, die nur mit einer Abfindung des Mitbewerbers geregelt werden konnten. Darlehen bis zu mehreren tausend Pfund kamen so in Bewegung. Die Verschuldung führte aber manchmal auch an den wirtschaftlichen Abgrund, wenn Schwäger Jagden, Schlachten und Turniere überlebten. Auch ein Vertreter eines mächtigen Zweiges der Familie der Braut konnte plötzlich Ansprüche geltend machen. So das Schicksal des Friedrich von Walsee-Drosendorf, der in den sechziger Jahren des 14. Jahrhunderts mit tausenden Pfund Schulden dastand und nur durch landesfürstliche Vermittlung das finanzielle Chaos in einen geordneten wirtschaftlichen Abstieg verwandeln konnte.

Diese enge Verbindung zwischen dem Adel und den Juden führte über das bloß Wirtschaftliche hinaus zu einer kulturellen Angleichung. Natürlich stiegen Juden nicht in den Adel auf, ihre Lebensformen näherten sich aber für kurze Zeit jenen des Adels an. Das galt nicht für alle Juden, aber es ist für die führenden Familien anzunehmen. Zu dieser Gruppe gehörten auch die führenden Familien aus den Städten, die oft persönlich die Rittermäßigkeit erreichten, wenn sie eine Burghut oder die wirtschaftliche Nutzung einer Zollstelle übernahmen. Trotz aller Spannungen, die zwischen dem Adel, den Bürgern und den Juden im Allgemeinen bestanden, verband sie ein ähnlicher Lebensstil, der sich in einer vergleichbaren Wohnkultur, aber auch in einem gleichartigen Interesse an Literatur niederschlug. Die Verarbeitung des Neidhart-Stoffes, also dem höfischen Fest der Auffindung des ersten Veilchens mit seiner derben Polemik gegen die Bauern, war auch unter Juden bekannt. Ein Jude aus Zürich ließ die Wände eines Raumes in seinem Haus mit Szenen aus dem Schwank des Neidhart Fuchs bemalen. Im Spott über die tölpelhaften Bauern war man sich offenbar einig.

Manche Bemerkungen weisen darauf hin, dass Juden Turniere nicht nur als Geschäftsleute besuchten. Gewöhnlich war es bei solchen Veranstaltungen ihre Aufgabe, die Verlierer mit Geld zu versorgen, damit sie sich aus der Gefangenschaft befreien konnten. Es handelte sich dabei um Geldflüsse, die durchaus denen des Ernstfalls entsprachen, nämlich dann, wenn ein Adeliger bei einer Schlacht in Gefangenschaft geriet. Aus nicht ganz klaren Anspielungen ist der vorsichtige Schluss erlaubt, dass Juden vereinzelt als Kämpfer an Turnieren teilnahmen. Die Glaubwürdigkeit solcher Bemerkungen erhöht sich, wenn man bedenkt, dass am Hof Friedrichs III. ein jüdischer Fechtmeister wirkte.

Direkte Beziehungen einzelner Juden zum Hof sind wahrscheinlich. Wie sie konkret abliefen, lässt sich nur vermuten. Eine gemeinsame Sitzung Rudolfs IV. mit sogenannten Judenmeistern, also rabbinisch gebildeten Leuten, die in den Gemeinden führende Positionen bekleideten, die den Herzog nach jüdischem Recht berieten, ist nachweisbar. Dass Rudolf und seine Brüder persönlichen Kontakt mit dem führenden Wiener Juden der zweiten Hälfte des 14. Jahrhunderts David Steuss hatten, ist mehr als nur wahrscheinlich. Immerhin hatte dieser als einziger Jude eine besondere Regelung seiner Steuerleistung, und seinen Söhnen wurde 1388 der ausschließliche Gerichtsstand vor dem herzoglichen Gericht verbrieft. Er sorgte finanziell für die Ausrichtung von Gesandtschaften und unterstützte vermutlich die Finanzierung des Wintermarsches

Rudolfs IV. im Januar 1363 nach Tirol. Nicht ganz freiwillig waren Juden wahrscheinlich an jenen Zahlungen beteiligt, die Albrecht III. und Leopold III. an die baierischen Herzöge leisten mussten, um diese zum Verzicht auf Tirol zu bewegen. Im Schärdinger Vertrag von 1369 verpflichteten sich die habsburgischen Brüder zu einer Zahlung von 116.000 Gulden. Nur ein Jahr später kam es zu einem geradezu räuberischen Übergriff gegen die Juden, zu dem es aber eine Reihe von Vergleichsbeispielen aus anderen Zeiten in verschiedenen Gebieten Europas gibt. Sie wurden gefangen genommen, worunter wir wahrscheinlich einen Hausarrest zu verstehen haben, und konnten sich aus dieser Lage nur durch die Zahlung eines hohen Betrages wieder befreien. Die Herzöge konnten ihnen nicht einfach einen Lösegeldbetrag diktieren, sondern kamen nur nach langen Verhandlungen und beträchtlichen Kompromissen ans Ziel. Über diese Verhandlungen informiert eine Rechnung des Landmarschalls Ulrich von Dachsberg, aus der auch hervorgeht, dass die Juden Ratenzahlungen durchsetzen konnten. Einige Kreditgeschäfte geben nicht ganz klare Hinweise, dass auch die Besetzung der Tiroler Bischofssitze mit verlässlichen Leuten der Habsburger mit Hilfe von Darlehen gelang, die von Juden gewährt wurden.

Von politischer Bedeutung wurde die Verwendung der Tötbriefe für die Entwicklung des Verhältnisses zwischen dem Adel und den Juden. Aus der Finanzierung der Leistungen, die sich aus dem Schärdinger Vertrag ergaben, lässt sich ersehen, dass die Finanzprobleme der Brüder und Nachfolger Rudolfs IV. nicht gering waren. Rudolfs Politik hatte neue Fronten eröffnet, obwohl noch Zweifel an der Sicherung des bereits Erworbenen bestanden. Die Unternehmungen der südsteirischen Grafen von Cilli in Zusammenarbeit mit dem Grazer Zweig der Herren von Walsee hatten die Habsburger Gefolgsleute bis in die Umgebung von Triest vordringen lassen. 1360 wohnte der Jude Chatschim in Triest, der in enger Verbindung mit Hermann von Cilli stand. Chatschims Tochter Golda hatte später sogar eine Affäre mit dem Grafen. Die Kredite, die Chatschim in Triest vergab, brachten säumige Schuldner in ein unangenehmes Verhältnis zu Hermann und damit zum Herzog von Österreich und Steier. In Chatschims Haushalt in Triest lebten zwei Diener, von denen einer 1364 in die Dienste Meinhards VII. von Görz trat. Der Druck der Habsburger und ihrer Verbündeten und Gefolgsleute auf Triest wurde fühlbar und die Übernahme der Herrschaft über die Stadt vorbereitet. Als neuer Gegner der expansiven Politik tauchte jenseits der Nordbucht der Adria Venedig auf. Finanziell ein weit überlegener Gegner!

Eine bessere Nutzung der Stammherrschaften und damit der Einnahmen wurde notwendig, und dies führte zu einer rigorosen Politik gegenüber dem Adel, die, soweit sie von Albrecht III. initiiert wurde, recht gut bekannt ist. Teilweise setzte der Herzog jene Adeligen, deren Einnahmen er unter seine Verfügung bringen wollte, unter Ausnutzung ihrer Judenschulden unter Druck. Dass es sich dabei um oppositionell gesinnte Adelige handelte, bestätigen auch die zeitgenössischen Berichte, in denen diese Leute gerne als Raubritter abqualifiziert werden. Ein oppositioneller Burgherr wurde wirtschaftlich vernichtet, indem der Landesfürst seiner wachsenden Verschuldung freien Lauf ließ und dem jüdischen Gläubiger schließlich bei der Inbesitznahme der Burg samt den zu ihr gehörigen Wirtschaftseinheiten beistand. Der strategische Sinn dieser Vorgangsweise enthüllt sich, wenn verfügt wird, dass der jüdische Besitzer die Burg für den Landesfürsten offen halten musste. Meist kaufte ein Parteigänger des Herzogs kurz darauf die gesamte Herrschaft. Die Juden spielten bei diesen Aktionen die Rolle von Platzhaltern, ihr Geschäftsvermögen wurde als Teil des landesfürstlichen Schatzes betrachtet.

Der Rückgang der Tötbriefe ist auch auf die Tatsache zurückzuführen, dass die Juden bei der Verhandlung über die Bestätigung von Privilegien oder beim Erhalt eines individuellen Privilegs oft erfolgreich die Zusage erstrebten, dass der Herzog künftig keine Tötbriefe mehr ausstellen würde. Die finanziellen Überfälle auf die Juden, von denen 1383 auch David Steuss betroffen war, der sich nur durch eine Zahlung von 50.000 Pfund befreien konnte, hatten wahrscheinlich doch die Substanz des Geschäftsvermögens geschädigt. Daher musste man den Juden eine Erholungsphase einräumen. Trotzdem zeigt sich gegen Ende des Jahrhunderts eine deutliche Abnahme der Geschäfte mit dem Adel. Der wichtigste Grund dafür scheint gewesen zu sein, dass der Adel zunehmend vorsichtig agierte, um sich durch eine Verschuldung nicht leichtfertig dem Herzog auf Gedeih und Verderb auszuliefern. Damit ging aber die politische Bedeutung der Juden zurück und man wurde im politischen Establishment hellhörig für die Kritik von Theologen und kirchlichen Institutionen, die sich gegen ihre Wuchergeschäfte richtete. Wirtschaftlich verstärkt wurde diese Entwicklung, indem die Bürger in den Städten ihre Tätigkeit als Geldgeber unter Missachtung der theologischen Diskussion über den Wucher ausweiteten. Diese Konstellation wurde für die Juden gefährlich, und es bedurfte nur einer bedeutsamen Wandlung im religiösen Umfeld, um konkrete Voraussetzungen für eine Vertreibung zu schaffen. Diese Frage wird uns in einem eigenen Abschnitt beschäftigen.

Aus den bisherigen Ausführungen wird klar, dass das Verhältnis der habsburgischen Herzöge zu den Juden durch funktionale Elemente bestimmt wurde, hinter denen uns geläufige Fragen wie die nach der persönlichen Einstellung oder gar der Toleranz zurücktreten. Man geht gewiss nicht in die Irre, wenn man unterstellt, dass auch jene Herrscher, die als „Freunde der Juden" von den Zeitgenossen geschmäht wurden, den Juden mit Misstrauen gegenüberstanden. Auch für sie war das nichtchristliche Gegenüber mental schwierig zu begreifen. Gerade als Herrscher mussten die Herzöge aber auch ein Selbstverständnis haben, das für die Juden günstig war.

Judenschutz war eine fürstliche Aufgabe, die von den Habsburgern seit 1331 als Lehen vom Reich wahrgenommen wurde. Die Urkunde gehört zu einer Reihe von Vergünstigungen, die Ludwig der Bayer den Habsburgern nach dem Abschluss einer Koalition gewährte. Die Verleihung hinsichtlich der Juden bestätigte allerdings ein Recht, dass die österreichischen Landesfürsten jedenfalls schon seit den Tagen Friedrichs des Streitbaren innehatten. Der Judenschutz ist daher auf die Ausübung eines königlichen, letztlich

kaiserlichen Rechtes zurückzuführen. Unter Einbeziehung spät-
römischer Vorstellungen hatten dies Friedrich Barbarossa und sein
Enkel Friedrich II. deutlich ausgedrückt. Der Kaiser habe nicht für
die Christen, sondern auch für jene Untertanen zu sorgen, die nach
dem väterlichen Ritus lebten, also Juden waren. Die Grundlegung
des Judenschutzes erfolgte demnach in einer gewissen Distanz von
kirchlichen Einrichtungen. Nicht so klar, aber gedanklich doch verwandt, hatte Friedrich der Streitbare sein Judenprivileg eingeleitet:
Menschen jeden Standes sollten seiner Gnade und seines Wohlwol-
lens teilhaftig werden und daher erlasse er die folgenden Bestimmungen für die Juden. In dieser gewissen Unabhängigkeit von
kirchlichen Einflüssen mag auch der Grund gelegen sein, dass auch
die Habsburger gegenüber der Kirche in Fragen, die Juden betrafen,
selbstständig agierten und nur bei Fragen, die unmittelbar kirchliche Probleme berührten, den Dialog mit dem Bischof von Passau
und dem Papst führten. Manche Maßnahmen der Herzöge, die vordergründig einen toleranten, vielleicht sogar „judenfreundlichen"
Eindruck machen, lassen sich aus den Pflichten eines Herrschers
ableiten. Schwierig konnte diese Aufgabe dann werden, wenn diese
Pflicht mit der Verteidigung des Glaubens und den Anliegen der
Kirche kollidierte. Und solche Situationen blieben nicht aus.

Die Habsburger unterschieden sich bei der Behandlung der Juden
nur geringfügig von den beiden mit ihnen konkurrierenden Dynastien, den baierischen Wittelsbachern und den Luxemburgern in
den böhmischen Ländern. Prinzipielle Unterschiede lassen sich
überhaupt nicht erkennen. Bezüglich Böhmens ist diese Tatsache
nicht erstaunlich, da seit den Zeiten Ottokars II. die Juden seiner
Stammlande die Privilegien besaßen, die auch in Österreich galten.
Unterschiede zu Baiern ergaben sich nur aus der Tatsache, dass die
baierischen Herzöge mit anderen Mächten um die Herrschaft über
die Juden ringen mussten, wie vor allem die Geschichte der altehr-
würdigen Gemeinde in Regensburg zeigt. Gegner des Landesfürsten
waren der Bischof, die Bürgerschaft und der König. Die Juden in
Regensburg hatten den Status von Bürgern, woraus aber nicht zu
schließen ist, dass ihre Situation im Vergleich zu Österreich günsti-

ger gewesen wäre. Die Aufsehen erregenden Ereignisse wie Verfolgungen und Zwangsdarlehen liefen ähnlich wie in Österreich ab, der Judenschutz hatte aufgrund der schwierigen Herrschaftssituation eine etwas labilere Basis. Sehr ähnlich wie die Habsburger bediente sich Ludwig der Baier der Juden bzw. scheint er ihnen bei der Entwicklung mancher Methoden, wie zum Beispiel der Tötbriefe, voraus gewesen zu sein. Während des Thronstreites bestrafte er Juden, die Friedrich dem Schönen Geld geliehen hatten, indem er der bei ihnen verschuldeten Stadt Überlingen die Zahlung der Zinsen erließ.

Die funktionale Seite des Verhältnisses zwischen dem Herrscher und den Juden tritt sicher am stärksten bei Rudolf IV. hervor, dessen Politik den Eindruck erweckt, dass er die Juden geradezu in ein geplantes Wirtschafts- und Finanzkonzept einbaute. Dabei muss man sich aber bewusst sein, dass der Begriff des „Wirtschafts- und Finanzkonzepts" die Ziele Rudolfs sicher nicht adäquat beschreibt. Die Hebung des Ansehens seiner Herrschaften, die Benefizien für seine gehorsamen Untertanen und die Herstellung gerechter Zustände entsprachen Rudolfs Motivationshorizont. Die Methoden, die er anwandte, um diese Ziele zu erreichen, machen auf uns heute den Eindruck eines geordneten, politischen Vorgehens.

Rudolf baute die finanzielle Seite der territorialen Herrschaft aus, indem er die Geldflüsse veränderte, um dadurch ein reichlicheres Steueraufkommen sicherzustellen. Ein wichtiger Punkt war die Ablösbarkeit der Überzinse, die auf Häusern und anderen Grundstücken lagen. Überzinse waren Leistungen, die von Liegenschaften über die gewöhnlichen Grunddienste hinaus geleistet wurden. Sie waren mit dem Grundstück unlösbar verbunden und entstanden durch eine einmalige Zahlung der Person oder Institution (z. B. ein Kloster), die sich einen Überzins als jährliches Zusatzeinkommen kaufen wollten. Für uns schwer zu verstehen ist die Tatsache, dass man sich einfach Geld kaufen konnte. Der zur Zahlung des Überzinses Verpflichtete konnte nach dem einschlägigen Gesetz Rudolfs den Überzins zurückkaufen. Der Preis betrug das Achtfache der Rente. Durch die Rückkäufe und das Zurückgehen des Rentenkaufs entstand eine enorme Nachfrage nach Krediten, die in erster Linie von Juden gedeckt wurden, da das bürgerliche Kreditwesen noch nicht sehr weit entwickelt war und Kaiser Karl IV. dem österreichischen Herzog das Verlangen abgeschlagen hatte, in seinen Ländern Lombardenprivilegien vergeben zu können. Lombardenprivilegien enthielten die Erlaubnis, Geld gegen Zinsen verleihen zu können, die am Rhein und in Westeuropa an Italiener vergeben wurde. Die Funktion der Juden gewann durch diese Situation schlagartig an Bedeutung, und der Herzog neigte daher zur Beschränkung der Freizügigkeit und reagierte empfindlich auf unerlaubte Abwanderung. Der Einsatz der Tötbriefe als politisches Mittel nahm unter Rudolf auffällig zu.

Eine Politik der Habsburger gegenüber den Juden, die im Vergleich mit anderen Dynastien ein eigenes Profil hat, ist mit den uns zur Verfügung stehenden Quellen nicht nachzuweisen und auch nicht wahrscheinlich. Juden waren Spezialisten für gemünztes Edelmetall und hatten dafür zu sorgen, dass bei Bedarf Geld zur Verfügung stand, und als solche wurden sie auch von den Herzögen des 14. Jahrhunderts betrachtet, wenn auch der Judenschutz eine vornehme, fürstliche Verpflichtung war.

Verfolgung und Vertreibung

Einige Habsburger haben sich in der Geschichte der Juden als Verfolger einen üblen Ruf erworben. Besonders betroffen sind davon Albrecht V. (als König Albrecht II.) durch die Verfolgung und Vertreibung von 1420/21, Leopold I. durch die Vertreibung von 1669/70 und schließlich Maria Theresia durch ihr geplantes Vorgehen gegen die Prager Juden 1744 bis 1748. Albrecht wurde in einer jüdisch-deutschen Schrift, der sogenannten „Wiener Gesera", als Bösewicht und Frevler bezeichnet und Wien als Blutstadt. Diese Bezeichnung teilt der Herzog aber mit anderen Machtträgern, die an Judenverfolgungen beteiligt waren, und Wien mit anderen „Blutorten".

Die drei herausgegriffenen Verfolgungen unterscheiden sich aber wesentlich durch ihr politisches Umfeld. Zu Beginn des 15. Jahrhunderts gab es noch keine von rationalen Elementen durchdrungene Verwaltung, unter Leopold I. entwickelte sich dieser politische Bereich allmählich und wurde dominant von religiösem Misstrauen gegen die Juden überlagert. Erst zur Zeit Maria Theresias bezeichnet man die Vertreibung als „Abschaffung", versteht sie demnach als eine Verwaltungsmaßnahme zum Besten des Staates. Der gedankliche Unterschied ist wesentlich, auch wenn das Beste des Staates durchaus christlich definiert wurde.

Der Wandel lässt sich am besten beschreiben, wenn man wiederum bei der Toleranzpolitik beginnt. Die Ambivalenz der Politik Josefs II. gegenüber den Juden entsprang der Vorstellung, dass jede im Staat lebende Gruppe für diesen Staat in wirkungsvoller Weise eingesetzt werden sollte. Eine Würdigung partikularer Interessen gab es nur mehr selten, wofern sie nicht durch Machtpositionen erzwungen werden konnten. Toleranzpolitik war eine Art Zwangsintegration in das Räderwerk der Staatsmaschinerie, die eine eben solche Langzeitwirkung im Bewusstsein der Staatsangehörigen entfalten sollte wie die philosophisch fundierte Toleranz.

Die Toleranzpolitik bedeutet aber auch, dass sich Josef II. von Verfolgung und Vertreibung als Mittel zur Gestaltung politisch-demographischer Idealverhältnisse abwandte. Umsiedlung und Verbannung versuchte noch die junge Maria Theresia zur Durchsetzung solcher Verhältnisse anzuwenden. Unter dem Einfluss ihrer Ratgeber verzichtete sie schon seit dem Ende der vierziger Jahre des 18. Jahrhunderts auf diese Vorgangsweise. Trotzdem zielten ihre berühmten Verwaltungsreformen auf Vereinheitlichung, und dieses Ziel unterscheidet sich nicht von der Stoßrichtung der Maßnahmen ihres Sohnes. Ein Prinzip ist bei allen politischen und administrativen Verfügungen Maria Theresias zu erkennen: flächenmäßige und institutionelle Arrondierung und Kommassierung, um das bunte Nebeneinander verschiedener Einflüsse zu beseitigen, um alle Verwaltungszweige billiger, rationeller und wirkungsvoller zu gestalten. In der „großen Politik" kann der Abtausch Lothringens gegen die Toskana dafür als Paradebeispiel betrachtet werden, im lokalen Bereich die Schaffung geschlossener grundherrschaftlicher Komplexe, die ebenfalls durch Tausch zustande kam. Wer in diese ökonomische und geistige „Plantagenwirtschaft" nicht hineinpasste, hatte es schwer.

Der Plan, die Prager Juden zu vertreiben, ist im geistig-politischen Umfeld der Mitte des 18. Jahrhunderts zu betrachten, und erst nach Klärung dieser Einflüsse ist es möglich, einen sinnvollen Vergleich mit Judenvertreibungen anderer Zeiten durchzuführen. Der Schwierigkeiten solcher Gegenüberstellungen sind sich selbst die bedeutenden Arbeiten zur Geschichte des Antisemitismus nur wenig bewusst. Es macht einen großen Unterschied, ob ein Politiker eine Vertreibung anhand einer Landkarte plant oder keine Juden auf seinen Domänen dulden will. Im ersten Fall bedarf es eines abstrakten Bewusstseins, das sich auf ein Gebiet bezieht, im zweiten benötigt man ein möglichst präzises Wissen um die ökonomischen Vorgänge auf den Grundherrschaften, aus denen der vertreibungswillige Fürst Vorteile zieht.

Gerade im Fall von Judenvertreibungen ist ein weiterer Aspekt von noch größerer Bedeutung; nämlich die Frage nach der geistigen Verfasstheit des Repräsentanten einer Vertreibung, in dem sich die Vorstellungen der „Opinionleaders" über göttliches Wesen und eschatologische Sinngebung eines Herrschaftsverbandes spiegeln.

Ein Beispiel aus dem Mittelalter: Kaiser Heinrich III. († 1056) repräsentierte ein universales Kaisertum, das sich als Stellvertretung Jesu auf Erden begriff. Bezüglich der Juden bedeutete dies neben kaiserlichen Pflichten und Rechten, die in die Spätantike zurückreichten, die Verwaltung der Welt bis zur Herabkunft der „civitas Dei", zu welchem Zeitpunkt sich auch die Juden bekehren würden. Für die Juden bedeutete dies, dass sie nur unter außergewöhnlichen Umständen Repressalien ausgesetzt waren. Der Schutz des im Grunde noch römisch begriffenen Kaisers bezog sich nach altem Vorbild auch auf sie. Eine wesentliche Veränderung trat mit dem Ersten Kreuzzug ein. Die bewaffnete Pilgerfahrt gegen die Anhänger des Islam schärfte auch die Wahrnehmung gegenüber den Juden. Tausende von ihnen fielen den Verfolgungen am Rhein zum Opfer. Kreuzfahrer waren die Täter, hinter denen möglicherweise antikaiserliche „Modernisierer" standen, jene Grafen, die die Abwesenheit Heinrichs IV. nützten, um an seiner Stelle die von ihm privilegierten Juden zu treffen. Abgesehen von diesen politischen Implikationen wurzelte die Akzeptanz des Mordens wohl auf der neuen Auffassung, dass der christliche Ritter nicht bloß passiv auf die „civitas Dei" zu warten, sondern zu ihrer Verwirklichung aktiv beizutragen habe. Bis ins 15. Jahrhundert hatten die Judenverfolgun-

gen als Sühne für von Juden begangene Verbrechen den Charakter
einer Versöhnung mit Gott, denn die Bekämpfung von Menschen,
die Jesus und Maria schmähten und sich über die Wucherdiskussion hinwegsetzten, bedeutete eine Heilung der durch solche
Übeltaten verletzten Gesellschaft. Die Verfolgung verkörperte, wie
das ein Biograf Philipps II. Augustus von Frankreich am Ende des
12. Jahrhunderts formuliert hatte, eine Reinigung des Königreiches, individuell eine Rettung der Seelen, die durch die passive
Hinnahme „jüdischer Verbrechen" in Gefahr gerieten. So musste
auch der verantwortliche Herrscher gegen jede Verletzung der gött-
lichen Ordnung auftreten. Die zunehmende Schärfe in der Wucherdiskussion war einer der wichtigsten Gründe für den Paradigmen-
wechsel im Sinne einer aktiven Bekämpfung der Juden.
Herrscher der ersten Hälfte des 18. Jahrhunderts fühlten sich zwar
im Allgemeinen noch für das Seelenheil ihrer Untertanen verantwortlich, doch war trotz der Schärfe und des religiösen Eifers der
katholischen Gegenreformation in den habsburgischen Ländern
das Wissen um die Relativität fundamentaler Überzeugungen vorhanden. Spätestens seit dem Ende des 17. Jahrhunderts war auch
klar, dass der nun definierte fürstliche Staat nicht bloß aus Gött-
lichkeit, sondern auch aus Ökonomie und (Außen)politik bestand.
Neben das religiöse Element traten daher die beiden anderen. Auch
wenn Leopold I. 1669 darauf bestand, in der Diskussion über die
Vertreibung der Juden zunächst religiöse Argumente zu berücksichtigen und dann erst (außen)politische und ökonomische,
räumte er doch den anderen Elementen ihren Platz und ihr
Gewicht ein. 70 Jahre später waren die religiösen Argumente vordergründig ganz verschwunden, obwohl sie in veränderter Form,
wie der Wohlfahrt für die Untertanen, noch weiterlebten. Die
zunächst theoretische Vergöttlichung von Volk und Staat blieb in
Deutschland dem 19. Jahrhundert vorbehalten, dem 20. die
Verwirklichung.

Albrecht V., die Juden und die Hussiten

Betrachtet man den Ablauf der Ereignisse im Frühsommer 1420, den Beginn der Verfolgung in Österreich, fällt die Verletzung zweier Rechtsgrundsätze auf, für die wohl schwer wiegende Gründe vorhanden gewesen sein müssen. Erstens initiierte Albrecht die Gefangennahme aller Juden in Österreich und zweitens wurden sie in der Gefangenschaft zur Taufe gezwungen, denn alle, die sich nicht taufen ließen, wurden zum Tod auf dem Scheiterhaufen verurteilt. Die Festsetzung von Juden, um von ihnen Geld zu erpressen, mochte ja noch hingehen, die Bedrohung mit der Alternative Taufe oder Tod war aber eine flagrante Missachtung des zu den Pflichten eines Fürsten gehörenden Judenschutzes und des Verbotes der Zwangstaufe. Besonders erstaunlich ist die Tatsache, dass Albrecht nicht etwa einer Verfolgung, die von anderer Seite inszeniert wurde, ihren Lauf ließ, sondern diese selbst in Gang setzte. Ganz überraschend ist die Geschichte allerdings nicht. Schon in den siebziger Jahren des 14. Jahrhunderts sollen Albrecht III. und Leopold III. bei ihrem Vorgehen gegen die Juden eine Zwangstaufe beabsichtigt haben. Dies wird aber nur von einer wenig untersuchten Quelle, dem „Fragmentum historicum de quattuor Albertis Austriae ducibus", berichtet. Nur zwei Juden hätten sich damals taufen lassen, und die Herzöge seien von Doktoren der Theologie belehrt worden, dass man die Juden nicht töten, sondern für immer in harter Knechtschaft halten solle. Diese Geschichte wurde jedenfalls vor 1404 niedergeschrieben; der Gedanke an eine Zwangstaufe war also schon vor 1420 vorhanden. Diese Überlegungen beziehen sich nur auf das engste chronologische Umfeld, denn Zwangstaufen kamen natürlich schon viel früher vor. An sich ist der Bericht nicht sonderlich stichhaltig. Albrecht und Leopold waren auf finanziellen Gewinn aus, ein Ziel, das sie nur verkürzt erreicht hätten, wenn sie bei einer Zwangstaufe größeren Erfolg erreicht hätten. Über die Zwangstaufe als Bekehrungsmittel dachte man erst in den letzten Jahren der Regierungszeit Albrechts III. nach. Der wichtigste Gelehrte, der in dieser Richtung zu agieren begann, scheint Heinrich von Langenstein gewesen zu sein. Der bis zum Großen Schisma

1378 in Paris tätige Theologe kam 1384/85 nach Wien, um hier an
der neu gegründeten Theologischen Fakultät zu wirken bzw. sie zu
organisieren. Er wurde bald nach seiner Ankunft mit Wünschen
nach Gutachten konfrontiert, die wirtschaftsethische Kernfragen
im Finanzierungswesen betrafen. Im Zuge dieser Beschäftigung, die
ihn mit dem Wucherproblem konfrontierte und daher auch mit der
Existenz einer großen jüdischen Gemeinde, stellte sich ihm das
Problem der Bekehrung der Juden. Ihm werden Predigtentwürfe
zugeschrieben, von denen zwei in einem erstaunlich freundlichen
Ton gehalten sind, wogegen die beiden anderen die zu erwartende
kritische Haltung zu den Juden repräsentieren. In einer Predigt
findet sich dann der entscheidende Satz, der die Überzeugungs-
arbeit überflüssig erscheinen lässt: „Ohne zu glauben, wirst du nie
verstehen." Das war der theoretische Freibrief für die Zwangstaufe,
der offenbar erfolgreich in das Denken der Zeitgenossen eindrang.
Die Entwicklung zwischen dem Tod Heinrichs von Langenstein
1396 und den Ereignissen von 1420/21 ist noch zu wenig bekannt,
als dass man mehr als eine Verschärfung der theologischen Unduld-
samkeit gegen Kritiker und Juden konstatieren könnte. Kritiker gab
es in Hülle und Fülle; der berühmteste war Johannes Hus, dessen
Hinrichtung auf dem Konstanzer Konzil zur Formierung der
hussitischen Bewegung führte, die sich 1420 schließlich in einem
Aufstand in Böhmen manifestierte. Kaiser Sigmund, der nach dem
Tod seines Bruders Wenzel auch die böhmische Krone erringen
wollte, hatte in den Hussiten entschiedene Gegner seiner Absicht
und bekämpfte sie mit Methoden, die einem Kreuzzug ähnelten.
Einer seiner wichtigsten Verbündeten war Albrecht V. Die Juden-
verfolgung und die Kämpfe mit den Hussiten brachen im Abstand
von wenigen Monaten aus. Die deutsch-jüdische Schrift, die unter
dem Titel „Wiener Gesera" bekannt ist, verknüpft beide Ereignisse,
indem berichtet wird, dass der Herzog gegen die Juden vorging, weil
sie seinen Feinden, also den Hussiten, Waffen geliefert hätten.
Schon zwei Jahre vorher hatten Professoren an der Theologischen
Fakultät in Wien den Verdacht geäußert, dass zwischen Juden,
Waldensern und Hussiten Beziehungen bestünden.

Die Auseinandersetzung mit den Hussiten war das im Mittelpunkt der Politik Albrechts V. stehende Problem, so dass man der Nachricht der „Wiener Gesera" durchaus Glauben schenken kann, dass in den Verdächtigungen der Kollaboration zwischen Juden und Hussiten das auslösende Moment für die Verfolgung zu sehen sei. Daraus wird auch die Missachtung der Verpflichtung zum Judenschutz erklärbar. Die Zwangstaufe, über die der Melker Prior Petrus von Rosenheim berichtet, war sicher nur etwas Sekundäres, das allerdings im Laufe der weiteren Ereignisse stärker hervortrat. Die meisten anderen Chronisten schrieben die Aktion der Geldgier des Herzogs und jener Leute zu, die noch in der Asche des Scheiterhaufens nach Münzen stocherten. Doch ist der Wandel des theologischen Hintergrunds von einiger Bedeutung, denn die Nachhaltigkeit, mit der der Herzog und seine Leute die gefangenen Juden mit dem Zwang zur Taufe bedrängten, ist eine Seltenheit in der Geschichte der Verfolgungen. Das Martyrium der Juden dauerte Monate. Die „Gesera" schildert Fälle, in denen es bei der Folter um die Preisgabe von Verstecken vergrabener Schätze ging, aber auch Aktionen, die nur auf weitere Tauferfolge gerichtet waren. Die Vorgänge waren so spektakulär, dass selbst Papst Martin V. über Umwege, nämlich von jüdischen Gelehrten in Spanien, von den Ereignissen in Wien erfuhr und sich erkundigte, was denn eigentlich im Territorium Albrechts V. vor sich gehe. Im Verlauf des grausigen Geschehens kam es zu einem kollektiven Selbstmord einer Gruppe von Juden, die sich in der Synagoge aufhielt. Diese hebräisch „Kiddusch haschem" genannte Tat bedeutet Heiligung des Namens (Gottes). Die Märtyrer betrachteten die Taufe als ihren tatsächlichen Tod.

Albrecht V. hatte alle Grenzen überschritten und stand vor dem Problem, wie er die 200 bis 300 überlebenden Juden rechtmäßig einer Hinrichtung zuführen könnte. Wieder war es eine Hostienschändung, die als Grund herhalten musste, die angeblich einige Zeit vor der Verfolgung in Enns stattgefunden hatte. Die Frau eines Messners hatte gestanden, dass sie einigen Juden eine gestohlene Hostie verkauft hatte. Der Herzog ließ daraufhin öffentlich verkünden, dass die Juden auf der Gänseweide im Gebiet von Erdberg auf dem Scheiterhaufen verbrannt werden sollten.

Von der ursprünglichen Zwangstaufe waren alle Juden betroffen. Bevor aber Albrecht von seinem missglückten ersten Feldzug gegen die Hussiten im August 1420 zurückkehrte, wurden jene Juden, die man nicht zu den führenden Familien rechnete, vertrieben. Sie siedelten sich vor allem in Mähren und Ungarn an. In Wien blieben die Juden, die man für reich hielt, zurück. Diese waren es, die das Martyrium im Winter 1420/21 erlebten. Die Initiative blieb bis zum Schluss in den Händen Albrechts. Einflüsse der Berater, wie etwa des Priors von Gaming, sind wahrscheinlich. Verallgemeinernd lässt sich feststellen, dass die Universitätstheologen als treibende Kraft auszumachen sind, wobei aber zwei Überlegungen mit zu berücksichtigen sind. Erstens standen die Theologen in den Diensten der sogenannten Melker Reform, einer Reformbewegung, die sich deutlich von der hussitischen Bewegung abgrenzen musste, deren Reformstoß in weit höherem Maße auf das Prinzipielle zielte, und zweitens stützten sich der Herzog und die Theologen der Melker Reform wechselseitig. Die Stellung des Herzogs veränderte sich in diesem Umfeld grundsätzlich. Hatten seine Vorgänger jahrzehntelang ihre politischen Maßnahmen in einer gewissen Distanz zu den einflussreichen Geistlichen des Landes gesetzt, was auch zu geharnischter Kritik geführt hatte, griff nun der Herzog selbst in die Reform ein, führte sie, ließ sich aber selbst politisch von ihr leiten.

Der Umgang mit dem Vermögen und dem Besitz der Juden entsprach dem Verhalten während der Verfolgung. Die Unrechtmäßigkeit des Vorgehens tritt im Vergleich mit anderen Vertreibungen deutlich hervor. Als die Juden 1496 aus Innerösterreich vertrieben wurden, gab ihnen Maximilian I. Gelegenheit, ihre Häuser und Gärten zu verkaufen und ihre Geschäftsangelegenheiten zu regeln. Diese Vorgangsweise kann man als den Normalfall betrachten. Ganz anders 1421! Der Herzog versuchte, einfach nach Gutdünken über den Besitz der Juden zu verfügen. Grenzen setzten ihm nur seine Nachbarn, Kaiser Sigmund und Herzog Ernst der Eiserne, die sich aus nicht uneigennützigen Gründen für die Rechte der zu ihnen aus Österreich geflüchteten Juden einsetzten. Albrecht musste mit ihnen Verträge schließen. Das Ergebnis bedeutete, dass Teile des Umlaufkapitals der vertriebenen Juden nach Mähren, Ungarn und Innerösterreich gelangten. Daraus ist aber auch zu schließen, dass keineswegs nur die armen Juden vertrieben wurden. Ein bedeutender Mann wie Josef von Himberg betrieb nach 1421 seine Geschäfte in Wiener Neustadt und Ödenburg. Ob Albrecht V. aus der Vertreibung substantiellen, finanziellen Nutzen zog, ist umstritten; eine vorübergehende finanzielle Entlastung ist sehr wahrscheinlich.

Das entscheidende Motiv für die Verfolgung war aber der Versuch, sich aktiv durch das Mittel der Zwangstaufe für eine mit Gott versöhnte Gesellschaft einzusetzen und vielleicht sogar der Gedanke, einem möglichen Tauferfolg der Hussiten zuvorzukommen. Treibende Kraft der Vertreibung von 1496 waren nicht Friedrich III. und Maximilian I., sondern die Stände der innerösterreichischen Länder. Jahrzehntelang rangen sie mit Friedrich um diese Maßnahme. Doch dieser ließ sich ein kaiserliches Recht nicht entwinden, zumal er sich auch von Papst Nikolaus V. 1451 hatte bestätigen lassen, dass die Ansiedlung von Juden in allen ihren Ländern gestattet sei. In den Auseinandersetzungen mit den österreichischen und innerösterreichischen Ständen bezog er sich aber zunehmend auf seine kaiserlichen Rechte, vermutlich aufgrund seiner Erfahrungen im Reich, wo er in ähnlicher Weise durch zähe Verhandlungen oftmals Vertreibungen verhinderte. Davon jedoch mehr an anderer Stelle. Maximilian, der dann die Ausweisung der Juden durchführte, ließ sich dafür von den Ständen 38.000 Gulden zahlen, siedelte sie dann aber an der Ostgrenze seines Herrschaftsgebietes an der March und im unter niederösterreichischer Verwaltung stehenden Westungarn an (Marchegg, Zistersdorf und Eisenstadt waren wichtige Orte der Ansiedlung der Vertriebenen). Ganz anders als 1421 konnten die Juden ihre Geschäfte zu Ende bringen und ihren Besitz verkaufen; einige dieser Geschäfte zogen sich bis 1507 hin.

Politik und Ökonomie gewinnen an Bedeutung

Ansiedlung und Ausweisung waren ab nun in wachsendem Maße der Beliebigkeit des Herrschers anheimgestellt, wobei die Habsburger in ihren Ländern durchaus nicht einheitlich vorgingen. Die Bedeutung Prags für die Habsburger des 16. und 17. Jahrhunderts spiegelt sich auch in der um 1650 10.000 Menschen umfassenden jüdischen Gemeinde, die fast ein Viertel der gesamten Bevölkerung der Stadt ausmachte. Wien sank zu einem Nebenschauplatz herab, auch was die Politik gegenüber den Juden betraf. Von der Bedeutungslosigkeit der vorübergehenden Ansiedlungen kann man sich ein gutes Bild machen, wenn es ein administratives Problem bedeutete, die Juden „in ein Haus zusammenzuschaffen". Erst in das Jahr 1582 fallen zwei Hinweise, dass sich wieder mehr Juden in Wien aufhielten. In einer Polizeiordnung wurden die „hofbefreiten Juden" erwähnt, und es gab auch einen jüdischen Friedhof in der heutigen Seegasse in der Vorstadt Rossau. Es war jener Friedhof, der bis 1784 bestand.

Es waren wohl die Aufwendungen für den Dreißigjährigen Krieg, die Ferdinand II. veranlassten, neben der Förderung der böhmisch-mährischen Juden auch in Wien die Ansiedlung von Juden zu begünstigen. Sie erhielten 1624 ein eigenes Wohnviertel auf der Donauinsel, dem Unteren Werd, später Leopoldstadt, und 1625 weitere Rechte zur Bildung einer Gemeinde und umfassende wirtschaftliche Handlungsmöglichkeiten.

In diesem Zusammenhang interessiert uns das Ende dieses Gemeinwesens 1669/70 in der Regierungszeit Kaiser Leopolds I. († 1705). Die persönliche Frömmigkeit des Kaisers, die Ehe mit Margarethe Theresia und einige noch darzustellende Ereignisse der sechziger Jahre des 17. Jahrhunderts gehören sicher zu den Ursachen des Vertreibungsbeschlusses von 1669, doch war die Lage der Juden schon vor Leopolds Regierungsantritt recht prekär. Die Schwierigkeiten begannen unmittelbar mit dem Tod Ferdinands II. am 15. Februar 1637. Dass es unter seinem Sohn Ferdinand III. zu keiner Vertreibung kam, war lediglich der Rücksichtnahme des Kaisers auf seine finanzielle Lage zu verdanken. So gesehen konnte sich diese sogenannte zweite Wiener Gemeinde lediglich 13 Jahre sicher fühlen.

Bedrängt von den Wünschen der Wiener Bürger versuchte Ferdinand III. zunächst, die Juden in ihren bisherigen Rechten zu beschneiden. Besonders entscheidend erwies sich die städtische Gerichtsbarkeit über die Juden anstelle der bisher vom Obersthofmarschall ausgeübten. Der finanzielle Druck war aber in dieser noch immer vom Krieg überschatteten Zeit so groß, dass der Kaiser ordentliche und außerordentliche Zahlungen der Juden dringend benötigte und daher 1641 die ursprünglichen Privilegien der jüdischen Gemeinde wiederherstellte. Doch nur wenige Monate später genügte ein an sich lächerlicher Vorfall, um eine pogromartige Stimmung in Wien hervorzurufen, der auch einige Juden zum Opfer fielen.

Der getaufte Jude Franz Ferdinand Engelberger, ursprünglich Chaim aus dem böhmischen Engelberg, erwarb sich mit einer Bekehrungsschrift für Juden ein gewisses Ansehen bei Hof und in Wien. Seine Position nützend, beging er mit zwei Helfern einen Diebstahl in der kaiserlichen Schatzkammer. Die Täter wurden zum Tod verurteilt und sollten auf dem Fischmarkt erhängt werden. Auch Juden drängten sich in größerer Zahl zur Hinrichtung. Als Engelberger zu seinem letzten Gang vorbereitet wurde, warf er das ihm gereichte Kreuz zu Boden und bekannte, dass er als Jude sterben wollte. Zudem behauptete er noch, die Hostie, die ihm gereicht worden war, geschändet zu haben. Diese Vorgänge sollen vor aller Augen stattgefunden haben, und ein Jesuit rief der Menge zu, „es wäre kein Wunder, wenn man das vermaledeite Judenvolk zusammen ausrottete". Die christlichen Zuschauer stürzten sich hierauf auf die jüdischen, die zu fliehen versuchten; einigen gelang dies nicht, und sie blieben tot auf der Straße liegen.

Von den in den nächsten Jahren immer wieder versuchten Schikanen konnten sich die Juden nur durch hohe Geldzahlungen befreien, doch von einer Beruhigung des judenfeindlichen Klimas konnte keine Rede sein. So war auch die Situation, als Leopold I. die Regierung antrat. Die Dinge ließen sich aber recht beruhigend an. 1659

wurden den Wiener Juden all ihre Rechte bestätigt. Trotz stürmi-
scher Zusammenstöße mit der Stadt Wien rechneten sie mit der
Gnade des Kaisers, der 1661 auch der größten jüdischen Gemeinde
im Reich, nämlich der Frankfurter, ihre Rechte bestätigt hatte. Die
wiederum zunehmende Gefahr, die aus dem Osmanischen Reich
zu Beginn der sechziger Jahre drohte, vereitelte die Absichten der
Wiener Bürger. 1665 wurden die Juden in Wien, aber auch in
Niederösterreich durch die Auffindung einer Frauenleiche in der
Judenstadt neuerlich beunruhigt. Da der Fall nicht geklärt werden
konnte, wurden Pamphlete, Kupferstiche und andere bildliche Darstellungen, in denen man die Juden als die Mörder verunglimpfte,
verkauft. Am 22. September 1665 verbot Leopold I. die Herstellung
und den Vertrieb dieser Publikationen. Trotzdem war damit eine
Propagandawalze in Gang gekommen, die von den Juden nicht
entschlossen genug bekämpft wurde. Inzwischen wiegten sie sich
nämlich in messianischen Endzeiterwartungen. Kabbalistische
Berechnungen, die in Wien sogar beim Rabbinat in Mode standen,
hatten 1666 als das Jahr des Erscheinens des Messias prophezeit,
und prompt tauchte im Osmanischen Reich der berühmt-berüchtigte Pseudomessias Sabbatai Zwi auf, der auch eine Gesandtschaft
der Wiener Juden empfing. Sie kehrte mit Geschenken heim, die als
Bestätigung der Wahrheit empfunden wurden. Vorsicht und Wider-
standskraft der Gemeinde erlahmten vorübergehend.
Sehr konkret und kritisch wurde die Bedrohung, als Klagen gegen
den Generalsteuerpächter Hirschel Meyer bei Hof erhoben wurden.
Hirschel wurde vorgeworfen, dass er Freunde beim Einziehen der
Steuern begünstige und von anderen, die schon bezahlt hatten, die
Gelder noch einmal verlange. Zu diesem Behufe habe er auch
Abrechnungen gefälscht. Damit geriet die gesamte Gemeindeführung in Verdacht, Abgaben zu hinterziehen. Solche Vorwürfe
waren existenzgefährdend, denn die finanziellen Leistungen der
Juden waren ja das einzige Motiv, das sie vor einer Vertreibung
bewahrte. Die Untersuchungskommission (der Begriff Inquisitionskommission ist wortwörtlich zu verstehen) kam zu dem Schluss,
einige Mitglieder der Gemeindeführung des Landes zu verweisen.

Mandat zum Tragen des Judenzeichens von Ferdinand I. vom 1. August 1551 (rechts unten der „Gelbe Fleck").

Leopold I. (1640–1705), römisch-deutscher Kaiser 1658–1705.

Judenfeindliche Bemerkung Maria Theresias auf einem Hofkanzleivertrag
1777.

Älteste Erwähnung eines Judentores in Wien (ca. 1314).

Diesen gelang es aber wieder mit dem Hinweis auf die Zahlungen, die den Schaden ausgleichen sollten, weiter in Wien zu bleiben. Der Gedanke der Landesverweisung blieb bestehen, und aus der Inquisitionskommission wurde eine „Zur Ausschaffung der Juden deputierte Kommission". Dass der Kaiser persönlich geneigt war, die Juden zu vertreiben, wird häufig als Reaktion auf den Tod des Kronprinzen im Januar 1668 und den Brand des Leopoldinischen Traktes am 13. Februar erklärt. Da die Quellen darüber nichts berichten, können wir diese Motivation bestenfalls als plausibel betrachten, aber nicht beweisen. Anders steht es mit den Argumenten, die von der Inquisitionskommission gebraucht und vom Kaiser akzeptiert wurden.

Wahrscheinlich zu Beginn des Jahres 1669 brachte die Wiener Bürgerschaft beim Kaiser eine Bittschrift um Ausweisung der Juden ein, die ein gelungenes Stück Propaganda darstellt. Die Bürger schätzten sich glücklich, Untertanen eines so christlichen und katholischen Herrschers wie Leopold zu sein. Sie hielten sich aber für bestraft, weil neben ihnen die von Gott verfluchten Juden gelitten wurden. Und dann folgt eine faustdicke Lüge: In den letzten 60 Jahren hätte sich aus dem giftigen Samen von zwei Juden eine Gemeinschaft von mehr als 3000 gebildet. Die arme, christliche, katholische Bürgerschaft habe aber leider nicht viel mehr als 2000 Mann außerhalb und innerhalb der Stadt aufzuweisen. Eine groteske Verzerrung der Zahlenverhältnisse, die immerhin so eindrucksvoll war, dass diese Zahl noch kürzlich von einer Kollegin referiert wurde, obwohl längst bekannt ist, dass 1669 exakt 1346 Juden in Wien lebten. Diesen knapp anderthalb Tausend standen etwa 50.000 christliche Bürger gegenüber.

Bei diesem Wachstum müssten die armen Wiener Bürger zusehen, wo man doch im glorreichen Hispanien innerhalb von 24 Stunden alles jüdische Gift vertrieben habe. Der Wink mit dem Zaunpfahl gegenüber Leopolds spanischer Gemahlin konnte nicht deutlicher sein. Das war der wichtigste Vergleich – der Hinweis auf Innerösterreich, die Grafschaft Görz und Oberösterreich war nur mehr eine Zuwaage, um das missliche Geschick der Wiener und Niederösterreicher grau in grau hervortreten zu lassen. Ja sogar an die alten Chroniken, in denen von der Vertreibung Herzog Albrechts die Rede war, erinnerten sich die Wiener Stadtväter. Für den Fall der Austreibung verpflichteten sie sich, an die Hofkammer 10.000 Gulden abzuführen und aus der teuflischen Synagoge einen Gottestempel zu machen. Dieser Gottestempel, die Leopoldstädter Pfarrkirche, steht noch heute, und eine triumphale, lateinische Inschrift über dem Haupteingang erinnert an die glorreichen Umstände, unter denen die Gründung dieser Kirche erfolgte.

Die Inquisitionskommission verwendete manches aus der Eingabe der Wiener Bürger in einem ausführlichen Votum, das sich mit den Gründen für eine Ausweisung beschäftigte. Die religiösen Belange standen an erster Stelle. Es handelte sich nicht um eine wirkliche Auseinandersetzung mit dem christlich-jüdischen Verhältnis, sondern um Behauptungen und die Wiederholung jahrhundertelang gegen die Juden erhobener Beschuldigungen. Die Juden seien der größte Feind der Christen, und diese Feindschaft nehme umso mehr zu, je mehr sie dem Gehorsam und Zwang der Christen unterworfen seien. Ein schönes Beispiel, wie sich Vertreter des Zeitalters als Proponenten der Disziplinierung verstanden, ein Schlüsselbegriff der Historiker, um das Barockzeitalter zu charakterisieren! Dann folgen die üblichen Beschuldigungen wie Hostienschändung, Ritualmord, Zwangsbeschneidung und Brunnenvergiftung. Behauptet wurde auch, dass die Juden ein „Corpus Iuris" besäßen, in dem die Regeln für das Betrügen und Übervorteilen der Christen aufgezeichnet seien. Dieses Corpus konnte wohl nur ein Talmudkompendium sein. Diese Bemerkung zeigt, dass tatsächlich eine kontinuierliche Tradition hinsichtlich der Talmudkritik seit dem 13. Jahrhundert bestand, die sich zu abstrusen Vorwürfen steigerte. Zu Beginn des 18. Jahrhunderts sollte dann Eisenmenger die Schrift „Entdecktes Judentum" verfassen, auf die sich später der Prager Professor für alttestamentarische Wissenschaft, August Rohling, in seinem Heftchen „Der Talmudjude" stützte. In beiden Pamphleten sollte nachgewiesen werden, dass der Talmud den Juden befehle, den Christen zu schaden.

Von besonderer Bedeutung war es natürlich, den Kaiser zu überzeugen, dass die Steuerleistungen der Juden kein Argument für ihre weitere Ansiedlung waren. Die Kommission versuchte vorzurechnen, dass verschiedene Betrügereien der Juden mehr Schaden anrichteten als ihre Steuerzahlungen Vorteile brachten. Die sogenannten „politischen" Argumente erschöpften sich in einer ermüdenden Aufzählung der Verbrechen, die von Juden begangen wurden.

Alles in allem genommen reichten die Argumente aus, um den Kaiser dazu zu bewegen, die Vertreibung zu dekretieren. Allerdings verschwindet die Persönlichkeit des Kaisers in diesem Strudel konventioneller Unterstellungen, die den Juden unterschoben wurden. Als treibende Kraft ist er beim Ablauf der Verhandlungen nicht zu erkennen. Erst 1673, als die Hofkammer auf eine Diskussion über eine Wiederaufnahme der Juden drängte, bemerkte der Kaiser, dass die Frage zunächst nach theologischen Gesichtspunkten, dann politischen und zuletzt finanziellen zu prüfen sei. Die Erörterung wurde damals offenbar ohne Ergebnis abgebrochen, möglicherweise entschied Leopold mit einem Machtwort, dass die Diskussion zu beenden sei. Jedenfalls wurden keine Juden angesiedelt. Dies ist umso auffallender, als die Theologische Fakultät der Wiener Universität aufgrund einer ausführlichen historischen Darstellung die Ansiedlung eher befürwortete.

Es ist hier nicht der Ort, die Geschichte der Vertreibung von 1669/70 im Detail darzustellen, umso weniger als sich das Einwirken des Kaisers auf die Entschlüsse nur in sehr vager Weise erahnen lässt. Die viel zitierte, von abergläubischen Vorstellungen durchwirkte Frömmigkeit Leopolds bietet sich nur vordergründig als Erklärung an. Vielmehr scheint er durch Ratgeber zu dem gelinde gesagt problematischen Entschluss gedrängt worden zu sein. Erster Kandidat für die fatale Entscheidung war der damalige Bischof von Wiener Neustadt, Graf Kollonitsch. Dass auch Leopold an der Richtigkeit der Maßnahme von 1669 zweifelte, wird aus seiner ablehnenden Haltung deutlich, die Juden aus Mähren zu vertreiben. Dieses Schreiben wurde am 19. Juli 1670 verfasst, als die Behörden in Wien gerade dabei waren, die Folgen der Vertreibung zu verarbeiten. Leopold verfügte, eine Kommission einzusetzen, deren Aufgabe es vor allem war, eingerissene Übelstände zu beseitigen. Ferner gehört es zum Bild Leopolds I., dass er schon seit 1679 mit Samuel Oppenheimer in Kontakt stand, der sich wenig später in Wien niederließ und zusammen mit wenigen anderen Familien Privilegien des Kaisers empfing. Zwar unterschied sich diese Art der Ansiedlung grundsätzlich von der Etablierung einer Gemeinde, wie sie 1624 von Ferdinand II. gestattet worden war, doch scheint die Aufnahme von Oppenheimer und wenig später von Simson Wertheimer dahin zu deuten, dass der Kaiser 1669 eher ein Getriebener war.

Die religiösen Argumente, die in der Diskussion immer wieder auftauchen, wirken wie eine gebetsmühlenartig wiederholte Pflichtübung; die tatsächlichen Punkte, die schließlich den Ausschlag gaben, waren politischer und ökonomischer Natur. Ohne eine wirkliche Prüfung des Ist-Zustandes zu versuchen, waren weltfremde Zahlen in die Diskussion gelangt, und wilden Spekulationen wurde eine offene Bahn geschaffen. Unbeweisbare Behauptungen triumphierten über die historische Prüfung und den Rechenstift.

Maria Theresias Fehleinschätzung: Prag 1744–1748

Zumindest vorsichtig beurteilen Historiker Maria Theresias Haltung gegenüber den Juden. Neben den anekdotenhaften Geschichten über ihre generelle Abneigung gegenüber den Juden, aber ausgewählte Hochachtung für einzelne Juden, wie den Prager Oberrabbiner Ezechiel Landau oder Diego d'Aguilar, der mit einem namhaften Betrag den Pacassi-Umbau von Schloss Schönbrunn mitfinanzierte, stehen ihre Maßnahmen gegen die Prager und böhmischen Juden zwischen 1744 und 1748 im Mittelpunkt des Interesses. Als Friedrich der Große im September 1744 Prag besetzte, erhoben sich, wie so oft in solchen Fällen, Anschuldigungen, dass die Juden mit dem Feind kollaborierten und Spionage betrieben. Nach dem Abzug der Preußen wurde die Prager Judenstadt geplündert.

Am 22. Dezember 1744 verfügte Maria Theresia „aus triftigen Gründen", dass „künftighin kein Jud mehr in dem Erbkönigreich Böhmen geduldet werden sollte". Nur neun Tage danach reagierte die böhmische Statthalterei mit einem erstaunlichen Schreiben, in dem darauf hingewiesen wurde, dass den Juden das Aufenthaltsrecht für ewige Zeiten verbrieft war. Auch die böhmische Hofkanzlei setzte sich in unerwarteter Weise für die Juden ein. Maria Theresia blieb bei ihrem Beschluss und ließ sich nur zu einer Verlängerung der Auswanderungsfrist herbei. Diese Haltung bewahrte sie im Schatten einer diplomatischen Aktion, wie sie in Angelegenheiten, die Juden betrafen, in Europa noch nicht erlebt worden war. Der englische Gesandte, Sir Thomas Robinson, und der holländische, Dowe Burmania, intervenierten zugunsten der Juden. In diesem Sinne agierten auch Dänemark, Sachsen, Polen, der Papst, Braunschweig, Köln und der Hamburger Senat. Wir würden heute von einer „Internationalisierung" des Problems sprechen; für damals war es ein unerhörter Vorgang, der allerdings für das Selbstbewusstsein der Juden von großer Bedeutung werden sollte. Die Diskussion der Toleranzpolitik in führenden jüdischen Kreisen in Europa und an den Fürstenhöfen einige Jahrzehnte später ist ohne die Interventionen von 1744/45 nicht denkbar. Aus einer Fülle von Briefen, die von einflussreichen Juden quer durch Europa geschickt wurden, wissen wir über die persönliche Haltung der jungen Herrscherin etwas genauer Bescheid. Augenzeugen trauten sich gar nicht, vor Maria Theresia zu erscheinen, da sie sogar vornehme Leute, die gelegentlich für die Juden Partei ergriffen, mit unglaublichen Schimpfworten zurückwies. Selbst Diego d'Aguilar erreichte bei ihr nichts. Ende Januar 1745 wurde aus Wien von einem eigenartigen Vorfall berichtet: Auf Vorhaltungen erklärte Maria Theresia, dass die Juden zwar ehrlich seien, sie aber trotzdem nicht daran denke, auch nur einen von ihnen in ihren Ländern zu behalten.

Trotz weiterer befürwortender Schreiben der Behörden hielt sie prinzipiell an ihrem Entschluss bis 1748 fest, ehe sie die Ausweisung in eine zehn Jahre geltende Duldung umwandelte. Zu diesem

133

Zeitpunkt hatte aber schon Friedrich Wilhelm Graf Haugwitz Einfluss auf die Herrscherin gewonnen, die sich ab nun wie ihre Vorfahren dem Diktat einer rationalen Politik unterwarf. Zwar „explodierte" noch hie und da ihre judenfeindliche Einstellung, wie aus einer ihrer Randnotizen in einer Toleranzsache zu ersehen ist, doch ihre Judenordnungen zeigen trotz der ausgeprägten restriktiven Elemente, dass sie den systematisch ausholenden Wirtschaftsplänen ihrer Berater Gehör schenkte, in denen auch den Juden bestimmte Rollen wie Fabriksgründungen und Kompaniebildungen zugedacht waren. Das in diesem Sinne zynischste Dokument ist ein Handelsprivileg für zwei Juden für Ungarn, das sich nur auf Waren, die in den Erblanden hergestellt wurden, bezog. Die beiden Juden sollten also in Ungarn ausschließlich solche gewerbliche Produkte verkaufen, die in Böhmen, Mähren und Österreich produziert wurden.

Zweifellos lässt sich gerade für Maria Theresia beweisen bzw. glaubhaft machen, dass sie Juden gegenüber ein recht distanziertes Verhältnis hatte, doch die Geschichte der Prager Vertreibung zeigt eine völlig veränderte Welt. Eine Vertreibung hatte nun eine außenpolitische Dimension. Einige Jahrzehnte zuvor, als Leopolds Ratgeber eine Vertreibung näher ins Auge fassten, hatten sich noch die Nachbarn die Hände gerieben und Friedrich Wilhelm I. von Brandenburg auf Anraten seines Wiener Residenten ein Privileg für 50 potentielle Einwandererfamilien erlassen. Jetzt bekniete man die junge Herrscherin, von diesem Unternehmen abzulassen. Die Juden in Amsterdam, London und Kopenhagen machten Druck auf ihre Regierungen und konnten dies mit ökonomischen Mitteln betreiben. Auch Maria Theresia selbst hätte sich schwerlich einer energischen Bitte des von ihr geschätzten Diego d'Aguilar entziehen können. Die Haltung der Behörden, die natürlich von politischen und ökonomischen Momenten bestimmt war, tat ein Übriges. Die Seelenrettung der Untertanen trat sogar bei der als äußerst katholisch beurteilten Herrscherin gegenüber diesen Fragen zurück. Man musste sie von der Sinnhaftigkeit der Ansiedlung der Juden für den Staat und für die Wohlfahrt überzeugen, und das gelang offenbar. Wenn auch Verfolgung und Vertreibung physisch und psychisch für das Individuum immer das gleiche Leiden bedeuten, war auch der sich ständig wandelnde geistige Hintergrund, aus dem eine Verfolgung motiviert wurde, von großer Bedeutung, denn kannte man ihn möglichst genau, konnte man solchen Plänen manchmal erfolgreich entgegenwirken. Die Motivation der Verfolger unterschied sich beträchtlich. So ist es zwar richtig, dass die Juden als Feinde Christi oder der Gesellschaft bzw. als Freunde des Teufels und der Feinde der Gesellschaft permanent Verfolgung zu erleiden hatten, aber es ist falsch, dass sie einer immer gleichbleibenden Bosheit der Verfolger ausgesetzt waren.

Die Habsburger als Kaiser und die Juden

Universaler Schutz

Die drei Beispiele der Verfolgungen und Vertreibungen haben eines gemeinsam: Es handelt sich um regional begrenzte Maßnahmen, die, in einem generellen Kontext betrachtet, gar nicht leicht zu argumentieren waren. Überregionale Verfolgungen waren in Deutschland relativ selten, meist sprang der Funke von einer Region auf die benachbarte, und unter besonderen Voraussetzungen konnte ein größerer Teil des Reiches in Mitleidenschaft gezogen werden. Im Mittelalter wuchs sich die sogenannte „Rindfleischverfolgung", die ihren eigentümlichen Namen nach dem Initiator des von Franken ausgehenden Pogroms erhalten hat, zu einem Flächenbrand aus, der bis ins Elsässische reichte. Der Zeitpunkt, der Sommer 1298, ist aber bezeichnend: Der bereits gewählte Gegenkönig Albrecht I. schickte sich an, die militärische Entscheidung gegen Adolf von Nassau zu suchen, das Reich existierte im Augenblick ohne wirksame königliche Gewalt. Die Verfolgung brach zusammen, als Albrecht I. nach dem Sieg über Adolf durch Franken zog und die königliche Gewalt wieder zur Geltung brachte.

Ähnlich war die Situation 1348/49, als die Judenverfolgungen zur Zeit des Schwarzen Todes Deutschland in einen Scheiterhaufen verwandelten. Gegenüber den ins Gewicht fallenden Mächten Deutschlands war die Stellung Karls IV. 1348 noch nicht gefestigt, und im ersten Halbjahr 1349 hatte er es sogar mit einem Gegenkönig, nämlich mit Günther von Schwarzburg, zu tun. Natürlich trug die überkochende Gerüchteküche zu der angeheizten Stimmung gegen die Juden bei, denen man häufig die Vergiftung der Brunnen vorwarf, doch misstraute die politische Führungsschicht in den Städten diesen Gerüchten. Die Verfolgungen in den einzelnen Städten und Landschaften wurden durch Verknüpfung von sozialen Problemen und politischen Gelegenheiten ausgelöst. Das Fehlen einer wirksamen Zentralgewalt war einer der wichtigsten politischen Faktoren. Karl musste sich darauf beschränken, den Städten, in denen Pogrome stattfanden, Verzeihung zu gewähren oder in manchen Fällen im Vorhinein einen Freibrief für eventuelle Judenmorde auszustellen.

Immerhin ist aber zu konstatieren, dass in jenem Augenblick, da die Zentralgewalt wieder Handlungsspielraum hatte, die Verfolgungen erloschen und die Verfolger sich bemühten, ihr Verhältnis zum obersten Schutzherrn der Juden wieder in Ordnung zu bringen. Jedermann war klar, dass Pogrome einen Eingriff in königliche Rechte bedeuteten. Ein regionaler Fürst konnte sich, wie Albrecht V., an die Spitze einer Verfolgung stellen, der König aber nie. Damit unterschieden sich die Verhältnisse in Deutschland grundsätzlich von jenen in anderen Königreichen. Landesweite Verfolgungen und Vertreibungen gab es in England, Frankreich und Spanien. Die besondere Stellung des deutschen Königs hängt neben den speziellen politischen Verhältnissen vor allem mit der Kaiserwürde zusammen, auf die er ja immer eine Anwartschaft besaß. Die prinzipiellen Äußerungen der beiden staufischen Friedriche zu diesem Thema entwickelten eine nachhaltige Tradition.

Die römische Kaiserwürde als universaler Anspruch war selbstverständlich den Herrschern des Hochmittelalters bewusst, dieser Anspruch gewann aber besondere Bedeutung, als das Reich seit dem 13. Jahrhundert in kleinere Herrschaftseinheiten zerfiel (der oft verwendete Begriff der Territorialisierung beschreibt diesen Vorgang geradezu euphemistisch, eher könnte man von einer Parzellierung in kleine und kleinste Einheiten sprechen). Otto Habsburg hat in einem Interview im Jahr 1994 von der übernationalen Aufgabe seiner Vorfahren gesprochen und dabei seine Reflexionen vor allem auf Franz Joseph I. bezogen. Als Ausgangspunkt verstand er allerdings Karl V., dessen Rolle er nicht ganz zu Unrecht als weltumspannend, universal deutete. Es sei dahingestellt, ob man die politischen Kompromisse Franz Josephs mit dem Willen Karls V., eine Universalherrschaft auszuüben, tatsächlich auf eine Stufe stellen kann, hinsichtlich der Juden ergaben sich aber ähnliche Konsequenzen. Das übernationale Konzept, in dem den Juden sicher eine gar nicht so marginale Rolle zugewiesen war, hat einen gewissen universalistischen Charakter, wenn er auch nicht direkt mit den Weltvorstellungen Karls V. zu vergleichen ist.

Friedrich III.

Dieser allgemeine, auf die Machtfülle des römischen Kaisers reflektierende Herrschaftscharakter ist schon bei Friedrich III. im 15. Jahrhundert stark ausgeprägt. In einer Zeit, da Judenvertreibungen von regionalen Machthabern sehr häufig initiiert wurden und das misstrauische bis hasserfüllte gegen die Juden gerichtete Klima einen ersten Höhepunkt in der Geschichte erreichte, hielt er unerschütterlich an seinen Rechten gegenüber den Juden und damit an den Rechten der Juden fest. Mit dem 15. Jahrhundert verließ die Judenfeindschaft die Gelehrtenstuben und die Enge einzelner Städte, die Bildsprache der Zeit war voller antisemitischer Themen. Altarbilder zeigten das alte Thema von Ecclesia und Synagoge in mörderischer Umdeutung: die Synagoge auf einem Esel mit blutenden Gelenken, einen Geißenkopf unter dem Arm, den Kopf quer von einem Schwert durchbohrt, das aus einem der Kreuzarme hervorschnellt. Die Geschichte eines angeblich von Juden zu Tode gemarterten Knaben, die sich 1475 in Trient abgespielt hatte, wurde erstmals in Holzschnitten einem breiteren Publikum zugänglich gemacht. Ein schauerlicher, früher Sex-and-Crime-Comicstrip des 15. Jahrhunderts. Doch all das beirrte den Kaiser nicht, die Juden, wo er konnte, zu schützen. „Vulgo dicebatur rex Judeorum pocius quam Romanorum propter familiaritatem, quam ad iudeos habere videatur": Nicht römischer, sondern besser König der Juden sollte er heißen, verspotteten ihn die Zeitgenossen. Das kam nicht von ungefähr. Tatsächlich haben wir das Zeugnis eines Geschäftsträgers Maximilians I. bei seinem Vater aus dem Jahr 1493 (also aus dem Todesjahr des Kaisers), der berichtete, dass der alte Kaiser auf eine Frage, die Juden betraf, zunächst antwortete, dass er des heiligen Reiches Haupt sei und daher die Juden ihm unterstünden. Weiters erklärte er, dass seine Gnade niemals Missetätern zuteil würde, es seien Christen oder Juden. Und so würde er, um Böses zu verhindern, Christen und Juden in gleicher Weise bestrafen. Offenbar war die Frage in der üblichen Weise gestellt worden, dass man die Missetaten eher auf jüdischer Seite vermutete und vielleicht sogar schon ein Urteil gefällt hatte. Auf einen solchen Vorgang könnte sich Friedrichs prinzipielle Erklärung beziehen, dass er die Herrschaft über die Juden innehabe.

Seine Konsequenz, aber auch die in der politischen Praxis abgestuften Rechte zeigten sich gegenüber den Juden in Regensburg. Einer der 1475 in Trient wegen des angeblichen Ritualmordes gefolterten Juden sagte aus, dass auch Regensburger Juden ein solches Verbrechen begangen hätten. Als der Regensburger Stadtrat 1476 vom Bischof der Stadt darüber informiert wurde, ließ er 17 prominente Juden festnehmen, sperrte die übrigen in der Judenstadt ein und nahm die Habe der Juden in Gewahrsam. Unter Folter gestanden einige Juden Ritualmorde, einige widerriefen die Geständnisse, doch kam der Rat zu dem Schluss, dass die Juden in den letzten Jahren sechs christliche Kinder ermordet hätten. Offenbar war die Trientiner Geschichte propagandistisch so erfolgreich, dass man auch in Regensburg hoffte, aus der Angelegenheit Kapital schlagen zu können. Nun schritt aber Kaiser Friedrich mit drastischen Mitteln ein. Mehrmals verlangte er seit April 1476 die Freilassung der Juden. Als sich die Sache im Juli zuspitzte, lud er die Ratsbürger vor sein Gericht: „Nachdem ihr die Jüdischheit zu Regensburg, über die allein Uns die Obrigkeit zusteht, ohne Unsere Erlaubnis gefangen habt, etliche schwer gemartert und sogar umgebracht habt, haben Wir euch geboten, diese Juden und ihre Habe Uns zu übergeben ... solche gebote habt ihr aber mißachtet." Als die Stadt schließlich im August die Juden sogar verurteilte, entzog ihr Friedrich die Blutgerichtsbarkeit, wobei er wieder nachdrücklich auf seine Rechte als Kaiser hinwies. Der Kaiser hatte aber offenbar ein abgestuftes Interesse an den Gefangenen. Zwei der Juden, die bezeichnenderweise als Steuereinheber in der Regensburger Gemeinde wirkten, versuchte er besonders zu schützen und verwandte sich ausdrücklich für sie. Diese Aktivität teilte er mit einigen böhmischen Adeligen, die sich für etliche Regensburger Juden einsetzten, die mit ihnen in wirtschaftlicher, wenn sogar nicht in noch engerer Bindung standen. Doppelbindungen an eine Gemeinde und an auswärtige Herren waren durchaus möglich. Schon im 14. Jahrhundert gab es einen Wiener Juden, der „Jude und Bürger zu Regensburg" war. Trotzdem ist zu unterstreichen, dass der Kaiser auch im Allgemeinen sehr energisch gegen die Stadt durchgriff und seinen Erbmarschall Heinrich von Pappenheim beauftragte, mit der Stadt zu verhandeln bzw. die notwendigen Befehle zur Freilassung der Juden zu geben.

In den habsburgischen Erbländern und Herrschaften setzte er seine kaiserliche Machtfülle dazu ein, um der eigenen Dynastie die ertragreiche Nutzung der Juden umfassend zu ermöglichen.

Dies war gerade wegen der Vertreibung aus Österreich nicht so einfach. Letztlich hatte man ja das kirchlich zu ahndende Delikt einer Hostienschändung zuletzt bemüht, um die Verfolgung und Vertreibung mit einem Mäntelchen des Rechtes zu umgeben. Deshalb war die Zustimmung des Papstes für eine Wiederaufnahme der Juden einzuholen. Die von Papst Nikolaus V. am 20. September 1451 ausgestellte Bulle erhielt Friedrich noch als deutscher König vor der Kaiserkrönung (daher wohl auch seine Vorsicht); ihr Text, vor allem ihre Begründung, warum man die Juden wieder ansiedeln durfte, beruhte auf einem Schreiben, das wohl aus der Feder der königlichen Räte stammte und das ein argumentatives Meisterstück darstellt. Die Wiederansiedlung bzw. Bestätigung der bestehenden Siedlungen bezog sich auf Österreich, Steiermark, Kärnten und Krain sowie die Besitzungen Portenau, Pfirt, jene in Kyburg, in der Grafschaft Habsburg und Tirol, in Burgau und im Elsass und in allen angrenzenden Gebieten. Als Grund wurde angegeben, dass die Juden in diesen Gebieten früher Pfandgeschäfte betrieben hatten, „die ihnen zur Bequemlichkeit der Adeligen, Bürger und Bewohner dieser Herzogtümer und Besitzungen und der zusammenströmenden Fremden" unter bestimmten Voraussetzungen gestattet worden waren. Der Papst unterstrich auch, dass die alten Privilegien von den habsburgischen Herrschern, nämlich die Vermietung von Häusern für die Geldleihe und zur Errichtung von Synagogen, nicht zur Schmach des christlichen Glaubens, sondern für das Wohl ihrer Untertanen gewährt worden waren. Daher erklärte er, dass weder der König noch ein Herzog wegen der Ansiedlung von Juden irgendeiner Kirchenstrafe verfallen könnte. Damit hatte Friedrich diese unangenehme Sache aus der Welt geschafft, die ihm in seinen zentralen Herrschaften bei der Finanzierung mancher Unternehmungen hätte Mühe bereiten können. Juden durften, wo immer er wollte, angesiedelt werden. 1453 erneuerte er schon als Kaiser die Rechte und Freiheiten des Hauses Habsburg: „Wir verleihen und vergunnen auch mit diesem Brieff, dass die vogenannten Fursten und Herzogen und Ihr Nachkommen in allen Ihren Landen und Gebieten, die sie jetzt haben oder künfftig gewinnen, als vorsteht, Juden gehaben und darinnen halten, stewren und damit in allweg handlen uns fahren mügen in aller Mass als Wir und unser Nachkommen, Römisch Kaiser und König in dem heiligen reich von Rechten, Freyheiten, Gewohnheiten und alten Herkommen die halten und stewren und inanderweg mit ihn fahren gethun und gehandeln mugen." Zuletzt bestätigte Karl VI. seiner Familie dieses Recht im Jahr 1729.

Grundlegend war die Sache seit 1451 und 1453 für Friedrich geklärt, doch die immer deutlicher an den Regierungsgeschäften beteiligten Stände machten Schwierigkeiten, wo sie nur konnten. In Österreich gelang es ihnen im Wesentlichen, eine Wiederansiedlung zu verhindern, die steirischen Stände bissen allerdings mit ihrer Forderung nach Vertreibung der Juden auf Granit.

Vollständig gelang es auch den österreichischen Ständen nicht, sie gegen Friedrichs Willen vom Lande fernzuhalten. So versuchte man sie durch gerichtliche Schikanen zu bedrängen und schob die daraus entstehenden Misshelligkeiten ihnen selbst in die Schuhe. Auch die Kirche unterstützte dieses Treiben, indem sie Amtsleuten, die vor Gericht zugunsten von Juden entschieden, die Absolution und den Empfang der Sakramente erschwerte oder gar verweigerte.

Schließlich riss dem Kaiser die Geduld – die ununterbrochenen Anklagen gegen Juden strapazierten seine Nerven ohnehin, wie aus seinen zunehmend gereizten Antworten zu entnehmen ist –, und er erwirkte eine Bulle Papst Pauls II., in der es hieß, dass man auch den Juden Gerechtigkeit widerfahren lassen müsse, und die Geistlichen sollten die Beichte solcher Amtsleute hören, die ohne Bestechung und ungerechte Gunst Gerechtigkeit üben, und ihnen die Absolution erteilen und die Sakramente spenden.

1470 griff er in die von Endingen ausgehenden Ereignisse ein, die auch Pforzheim, Schlettstadt und Frankfurt am Main betrafen. Wieder war eine Ritualmordbeschuldigung gegen Juden erhoben worden. Im Gegensatz zu den folgenden Ereignissen in Regensburg kam der Kaiser aber zu spät, die verurteilten Juden in Endingen und Pforzheim wurden im April hingerichtet. Doch schon im Juni äußerte er sich ganz im Sinne des Staufers Friedrich II. zu der Angelegenheit. Er verkündete allen Fürsten und Amtleuten, dass die Päpste die Blutbeschuldigung gegen die Juden verurteilt hätten und er selbst aufgrund seiner Stellung als unmittelbarer Herrscher über sie verfüge, dass alle gefangenen Juden freizulassen wären und man ihnen ihre Habe zurückgeben müsse. Wer diesem Befehl nicht Folge leiste, habe 100 Mark Gold Strafe zu bezahlen. Dieser Betrag war sicher nicht gering; wer aber die Juden unbedingt los sein wollte, konnte vermutlich diese Buße verschmerzen. Obendrein versuchte der Kaiser, die Böcke zum Gärtner zu machen, indem er ihnen in seiner Vertretung den Judenschutz auftrug. Die Argumente sind so wortwörtlich aus den Urkunden des 13. Jahrhunderts übernommen, dass der Verdacht nahe liegt, dass führende Juden zum Kaiser geeilt waren und ihm ihre Privilegien vorgelegt hatten, um damit eine drohende großflächige Verfolgung zu verhindern. Zumindest dies gelang dem Kaiser.

Friedrich III. ist sicher nicht frei von dem Verdacht, dass auch er sich in seinem Verhalten gegenüber den Juden von finanziellen Erwägungen leiten ließ. Doch darüber hinaus konnten wir Fälle nennen, bei denen er prinzipiell seine Schutzaufgaben ernst nahm. Und diese Tatsache ist vor dem Hintergrund der wachsenden Judenfeindschaft des 15. Jahrhunderts bemerkenswert.

Karl V. und Josel von Rosheim

Am 3. April 1544 gewährte Karl V. in Speyer allen deutschen Juden ein Privileg. Diesem Rechtsakt war ein Ansuchen der Juden vorausgegangen, das ihr Befehlshaber, der berühmte Josel von Rosheim, gegenüber dem Kaiser vertrat. Eine Fülle regionaler Probleme bestand, bevor dieser Schritt gemacht wurde. In Würzburg wurde gegen die Juden eine Ritualmordanklage erhoben, Luther wütete in seinen Schriften gegen sie, aus mehreren Territorien drohte die Ausweisung, Übergriffe gegen Leib und Leben waren an der Tagesordnung, und zudem wurde der Geldhandel der Juden an vielen Orten eingeengt. So wandte sich Josel an den „rechtmäßigen Herrn" der deutschen Judenheit, den Kaiser. Wie lebendig die Traditionen des 13. Jahrhunderts damals waren, zeigt sich an der Stellungnahme des Kaisers zum Ritualmord. Er erklärte: Man beschuldige die Juden, „zu ihrer Notdurft" Christenblut zu gebrauchen, und mache ihnen auf die bloße Anzeige einiger Verleumder oder missgünstiger Feinde hin den Prozess, obwohl die Päpste ein solches Vorgehen streng verboten hätten und sein lieber Ahnherr, der Kaiser Friedrich II., gegen diesen Aberglauben ernstlich und ener-

Karl V. (1500–1558), römisch-deutscher Kaiser 1519–1556, als Karl I.
König von Spanien.

Die spanische Synagoge.

Josel von Rosheim (um 1478–1554), von Beruf Geldhändler wurde er zum Bevollmächtigten aller Juden im Heiligen Römischen Reich.

Der Dreikaisertaler. Von Links: Maximilian I., Karl V., Ferdinand I. Der Taler wurde in der Münzstätte Hall geprägt.

Rudolf II. (1552–1612), römisch-deutscher Kaiser 1576–1612.

gisch eingeschritten sei. Josel hatte sein Leben lang die den Juden früher gewährten Privilegien studiert und sich Abschriften und neue Bestätigungen besorgt und war daher für solche Verhandlungen mit dem Kaiser gerüstet. Karl V. akzeptierte die Argumente und verband in seinem Privileg kaiserliche und päpstliche Bestimmungen zu einer traditionell geformten Einheit. Der Kaiser gewährte sicheres Geleit, Handel zu Wasser und zu Lande, verbot die Schließung der Synagogen und die Vertreibung der Juden aus einzelnen Territorien und besonders aus jenen Reichsstädten, in denen sie zu Beginn seiner Regierungszeit Aufenthaltsrecht hatten. Außerhalb ihres Wohnorts mussten sie kein Judenzeichen tragen. Leute, die diese Rechte verletzten, sollten schwer bestraft werden. Das Geldgeschäft war den Juden erlaubt. Direkt auf die berühmte Papsturkunde, die mit den Worten „Sicut Iudeis" eingeleitet wurde, scheint folgende Bestimmung zurückzugehen: Kein Jude durfte gefangen genommen, gepeinigt, gemartert, seiner Habe beraubt und vom Leben zum Tode gebracht werden, es sei denn aufgrund eines gerichtlichen Urteils. Dies deckt sich inhaltlich genau mit der entsprechenden päpstlichen Bestimmung.

So theoretisch diese kaiserliche Prärogative auch sein mochte, blieb sie doch eine letzte Zuflucht der Juden. Zugleich gehörte sie aber auch zur Fülle der kaiserlichen Macht. Karl V. betrachtete sich, wie auch aus dem geschilderten Beispiel hervorgeht, als legitimer Nachfolger der mittelalterlichen Kaiser und nahm damit auch die Pflicht auf sich, den Juden als Teil seiner Kammer ihre einst verliehenen Rechte zu erhalten. Diese Pflicht war natürlich auch ein kaiserliches Recht, das sich aus der Antike herleiten ließ und gute Dienste bei der Behauptung der kaiserlichen Stellung gegenüber den Fürsten leistete.

Hergeleitet wurde die kaiserliche Herrschaft über die Juden von der Tituslegende, die in mittelalterlichen Texten verbreitet wurde. Die Legende erklärt aber auch, warum der Kaiser gegenüber den Juden Schutzrechte wahrnehmen musste. Nach der Eroberung Jerusalems im Jahr 70 n. Chr. gab Titus die überlebenden Juden dem Kaiser Vespasian „in des romischen küniges kamer ze eigen", wie

145

es im Schwabenspiegel ausgedrückt wird. Von da an sollten die Juden des Römischen Reiches Knechte sein, und der römische König sollte sie schirmen. Vespasian gab den Juden aber besseres Recht, denn Josephus Flavius hatte seinen Sohn Titus von der Gicht geheilt. Der oder die Verfasser des Schwabenspiegels sind in der Schilderung des Rechtszustandes ganz im Denken ihrer Zeit gefangen: Es ist von der Kammer des Königs die Rede, und der „romische künig" ist eben jener, den sie kennen. Dieses Recht stand nach spätmittelalterlicher Auffassung dem „rex Romanorum" zu, gleich, ob er zum Kaiser gekrönt worden war oder nicht. Dementsprechend pochte Rudolf I. auf seine Rechte an den Juden gegenüber den territorialen Gewalten, die im Laufe des 13. Jahrhunderts sich selbst diese Rechte angeeignet hatten. Auch Albrecht I. verfolgte diese Linie. Am 17. November 1298 erließ er wohl nach den Erfahrungen der Rindfleischverfolgung einen in Nürnberg verkündeten Landfrieden, in den die Juden eingeschlossen waren. Der Einschluss in den Landfrieden, der erstmals von Kaiser Heinrich IV. 1103 den Juden gewährt wurde, bedeutete aber eine Verstärkung der Schutzmechanismen für die Juden, da der Landfrieden auch vom Adel und der Geistlichkeit beschworen wurde. Rechtshistoriker unterscheiden den Königsschutz deutlich vom Schutz, der durch einen Landfrieden errichtet wird. Blickt man aber auf das politische Umfeld, muss man konstatieren, dass der König sicher Initiator des Landfriedens war und die Großen seine Absichten unterstützten. Besondere Verhältnisse lagen während des sogenannten Interregnums in den Jahren vor der Wahl Rudolfs I. vor, als sich erfolgreiche Friedensbewegungen in den Städtebünden manifestierten, und bei den Städten lagen dann die Initiativen für landfriedensartige Bestimmungen, denen der König manchmal beitrat. Gegen „Flächenbrände" wie die Judenverfolgungen in den rheinischen Städten zur Zeit des Ersten Kreuzzugs 1096 und die Rindfleischverfolgung schien die Gesellschaft nur dann ausreichend gewappnet zu sein, wenn der König mit der politischen Führungsschicht zusammenarbeitete, um seiner Schutzaufgabe gegenüber den Juden wirksam nachzukommen.

146

Das Judenprivileg Karls V. von 1544 stellt einen historisch legitimierten Neuansatz kaiserlicher Politik gegenüber den Juden dar. Im Gegensatz zu älteren Versuchen des Kaisers Sigmund, der ein Junktim Steuerzahlung gegen generellen Schutz herstellte, ging es nun wieder um die Betonung der kaiserlichen Schutzherrschaft über die Juden. Karl stand mit diesem Unterfangen gedanklich seinem Urgroßvater Friedrich III. um vieles näher als dem Luxemburger. Die Urkunde hatte eine immense Nachwirkung. Nicht nur wurde sie 1548 auf dem „geharnischten" Reichstag in Augsburg, der den Höhepunkt der Machtstellung Karls repräsentiert, in vielen Mandaten in Deutschland verbreitet, sondern sie blieb nun jene „Charter", die an die Seite der Papsturkunde „Sicut Iudeis" trat. Bestätigungen gewährten 1562 Ferdinand I., 1566 Maximilian II., 1577 Rudolf II., 1612 Matthias, 1630 Ferdinand II., 1663 Leopold I. und zuletzt 1714 Karl VI. Die mindere Rechtsstellung der Juden wurde durch die Betonung des Schutzgedankens zwar beibehalten, doch war es eine Neuheit, dass sie nun wie die Christen des Reiches unter dem Schutz des allgemeinen Landfriedens standen. Allerdings hatte auch dieser Gedanke schon unter Kaiser Friedrich I. Barbarossa sowohl in der Landfriedensgesetzgebung als auch in den Privilegien einen gewissen Einfluss. Immerhin hatte der Staufer schon programmatisch erklärt, dass er für Christen und Juden in gleicher Weise zu sorgen hätte.

Wenn man an dieser Stelle einen weitgespannten Zusammenhang andeuten will: Die habsburgische Sorge um die Juden, d. h. jene allgemeine positive Würdigung, die Franz Joseph I. in diesem Punkt seiner Politik erfährt, entspringt nicht nur den aktuellen supranationalen Notwendigkeiten zur Erhaltung der österreichischen Monarchie des 19. Jahrhunderts, sondern ist mittelalterliches Gedankengut, das zu den Tugenden des Kaisers gehört.

Das Carolinum von 1544 ging aber mit der Verankerung der rechtlichen Schutzsituation der Juden weiter als die mittelalterlichen Überlegungen dieser Art, weil sie nicht mehr auf einem persönlichen Verhältnis zwischen dem Kaiser und den Juden beruhte.

Wenn auch die Reihe der kaiserlichen Privilegien, die die habsburgischen Herrscher den Juden ausstellten, den Eindruck erweckt,
dass es dem Kaiser gelang, die Juden aus den landschaftlichen
Zusammenhängen herauszunehmen und in ein besonders aus-
gestaltetes Rechtsverhältnis zu ihm zu bringen, zeigt die Entwicklung andere Tendenzen. Die habsburgische Politik im Mittelalter
demonstrierte, dass die Habsburger, auch wenn sie die Königswürde innehatten, parallel dazu dynastisch-territoriale Politik
gegenüber den Juden trieben. Mit dem Erwerb der böhmischen Länder und Ungarns verstärkte sich diese Tendenz sogar noch wesentlich. Es war Sache der Habsburger, Ausweisungen und Ansiedlungen zu verfügen, ohne dabei Rücksicht auf eine einheitliche Politik
im Reich zu nehmen. Die Juden gerieten damit in den Strom der
Entwicklung der Territorien, und die Haltung eines Territorial-
fürsten war letztlich entscheidend für die einzelnen Juden bzw. die
Gemeinden. Doch war es in Deutschland auch im Mittelalter nie
gelungen, eine zentrale und ausschließliche Zuständigkeit des
Königs für die Juden durchzusetzen. Weltliche und geistliche Fürsten wirkten immer in entscheidender Weise mit. Wohl heißt es in
der Reichspolizeiordnung von 1548, dass es nur jenen gestattet sei,
Juden in ihren Gebieten anzusiedeln, die vom Kaiser ein entsprechendes Privileg hatten, doch gab es viele Fälle, in denen sich
Fürsten gegen einen Eingriff in ihre territorialen Rechte wehrten.
Diese Auseinandersetzungen sind rechtlich anders zu werten als
die letztlich machtpolitischen Streitigkeiten zwischen den Landesfürsten und den Ständen in den einzelnen Territorien des Reiches.
Reich und Fürsten standen in einem zunehmend genauer geregel-
ten Verhältnis, das den Landesfürsten großen Spielraum gegenüber
dem Reich, insbesondere dem Kaiser, gewährte. Daraus folgt, dass
das Verhältnis der Habsburger als Kaiser zu den Juden eine sehr
abstrakte Stufe darstellt und von einer gewissen Ferne gekennzeichnet ist. Eine Ferne, die Friedrich III. mit großem Engagement
noch verhindern konnte, die aber trotz des großen Privilegs Karls V.
und trotz seiner Verhandlungen mit Josel von Rosheim 1544 schon
zu erkennen ist. Das Verhältnis zwischen dem Kaiser und den

Juden war nicht inhaltsleer, aber von der territorialen Privilegienpraxis und dem verwirrenden Netzwerk von Herrschaftsbeziehungen abhängig. Dazu kam, dass die alte Konstruktion der Kammerknechtschaft, also eines persönlich gedachten Beziehungsverhältnisses zwischen dem Kaiser und den Juden von einer Idee konkurrenziert wurde, die auf Johannes Reuchlin zurückging, nämlich die römische Reichsbürgerschaft der Juden. Diese Konstruktion konnte die Vorstellung der Kammerknechtschaft zwar nicht beseitigen, doch entstand damit ein neues Verständnis jüdischer Existenz unter der Herrschaft des Reiches, das abstrakt transpersonal war und den Fürsten vielleicht mehr Interpretationsspielraum gab. Zu bedenken ist aber, dass solchen Gedankenspielereien etwas durchaus Theoretisches anhaftete. Es ist weiters zu bemerken, dass man die Juden eher in gelehrten Texten als römische Bürger betrachtete, während historische Anspielungen der habsburgischen Kaiser sich gewöhnlich auf die Juden als ihre Kammerknechte bezogen.

Neben den Judenschutzbriefen des Kaisers existierte eine eigene Privilegiengruppe für Herrschaftsträger, die diesen verschiedene Rechte einräumte, die gegen die Juden angewendet wurden (privilegia contra iudaeos). Die wichtigste Gruppe innerhalb dieser Privilegien war das vom Kaiser bewilligte Schutzrecht gegen den wucherlichen Zinshandel. Wir werden im Folgenden sehen, dass auch die Habsburger in ihren Ländern immer wieder solche Verbote erließen. Dies gab dem territorialen Schutzherrn die Möglichkeit, Schuldklagen gegen eigene Untertanen, die von Juden vor dem Reichsgericht eingebracht wurden, wirkungsvoll zu bekämpfen.

In diesen Kreis gehört auch eine in vieler Hinsicht bemerkenswerte Gruppe von Privilegien, die als „privilegia de non tolerandis iudaeis" bezeichnet wurden. Durch sie wurde das prinzipielle Verfügungsrecht des Kaisers über die Genehmigung oder Verweigerung der Aufnahme von Juden, das eigentlich von den Landesherren und den Städten geübt wurde, unterlaufen. In der Neuzeit erteilten die Kaiser solche Privilegien nur ungern, weil die kaiserliche Schutzherrschaft über die Juden damit gänzlich ausgehöhlt werden konnte. Meist wurden sie nach einer Vertreibung gewährt. Man kann diese Vorgänge nur mit dem Schlagwort der normativen Kraft des Faktischen kennzeichnen: Waren die Juden einmal vertrieben, hatte auch der Kaiser keine Steuereinnahmen zu erwarten und erteilte dem nun einmal herrschenden Zustand durch das Privileg seine Anerkennung. Friedrich Battenberg wies auf das Beispiel der Stadt Schweinfurt hin. Die Reichsstadt war 1554 durch den Markgrafen Albrecht Alkibiades von Kulmbach zerstört worden, und in der Folge hatte die Stadt die Juden vertrieben. Für den Wiederaufbau benötigten sie die Habe der vertriebenen Juden, und Karl V. erlaubte ihnen die Einziehung des jüdischen Besitzes, hob die Rechte der Juden auf und ermächtigte den Stadtrat, über eine etwaige Wiederzulassung von Juden zu entscheiden. Als Begründung dieser Maßnahme wurde neben der Notlage der Stadt der angebliche Wucher der Juden genannt. Dies war anlassbezogene Privilegienvergabe an einen Stadtrat, der die prinzipielle Verfügungsgewalt des Kaisers unangetastet ließ. Trotzdem muss man feststellen, dass das Nebeneinander genereller Schutzprivilegien für die Juden und die den Fürsten gewährten Vorrechte, Juden nicht dulden zu müssen, nicht recht einleuchtet. Da das Recht der Fürsten, Juden zu vertreiben, und die kaiserliche Bestätigung dieses Rechts Realität sind und sich jeder weiteren Interpretation entziehen, müssen die generalisierten, kaiserlichen Schutzprivilegien für die Juden etwas anderes bedeuten, als wir auf den ersten Blick glauben. Tatsächlich im Schutz des Kaisers standen nur die überregional agierenden Hofjuden, die in den Genuss kaiserlicher Schutzprivilegien kamen, die aber in ihren einzelnen Bestimmungen sehr konkrete, an aktuellen Problemen orientierte Fragen regeln. Die bloße Existenz dieser Art von Schutzbriefen schärft den Blick für die Sinnentleerung des alten generellen Privilegientypus. Die Juden hatten nach Battenbergs Forschungen damit lediglich die Möglichkeit, gerichtlichen Rechtsschutz in Anspruch zu nehmen. In allen anderen Fragen wurden die generellen Privilegien durch die besonderen, sei es, dass sie territorienübergreifend den Hofjuden gewährt wurden oder den Judenschaften in den Territorien, überlagert.

Privilegien gegen die Juden, die am häufigsten mit dem Wucherverbot begründet wurden, stellte bereits Friedrich III. aus. Das schematische Vorgehen bei der Ausstellung solcher Urkunden ist daran zu erkennen, dass sie manchmal für Städte ausgestellt wurden, in denen keine Juden mehr wohnten. Obwohl z. B. in Speyer 1487 keine Juden lebten, war es den mit kaiserlicher Erlaubnis in Speyer wohnenden Juden verboten, Gesuch und Wucher zu nehmen und zu treiben. Speyer wurde dadurch für Juden uninteressant. In den praktischen Folgen bedeutete dieses Verbot ein „privilegium de non tolerandis iudaeis". Das jüngste dieser Privilegien wurde 1791 von Kaiser Leopold II. ausgestellt; allerdings reichen die Vorurkunden dieses Privilegs für die Abtei Oberschönenfeld bis ins Jahr 1559 zurück. Es handelt sich dabei um mechanische Bestätigungen. Solche Bestätigungen sind nicht als Widerspruch zur territorialen Toleranzpolitik zu werten, sondern entspringen der Trägheit der Verwaltung. Der Zeitraum, in dem 90 Prozent solcher Freiheitsbriefe ausgestellt wurden, umfasst die Jahre 1541 bis 1640. Zwei Wellen der Ausstellung lassen sich erkennen: die Zeit Ferdinands I. und Maximilians II. und später die Regierungszeit des Kaisers Matthias zwischen 1612 und 1618. Battenberg erklärt die frühere und bedeutendere Welle mit der Verfestigung des katholischen und protestantischen Lagers. Aufgrund der Neudefinition der Glaubensinhalte wäre es zu einer Abgrenzung gegenüber Abweichlern und Fremdgruppen gekommen. Die Juden wurden dämonisiert, möglicherweise spielte bei diesem Prozess die schon oft erwähnte Wucherfrage eine zentrale Rolle. Zumindest konnte man den Juden damit den wirtschaftlichen Nährboden entziehen.

Die Analyse der Empfänger dieser Privilegien zeigt aber auch ein tief reichendes politisches Spektrum, das im Gesamtkomplex der alten Frage des Dualismus von Kaiser und Reich zu sehen ist. Die Möglichkeiten des Kaisers, im Reich einzugreifen, wurden immer geringer, so dass auch unter diesem Aspekt unserer Privilegiengruppe Bedeutung zukommt. Die „privilegia contra iudaeos" ergaben nur in einem bestimmten Kontext Sinn. Das wird besonders deutlich mit dem Erlöschen der Flut von Ausstellungen im 17. Jahrhundert. Die nun zunehmend merkantilistisch wirtschaftenden Territorien kamen ohne Juden nicht mehr aus, so dass die Hofjudenpatente, die von den Landesfürsten ausgestellt wurden, die kaiserlichen Privilegien verdrängten. Gerade auf der Basis dieser Überlegungen enthüllt sich der tiefe Sinn der böhmischen und Wiener Maßnahmen Ferdinands II., der in diesem Bereich gegenüber den Juden als Territorialherr schaltete und waltete. Nur wenige Reichsfürsten, nämlich ganze sieben, waren Empfänger eines gegen die Juden gerichteten Privilegs. Die meisten Empfänger waren Inhaber kleiner Territorien, die unter dem Druck ihrer mächtigen Nachbarn standen. Wertet man diese Vorgänge unter Zugrundelegung geographischer Aspekte, stellt man fest, dass die Empfänger in jenen Landschaften in Schwaben, an Rhein und Main saßen, die seit langer Zeit in großer Nähe zum König/Kaiser standen und nun durch die Privilegien diese Nähe aufrechterhielten. Pointiert ausgedrückt: Eigentlich war es gleichgültig, was in einem solchen kaiserlichen Privileg stand, denn sein Hauptzweck war es, die Verbindung zwischen dem Kaiser und dem adeligen Territorialherrn erkennen zu lassen. Dies galt auch für die ritterlichen Empfänger, die das Privileg oft für einen „Ritterkreis", z. B. die fränkischen und schwäbischen Ritter zugleich, ausstellen ließen. Allen bisher genannten Gruppen ist gemeinsam, dass der Norden des Reiches solche Privilegien nicht beanspruchte. Reichsfürsten, Territorialherren, Ritter und Städte waren dem Kaiser so fern, dass die Demonstration einer Verbindung mit ihm nicht notwendig war. Die Empfänger gehörten zur traditionellen Klientel des österreichischen Kaiserhauses, die – konzentriert auf die alten kaisernahen Landschaften der Reichsmitte und des Südens – ihre Existenz vom Kaisertum her legitimierte.

Die näheren rechtlichen Umstände, in deren Rahmen die Privilegien zustande kamen, zeigen, wie man das Problem des generellen Wucherverbots und seiner Aufweichung unter dem Druck wirtschaftlicher Notwendigkeiten löste, doch zu unserem Thema tragen solche komplizierten Betrachtungen nichts bei.

Auch die „privilegia contra iudaeos" fügen sich in den Themenkreis der politischen Instrumentalisierung der Juden ein. Sie sind Privilegien, die ein technisches Verhältnis zwischen dem Kaiser und den Inhabern einer gewissen Machtposition im Reich begründen oder ein bestehendes sichern. Das einstmals direkte Verhältnis zwischen den Juden und dem Kaiser schwächt sich ab, und die tatsächliche Begegnung zwischen den habsburgischen Herrschern und den Juden verlagert sich auf die territoriale Ebene. Natürlich berief man sich bei Gelegenheit auf die Aufgaben eines christlichen Kaisers, strapazierte die römische Tradition und damit das römische Bürgerrecht der Juden bzw. die Kammerknechtschaft, aber mehr als angewandte gelehrte Rechtsliteratur lässt sich dabei selten erkennen. Die Kaiserwürde der Habsburger bot nur mehr ein theoretisches Feld der Begegnung mit den Juden. Die einzige Ausnahme bildeten nur die territorienübergreifenden Hofjudenprivilegien.

Wichtiges Zwischenspiel: Spanien

Als Karl I., später V. als römischer Kaiser, 1516 in Spanien die Nachfolge seines Großvaters Ferdinand antrat, waren seit der Vertreibung der Juden aus Spanien und den Zwangstaufen 24 Jahre vergangen. Hier lebte eine große Zahl von Neuchristen, die sich als eine eigene Gruppe seit dem ausgehenden 14. Jahrhundert ausgebildet hatte. Auf Spanisch wurden sie als Conversos bezeichnet, aber auch mit dem Schimpfwort Marranen, das bis heute in der wissenschaftlichen Literatur verwendet wird. Der Begriff bürgerte sich im 16. Jahrhundert in Italien ein und bedeutet „Schweine". In Spanien war das Phänomen getaufter Juden seit westgotischer Zeit bekannt. Im Frühmittelalter hatten die Neuchristen durchaus Probleme mit der Integration in die christliche Gesellschaft. Im 15. Jahrhundert hingegen gelang es ihnen, ihre bereits vor der Taufe bestehenden Verbindungen zu adeligen Familien zu vertiefen, auch in hohen kirchlichen Ämtern tauchten Neuchristen auf. Sage und Legende bemächtigten sich einiger dieser Persönlichkeiten, indem sie in

153

dramatischen Erkenntnismomenten die Spannung zwischen jüdischer Herkunft und Tätigkeit für die Inquisition thematisierten. Tatsächlich waren Neuchristen als Richter der Inquisition tätig, auch Diego Lainez, der Nachfolger des Ignatius von Loyola als Leiter des Jesuitenordens, war ein Converso. Der spanische Hochadel, dem auch Ignatius angehörte, nahm auf die Lehre von der Reinheit des Blutes keine Rücksicht.

Der bedenkenlose Einsatz der Inquisition gegen die Neuchristen hatte eine religiöse und eine soziale Ursache. Die Conversos standen im Verdacht des heimlichen Judaisierens. Schon vor 1492 hatte man zwischen den öffentlichen und den heimlichen Juden unterschieden. Durch die neuerlichen Zwangstaufen verschärfte sich dieses Problem. Die soziale Seite der Vermehrung der Zahl der getauften Juden bestand darin, dass diese ihren guten sozialen Status halten konnten, d. h., dass sie nach wie vor der politischen Führungs- und Beraterschicht angehörten. Dagegen wehrte sich der niedere Adel, die Hidalgos, die sich vom alten Hochadel und ihren jüdischen und nun neuchristlichen Beratern in ihrem Fortkommen bedroht fühlten.

Nach dem Tod des ersten Großinquisitors Tomás de Torquemada 1498 kam es unter seinem Nachfolger Diego Deza bereits zu heftiger Kritik an der Inquisition. Der König und der Großinquisitor schienen an der Spitze eines einträglichen Unternehmens zu stehen, denn die Aktivitäten richteten sich vor allem gegen reiche, neuchristliche Familien. Der Inquisitor von Cordoba, Lucero, entfesselte 1505 mit einem Monsterprozess offenen Widerstand. Lucero ließ 100 Angehörige der spanischen Aristokratie festnehmen, unter denen sich auch viele Conversos befanden. Gestützt wurde dieses Vorgehen durch die Behauptung, dass ein Geheimbund für die Verbreitung des Judentums in ganz Spanien sorgen sollte und zu diesem Zweck 25 Prophetinnen ausgesandt habe. Eine dieser Prophetinnen gestand unter der Folter, dass im Hause des Erzbischofs von Granada, Talavera, eine Versammlung stattgefunden hätte, auf der das baldige Erscheinen des Propheten Elias und des jüdischen Messias angekündigt worden wäre. Auch der greise

Erzbischof stammte aus einer neuchristlichen Familie, und Lucero suchte beim Papst an, auch Talavera vor das Inquisitionsgericht stellen zu dürfen. Nun war die Geduld des Adels zu Ende; Vertreter der spanischen Oberschicht klagten Lucero vor dem höchsten Inquisitionsrat an und bezichtigten ihn der Geldgier, ja der Räuberei. Lucero musste sein Amt verlassen und hatte es nur der Fürsprache von König Ferdinand zu verdanken, dass das Urteil gegen ihn nicht härter ausfiel. Auch der Großinquisitor wurde abgelöst.

Eine durchgreifende Verbesserung erwartete man sich von Karl I. Der Großvater hatte ihn noch in einer letztwilligen Verfügung beschworen, an der Inquisition festzuhalten. Die Neuchristen wandten sich an den jungen König und versuchten ihn zu überzeugen, dass eine Reform der Inquisition notwendig war. Die Inquisitoren sollten durch Vollversammlungen der Ortsgeistlichkeit gewählt werden, die Verfahren sollten eine gewisse Öffentlichkeit haben und die Namen der Spitzel, meistens gewissenlose Leute, die nur nach Geld trachteten, waren bekannt zu geben. Vor allem aber verlangte man, den Inquisitoren das Recht zu entziehen, das Vermögen der Verurteilten zu beschlagnahmen und es teilweise für die Beamten der Inquisition zu verwenden. Für den Entfall der reichen Mittel, die dadurch der Krone entgingen, erboten sich die Neuchristen, den ungeheuren Betrag von 400.000 Dukaten als Entschädigung zu zahlen. Der Großinquisitor Adrian verhinderte den Erfolg dieser Forderungen. Selbst der liberale Papst Leo X. war machtlos. Adrian setzte eine Untersuchungskommission ein, die zum Schluss kam, dass eine Beteiligung der Geistlichkeit an der Bestellung der Inquisitoren nicht in Frage käme, da sich unter ihnen viele Neuchristen befänden. Die Klagen der Neuchristen entsprächen nicht der Wahrheit, und die Sache erweise sich als Lüge, wie man ja an dem angebotenen Bestechungsgeld sehen könne. Ferner gebe es in ganz Spanien Brutstätten der Ketzerei. Papst und König wichen vor den scharf formulierten Ergebnissen der Kommission zurück.

Doch die grundlegenden Ideen zum Vorgehen gegen die Conversos sollten noch verschärft werden. Man wollte einen Weg finden, dass jeder Neuchrist von vornherein verdächtig war. Siliceo, der Erzbischof von Toledo und Erzieher des späteren Königs Philipp II., entwickelte die Idee von der spanischen Reinheit des Blutes in einer Abhandlung zu einer Lehre, die weite Verbreitung und Anerkennung fand. Seine Schrift aus dem Jahr 1547 gipfelte in dem Vorschlag, nur diejenigen im geistlichen Stand zu dulden, die aufgrund genealogischer Register beweisen könnten, dass sie nicht von Mischlingen abstammten, dass ihr Stammbaum keinen Neuchristen aufzuweisen habe. Diesen legte er dem Papst und dem König vor, die allerdings unschlüssig waren, wie sie darauf reagieren sollten. Siliceo fabrizierte daraufhin eine Fälschung, die ähnlich abscheulich wie die „Protokolle der Weisen von Zion" war. Rabbiner aus Konstantinopel sollten die spanischen Neuchristen aufgefordert haben, führende Positionen zu erlangen, um als Staats- und Rechtsanwälte, Notare und Beamte an den Verfolgern Rache nehmen zu können. Obwohl Karl und der Papst nun den Vorschlägen zustimmten, war ihre Umsetzung in der Praxis schwer durchzuführen, da die spanische Oberschicht Gegenstrategien entwickelte.

Das spanische Beispiel zeigt recht gut, dass auch ein Mann wie der Kaiser, trotz seiner europäischen Machtfülle, die 1547 ihren Höhepunkt erreicht hatte, gegen die Kräfte der Inquisition machtlos war bzw. sich nicht entschließen konnte, energisch dagegen einzuschreiten. So wüteten die Ketzergerichte in der gesamten Herrschaftszeit der spanischen Habsburger bis zu Philipp IV. weiter.

Viele Conversos versuchten sich der Inquisition durch Auswanderung nach Neuspanien, also nach Mexiko bzw. Peru, zu entziehen. Dieser Entwicklung suchte der König durch entsprechende Verbote entgegenzusteuern und als dies nichts nützte, wurde die Inquisition auch in Mexiko und Peru eingeführt. Dies galt auch für die portugiesischen Kolonien. Das Interesse an den neu entdeckten Gebieten ging bereits auf den Neuchristen Luis de Santangel zurück, der die erste Fahrt des Columbus mitfinanziert hatte. Die Sicherheit der Auswanderer war von Anfang an trügerisch. Karl ernannte zu Beginn seiner Regierungszeit die Bischöfe von Kuba und Puerto Rico zu Inquisitoren. Unter Philipp II. wurde in Mexiko 1571 ein Inquisitionstribunal eingerichtet. Bekannt wurde der Fall des Converso Luis Carvajal, der aufgrund seines tadellosen katholischen Rufs zum Gouverneur von Meuleon ernannt wurde. Er begann das Land zu besiedeln, und unter den Siedlern befanden sich viele Neuchristen, die sogar so weit gingen, eine jüdische Gemeinde zu gründen. Der Rabbiner dieser Gemeinde war mit der Schwester des Gouverneurs verheiratet. Die Inquisition ging gegen diese Zustände vor: Die Mitglieder der jüdischen Gemeinde konnten zum großen Teil flüchten, die Familie Carvajal fiel in die Hände der Inquisition. Es gelang ihnen zwar durch das Zeremoniell des öffentlichen Sündenbekenntnisses der Verbrennung zu entgehen. Doch einige Jahre später wurden die Familienmitglieder wieder als heimliche Juden ertappt und nach heldenmütig ertragenen Torturen zwischen 1596 und 1602 auf dem Scheiterhaufen hingerichtet.

Diese tragischen und zugleich bestialischen Vorgänge mit der habsburgischen Dynastie in direkten Zusammenhang zu bringen, ist problematisch. Eine Überlegung ist aber anzustellen: Es hing wohl vor allem von den regionalen Umständen ab, unter denen die habsburgische Herrschaft wirkte, wie ihre Mitglieder mit den Juden umgingen.

Die Habsburger als Landesfürsten

Das Herzstück: die Länder der böhmischen Krone

Als der junge Ferdinand I. noch ganz im Schatten seines älteren Bruders Karl ohne klar definierte Funktionen 1526 über die Übernahme der Herrschaft in Böhmen verhandelte, stellten die Stände die Forderung, dass er Prag zu seiner Residenz machen sollte. Böhmen würde damit zum Zentrum seiner Herrschaften werden. So, wie sich das die böhmischen Herren vorstellten, wurde diese Forderung dann nicht verwirklicht, doch fällt ein gewichtiges Argument für die Bedeutung Prags in die Waagschale: Ferdinand und sein Nachfolger Maximilian II. wurden dort begraben, eine herrschaftspolitisch nicht zu unterschätzende Entscheidung. Dass in diesem Zusammenhang Rudolf II. dann die bedeutendste Rolle spielte, sei hier der Vollständigkeit halber erwähnt und wird uns noch besonders beschäftigen. 180 Jahre vorher hatte der kometenhafte Aufstieg Prags mit der Herrschaft der Luxemburger in Böhmen begonnen und seinen Höhepunkt in der Zeit Karls IV. erlebt. Dass die böhmischen Stände an diese ruhmvolle Vergangenheit und die damit verbundenen wirtschaftlichen Vorteile anschließen wollten, liegt auf der Hand. Dass darin auch eine

Spitze gegen Wien eingeschlossen war, ist zumindest zu vermuten.

Zu gleicher Zeit, als Prag neuerlich zur wahrscheinlich wichtigsten Stadt Mitteleuropas aufstieg, wanderten auch Juden in auffälliger Zahl in Prag und Böhmen ein. 1522 lebten in Prag etwa 600 Juden, 1541 waren es bereits 1200. Die Voraussetzungen der folgenden Siedlungsentwicklung und ihr zahlenmäßiger Umfang ist im Einzelnen noch zu wenig genau bekannt, aber in der Zeit Kaiser Ferdinands II., also etwa 80 Jahre später, lag die Zahl der Prager Juden bei 8000. Das heißt, die Rolle der Habsburger als Könige von Böhmen gegenüber den Juden ist im Vergleich mit ihren anderen Herrschaften als zentral zu beurteilen. Dies zeigt sich auch an einem wichtigen Detail: Schon 1512 war eine hebräische Buchdruckerei in Prag eingerichtet worden, wodurch die Bedeutung der Stadt für die Juden nachdrücklich unterstrichen wurde. Das Privileg, hebräische Bücher zu drucken, erhielt 1527 Gerson ben Salomo Kohen, 1545 sein Sohn Moses, und auch dessen Nachkommen wurden später mit diesem Vorrecht bedacht. Prager Drucke spielen in der Überlieferung wichtiger rabbinischer Texte bis heute eine große Rolle. In den habsburgischen Ländern war Prag bis zum Beginn der Emanzipation der einzige Ort, an dem hebräische Bücher gedruckt werden durften.

Obwohl die Zahl der Juden zur Zeit von Ferdinands Herrschaftsübernahme noch relativ gering war, setzte er in der drohenden Auseinandersetzung mit den böhmischen Ständen schon 1527 die ersten Maßnahmen, mit denen er die königlichen Rechte an den Juden ausdrückte. Sein Interesse an den böhmischen Juden ist in einem größeren Zusammenhang zu sehen, nämlich dass die böhmischen Länder insgesamt den wirtschaftlich bedeutendsten Faktor in Ferdinands Herrschaftsgebieten darstellten. Durch bessere Organisation schienen in Böhmen Ertragssteigerungen möglich, und Ferdinand stellte sich diesen Herausforderungen, unter denen die Steuer- und Abgabenpolitik gegenüber den Juden einen ins Gewicht fallenden Faktor darstellten.

Ferdinand I. (1503–1564), römisch-deutscher Kaiser 1556–1564.

Koſtbar die
Welcher wegen hoher geburt des Durchleuchtigſten Erz-Herz
Antonij, Michaelis, Adami zur allerunderthänigſten Freuden.
Welches der Primator Simon Frankel, pro Me

Prozession der Prager Juden anläßlich der Geburt Erzherzog Josefs (Kaiser Josef II.)
Ausschnitt: Simon Wolf Frankel.

Aufzug

...en von Oesterreich, Josephi, Benedicti, Ioannis, Augusti
...n der Pragerischen Judenschafft den 24. April Aᵒ 1741. gehalten worden.
...gante Spesen in druck verfassen lassen.

Ferdinand II. (1578–1637), römisch-deutscher Kaiser 1619–1637.

In den ersten zweieinhalb Jahrzehnten des 16. Jahrhunderts war die rechtliche Stellung und damit die Besteuerung der böhmischen Juden uneinheitlich geworden. Die Prager Juden waren de facto unter die Herrschaft des Altstädter Rates gekommen, 1517 unter die des Prager Rates, als Alt- und Neustadt vorübergehend vereint wurden; die Juden in den königlichen Städten unterstanden hingegen dem Unterkämmerer der böhmischen Kammer, während in den anderen Städten die adeligen Grundherren, also die Mitglieder der Stände, die Herrschaft ausübten. Die Bestätigung der Freiheiten der Juden in Böhmen war daher nicht nur ein traditioneller Akt, wie er beim Herrscherwechsel üblich war. Die Privilegsbestätigung steht im Rahmen mehrerer Maßnahmen, die der Stärkung der königlichen Gewalt dienen sollten, indem die Juden bewusst zum Kammergut geschlagen wurden.

Diese Politik des jungen Ferdinand deckt sich auch mit seinem Vorgehen in Niederösterreich. So zog er einen Prozess gegen Marchegger Juden, die einen Ritualmord begangen haben sollten, vor sein Gericht nach Wien, da die Beschuldigten Kammergut seien. Diese Angelegenheit fällt genau in jene Monate des Jahres 1529, als eine erbitterte Auseinandersetzung zwischen dem Erzherzog und den Ständen um eine generelle Ausweisung der Juden tobte. Ferdinand ließ die angeblichen Ritualmörder zwar hinrichten, stellte aber wenige Tage später ein Privileg zugunsten der Juden in einigen niederösterreichischen und westungarischen Städten aus, wobei letztere damals unter niederösterreichischer Verwaltung standen.

Als Ferdinand am 5. Februar 1527 als gewählter böhmischer König zur Krönung nach Prag kam, wurde er unter anderen auch von Juden empfangen. „Als seine Königliche Majestät in der Ordnung auf den Platz gekommen war, standen mehr als tausend Juden mit einer großen, schönen Fahne. Sie hatten auch einen Himmel, an dem eine Tafel hing, auf den die zehn Gebote zierlichst geschrieben waren und wollten, daß Seine Königliche Majestät unter dem Himmel einhergehe. Der König antwortete ihnen aber, er wolle lieber unter dem Himmelsgewölbe weiterreiten. Danach baten sie Königliche Majestät aufs untertänigste, daß Seine Königliche Majestät sie bei den Zehen Gebeten und ihrem Glauben als fromme Juden belasse. Solches hat ihnen Königliche Majestät zusagen lassen und daß er ihr gnädigster Herr sei." Am 21. März bestätigte Ferdinand den Juden in Böhmen ihre Rechte. Die Prager Juden hatten sich stellvertretend für alle böhmischen Glaubensgenossen an den König gewandt. Die Vorgangsweise des Königs, um die Berechtigung einer solchen Forderung zu überprüfen, entsprach jener, der wir seit dem 16. Jahrhundert immer wieder begegnen. Auch Josel von Rosheim, der Befehlshaber der deutschen Juden, bereitete seine Verhandlungen mit Karl V. durch Urkundenstudium vor. „Nachdem wir dann mit unseren Räten solche Majestätsbriefe, Privilegien, Freiheitsbriefe und Rechte genügend eingesehen haben ...", heißt es in einer der einleitenden Passagen des Privilegs. Ohne auf den Wortlaut der älteren Urkunden einzugehen, verbot der neue König Verfolgung und Vertreibung der Juden und forderte alle an der Politik mitwirkenden Kräfte des Landes auf, in diesem Sinne wirksam zu sein.

Es war klar, dass eine solche Äußerung nur ein Programm sein konnte, da es auch in Böhmen Kräfte gab, die an einer Ausweisung der Juden interessiert waren. Zunächst stand aber die Auseinandersetzung mit der Stadt Prag bevor. Ferdinand war entschlossen, Gerichtsgebühren, Strafgelder und andere Abgaben von der böhmischen Hofkammer einziehen zu lassen und diese Gelder nicht mehr dem Prager Stadtrat zu überlassen. Diesem sollten nur mehr die Gelder aus der Besetzung des jüdischen Ältestenrates und der Begräbnisse zustehen. Solche prinzipiellen Versuche einer Neuaufteilung der einfließenden Gelder wurden durch aktuelle Steuervorhaben ergänzt, die durch die Notwendigkeit, sich militärisch gegen die Osmanen vorzubereiten, diktiert wurden. Dazu kamen die Kosten der Krönung und eine weitere Sondersteuer. In einer völlig ungeklärten Situation, wie mit den verschiedenen Gruppen der Juden verfahren werden sollte, vertraten der König und die zentralen Behörden unbeirrt die Ansicht, dass alle Juden, auch jene, die einer adeligen Grundherrschaft angehörten, königliche Kammerknechte seien.

Zwischen Böhmen und Mähren bestanden erhebliche Unterschiede: In Böhmen setzten die Stände immer wieder Maßnahmen gegen die Juden durch, in Mähren hingegen waren sie ein so wichtiger Teil der Wirtschaft der adeligen Grundherren, dass sich sogar Widerstand regte, wenn es um einheitliche Regelungen in den Ländern der böhmischen Krone ging, die nicht im Sinne der mährischen Interessen waren.

In Mähren war es im Laufe des 15. Jahrhunderts zu einer tiefgreifenden Veränderung gekommen, indem die einst in königlichen Städten lebenden Juden aufgrund des Einflusses der Zünfte von dort vertrieben wurden und sich auf adeligen Grundherrschaften ansiedelten oder in Einzelfällen an ihren Wohnorten blieben, die aber unter adelige Herrschaft gerieten. Die Juden arbeiteten meist direkt im Auftrag der Grundherren in verschiedenen Berufen, die vom Diener bis zum Gesandten und Spion reichten, und siedelten sich zum Teil in den grundherrschaftlichen Städten an. Im Rahmen der wirtschaftlichen Entwicklung der Grundherrschaften, die über die landwirtschaftliche Produktion hinaus vereinzelt auch Bergbau und Eisenverhüttung umfasste, gewannen die Juden mit ihrer Erfahrung im Handel und im Darlehensgeschäft als Pächter oder Verwalter an Bedeutung. Sie unternahmen im Auftrag der Obrigkeit Handelsreisen, wie wir aus Pass- und Geleitbriefen wissen. Dazu kamen aber auch Aufgaben wie das Auskehren eines Schlosses oder die Beförderung von Briefen. Auch hier gab es Einnahmequellen für die Grundherren. So wurde 1528 der Bischof von Olmütz verklagt, weil er widerrechtlich einen herrschaftlichen Juden in Kremsier hatte verhaften lassen, der Briefe an den dortigen Bürgermeister mit sich geführt hatte. Die Folge dieser engen Bindung an die adeligen Grundherren war, dass die mährischen Juden gegenüber dem König mediatisiert waren, ihm also nicht unmittelbar unterstanden. Dementsprechend hatten die Stände, d. h. die Versammlung der Grundherren, kein Interesse, jene Leute zu vertreiben, die eine wichtige Rolle bei der Bewirtschaftung ihrer Güter spielten. Zu Beginn der Regierungszeit Ferdinands I. diskutierte man aber auch in Mähren über Vertreibungen, da sich der vorhin geschilderte

Prozess noch am Anfang befand und die Grundherren sich nicht immer darüber klar waren, welche Chancen in einer Förderung der Juden lagen. Allerdings liefen die Diskussionen mit weit weniger Nachdruck als in Böhmen ab. Ferdinands Grundabsichten zielten in diesen Fällen darauf, Vertreibungen zu verhindern. So plante der Bischof von Olmütz eine Vertreibung der Juden aus Kremsier oder von allen seinen Herrschaften. Die Juden wandten sich nach Prag, denn nach dem Privileg von 1527 betrachtete Ferdinand die Prager Gemeinde als den entscheidenden Mittelpunkt der Judenschaft in den böhmischen Ländern. Die Intervention hatte Erfolg, denn Ferdinand schrieb an den Bischof Stanislav Thurzo, er möge seine Anordnung rückgängig machen, denn auch die Juden seien nach seinem Bild als Menschen geschaffen und müssten nach Gottes Willen auf Erden leben.

Wenn auch solche Bemerkungen des Königs unser Interesse wekken, sollte man daraus nicht generelle Urteile über seine Stellung zu den Juden ableiten. Ähnlich wie wir es schon bei Rudolf IV. beobachten konnten, waren die Juden Teil seiner politischen und vor allem steuerlichen Pläne, denen ihre Behandlung untergeordnet war. Daher kam es bisher immer wieder zu unterschiedlichen Urteilen über Ferdinand I. 1535 wandten sich die Juden von Oppeln in Schlesien an Ferdinand und beschwerten sich über die Schikanen des Landeshauptmanns, denen sie ausgesetzt waren. Ferdinand erklärte einerseits, dass er nicht geneigt sei, der Bedrängung seiner Schutzbefohlenen zuzusehen, er aber „nicht des Gemüthes sey", Verschulden von Juden ungestraft zu lassen. Gegen die Juden wandte er sich, als ihm die böhmische Kammer vorrechnete, dass der Schaden, den sie anrichteten in keinem Verhältnis zu ihren Steuerleistungen stünde. Daraufhin entstanden Pläne für eine generelle Ausweisung, die sich auch auf Niederösterreich bezogen. 1541 machte er mit Niederösterreich den Anfang, doch änderte sich die Situation dadurch kaum, denn die Juden, die in Mähren angesiedelt waren, betrieben weiterhin Handel in den niederösterreichischen Märkten. So versuchte er sie auch aus Mähren zu vertreiben – zu mehr als einer vorsichtig formulierten Absichtserklärung kam es aber nicht. Im Gegensatz zu diesen Entwicklungen wahrte er seine königlichen Prärogativen in Schlesien gegen den Markgrafen Georg von Brandenburg-Ansbach, dessen Statthalter die Juden aus Oppeln und Ratibor vertreiben wollte. 1545 nahm er als Erbherr der beiden schlesischen Fürstentümer die dortigen Juden in seinen Schutz. Die 1541 in Böhmen stattgefundene Vertreibung beruhte nicht auf einer zwingenden politisch-strukturellen Konstellation; eher scheinen Gerüchte für den Ausweisungsbeschluss Ferdinands I. ausschlaggebend gewesen zu sein. Dem König gingen Nachrichten zu, dass Juden als Spione für die Türken tätig waren und dass sie den Brand auf der Prager Kleinseite angestiftet hätten. Im Grunde waren das die üblichen Geschichten, die nach Katastrophen verbreitet wurden. Die Spionagedienste der Juden kamen ins Gerede, als die österreichischen Truppen bei Ofen von den Türken geschlagen wurden. Ferdinand regte über einen Bevollmächtigten eine Ausweisung der Juden auf einem in Prag stattfindenden Landtag an, dem die Vertreter der Stände bereitwillig folgten. Als es aber nach Veröffentlichung des Vertreibungsbefehls zu Übergriffen gegen einzelne Juden kam, stellte Ferdinand die Täter vor Gericht und versorgte einzelne jüdische Gemeinden mit Schutzbriefen. Jedenfalls zog sich die Abwanderung der Juden hin und kam erst 1542 in Gang. Doch dann vollzog sich ein bemerkenswerter Umschwung, der wohl in wirtschaftlichen Erfahrungen zu suchen ist. Das Unternehmen erwies sich, wie die meisten anderen Vertreibungen, denen man im Laufe der Geschichte begegnet, als finanzieller Fehlschlag. Hatten die Städte vor der Vertreibung vollmundig behauptet, dass der Wohlstand der Bürger mit dem Abzug der Juden wesentlich steigen würde und sie Ersatzzahlungen für die dem König entgehenden Einnahmen leisten würden, trat das Gegenteil ein: Die königliche Kammer hatte Einbußen bei den Einnahmen hinzunehmen. Im Herbst 1542 erhielten die bereits abgewanderten Juden und die noch in Böhmen lebenden Geleitbriefe. Schon mit der Ausstellung dieser „Pässe", die jährlich wiederholt wurde, sicherte sich die Kammer weitere Gelder, und außerdem wurden die jüdischen Gemeinden wieder hergestellt. In der Durchführung dieser Maßnahmen gab es natürlich Probleme, doch hörte der König nicht mehr auf die Wünsche der Stände, die Juden zu vertreiben, sondern untersagte z. B. dem Prager Magistrat, die Juden zu belästigen. Der Umschwung war nicht zuletzt durch Verhandlungen der Juden mit einflussreichen Personen politisch wirksam geworden. Florian Griespeck, ein Mitglied der böhmischen Kammer und Finanzberater Ferdinands I., verschaffte den Juden Geleitbriefe, durch die sie im Land der Eintreibung ihrer Außenstände nachgehen konnten.

Die einzige Maßnahme Ferdinands I. gegenüber den Juden, die bis heute einen gewissen Bekanntheitsgrad hat, ist die Einführung des „Gelben Rings". Diese Kennzeichnung der Juden, die natürlich aufgrund des „Gelben Sterns" in der NS-Zeit eine äußerst negative Beurteilung in der Literatur gefunden hat, war genau genommen ein Kompromiss zwischen den Ausweisungsbestrebungen und den finanziellen Interessen Ferdinands. Der Hintergrund waren die damals allerorten sich erhebenden Beschwerden der christlichen Händler gegen die Konkurrenz der Juden. Die Juden sollten möglichst von den Märkten und vom Handel ferngehalten werden. Am Hof Ferdinands verfiel man nun auf den alten Gedanken einer Kennzeichnung der Juden, damit Käufer den Verkäufer als Juden erkennen sollten und damit die Möglichkeit hatten, bei einem Christen zu kaufen. Damit kam der König den Wünschen der christlichen Händler entgegen, erhielt sich aber die Juden als Steuerobjekte. Die Argumentation war natürlich widersinnig: Denn ein Jude, der nichts verdiente, hatte wohl auch keine Möglichkeit, Steuern zu zahlen. Ferner hatte auch zwei Jahrzehnte zuvor Karl V. mit einem ähnlichen Kennzeichnungsprojekt Schiffbruch erlitten. Josel von Rosheim hatte beim Kaiser interveniert, vor allem mit dem Hinweis darauf, dass Juden, die über das Land fuhren, mit einer solchen Kennzeichnung erhöhter Gefahr ausgesetzt seien, und entsprechende Erfahrungen veranlassten den Kaiser, die Kennzeichnungspflicht der Juden auf ihre Wohnorte einzuschränken. 1531 zeigte sich sogar die böhmische Kammer mit der Kennzeichnung unzufrieden, da sie Verluste bei den Einnahmen von den Juden fürchtete. Trotz solcher Überlegungen und Erfahrungen wurde am 1. August 1551 für die österreichischen Erbländer noch einmal der Versuch unternommen, den „Gelben Ring", der auch von Karl V. zur Kennzeichnung vorgesehen worden war, wieder einzuführen.

Wenige Tage vor der Veröffentlichung des entsprechenden Patents in den Erbländern erhielt Erzherzog Ferdinand, seit 1547 Statthalter in Prag, eine Abschrift dieser noch nicht publizierten Verordnung mit dem Auftrag, zu prüfen, in welcher Weise man die Kennzeichnung der Juden auch in den böhmischen Ländern durchführen könne. Begründet wurde dies mit der Tatsache, dass sich ja ein nicht kleiner Teil der „Jüdischheit" in diesem Raum aufhalte. Das Patent vom 1. August 1551 verfügte, dass die Juden an ihrer Kleidung auf der linken Seite einen gelben Ring zu tragen hätten, der aus konzentrischen Kreisen bestand. Im Bestreben, die nichtjüdischen Konkurrenten zur „Vernaderung" der Juden anzuhalten, kamen die Verfasser dieser Bestimmung zu einer eigenartigen Sanktion, die sich in Kürze katastrophal auswirken sollte. Wer nämlich einen Juden anzeigte, der ohne Kennzeichnung ertappt wurde, erhielt einen Teil des Gewandes des Juden, indem er es mit der Obrigkeit bzw. dem zuständigen Gericht teilte. Bei der dritten Übertretung wurde der Jude ausgewiesen. Immerhin verfuhr man so klug, dass die Juden bei Reisen über Land den gelben Ring ablegen durften. Die Sache mit der Belohnung des Anzeigers mit einem Teil des Gewandes kann man nur verstehen, wenn man weiß, was Kleidung damals für einen immensen Wert darstellte. Ein bürgerliches, gediegenes Gewand – und in dieser Weise kleideten sich wohl die Juden – hatte vor dem Siegeszug der Konfektionsfertigung einen enorm hohen Wert, war Träger des Sozialprestiges und kostete manchmal mehr als irgendeine windschiefe Hütte an der Stadtmauer. Noch im 18. Jahrhundert bedurfte ein Wiener Bürgermeister eines Finanzzuschusses aus der Privatschatulle Maria Theresias, um sich ein „Hofkleid" leisten zu können.

Erzherzog Ferdinand scheint sein Gutachten hinausgezögert zu haben, denn als er sich schließlich zwei Monate später zu einer

Antwort bequemte, gab er seinem Vater im Prinzip Recht, dass man diese Kennzeichnung in Böhmen auch durchführen sollte, erhob aber mit einigen Räten, unter ihnen jene der böhmischen Kammer, einige nicht unerhebliche Einwendungen. „Dieweil ihr (der Juden) aber", so antwortete er, „in diesem Königreiche am meisten und fast mehr als in allen anderen Eurer Majestät Landen seien und der gemeine Mann und Pöbel gegenüber den Juden recht erbittert seien, so trüge ich Sorge, daß diese Leute durch ein solches Mandat und infolge der Gerüchte über die bösen Taten der Juden dazu aufgereizt würden, nicht allein die Juden auf der Straße anzugreifen, um sie ihrer Kleidung und anderer Habe zu berauben, sondern sie auch zu ermorden und totzuschlagen." Stattdessen hielt der Erzherzog eine Ausweisung für klüger. Auch die Antwort enthielt den Hinweis auf die besondere Bedeutung der Juden in den böhmischen Ländern als die zahlenmäßig größte Judenschaft in den habsburgischen Herrschaften. Der König blieb bei seiner Linie, wischte die Einwände vom Tisch und setzte die Verlautbarung der Verordnung in tschechischer und deutscher Sprache durch. Zuletzt erschien am 10. Dezember die Fassung für Schlesien. Die Folgen traten, wie von Erzherzog Ferdinand vorausgesagt, sehr bald ein. Ein halbes Jahr nach der Veröffentlichung verlangte die böhmische Kammer eine Änderung des Patents, da die Juden sich fast täglich über Angriffe von Seiten der Christen beschwerten. Die Kammer berichtete, dass sich Leute zusammenrotteten, einen Juden von der Straße in einen Hof zerrten, ihm das „gelb Scheibl" vom Gewand rissen, ihn beraubten und dann gegenüber der Obrigkeit behaupteten, sie hätten den Juden ohne das vorgeschriebene Zeichen angetroffen. Juden sollten künftig nur mehr vor Gericht ihres Kleides verlustig gehen. Die Grenzen einer auf Disziplinierung ausgehenden Obrigkeit wurden sichtbar. Umso schärfer die Verordnung, umso leichter, sie verbrecherisch auszunützen! In den folgenden Jahrzehnten bemühte man sich – offenbar ohne Erfolg –, das Tragen des Judenzeichens weiter zu verfügen. Ebenso blieb die Alternative, die Vertreibung, auf der Tagesordnung. Immer wieder begannen diese Versuche in den österreichischen Erbländern und wurden dann auf Böhmen ausgedehnt. Am stärksten setzten sich für eine Vertreibung aus Böhmen die Prager Bürger ein. Sie wiesen in ihren Eingaben auch auf die Verhältnisse in den deutschen Territorien hin, wo die Juden weggejagt würden. Diese prinzipielle Konstellation blieb in Böhmen lange erhalten. Noch in der Zeit Leopolds I. und Karls VI. wurden entsprechende Ersuchen und Forderungen von der Prager Bürgerschaft gestellt. Ferdinand I. verfügte dann aufgrund der Gutachten seines Sohnes am 27. August 1557 eine Ausweisung. Der Erzherzog erscheint auch als treibende Kraft: Bezüglich der Verhältnisse in Böhmen war er optimistisch, die Juden bald in Bewegung setzen zu können, hinsichtlich Mährens war er skeptisch. Er trieb seinen Vater an, sich auch nachhaltig in die mährischen Verhältnisse einzuschalten. Nach längeren Verhandlungen und vergeblichen Direktiven Ferdinands I. erklärten die mährischen Stände, man sollte bezüglich der Juden die früheren Regelungen beibehalten. Der König gab allmählich auf, zumal auch die Vertreibung in Böhmen keine rechten Fortschritte machte.

Die Gründe für das Erlahmen der Kräfte sind vielfältig. Da die mährischen Stände die Ausweisung verhinderten, war eine zentrale generelle Lösung unmöglich geworden, und nur diese hätte Sinn gemacht. Was nützte den Beschwerde führenden Konkurrenten die Vertreibung aus Böhmen und Österreich, wenn die Juden in Mähren saßen und von dort aus ihre Geschäfte betrieben?

Der Grund für die Einstellung der Verlängerung der Geleitbriefe – das lief de facto auf eine Vertreibung hinaus – waren Vorwürfe, dass die Juden falsche Münzen in Umlauf brachten. Diese Vorgänge verbanden sich 1559 mit einer religiös bedingten Maßnahme, nämlich der Beschlagnahme der Gebetbücher der Juden, um sie auf christenfeindliche Passagen zu untersuchen und zu zensurieren. Die jüdischen Kinder sollten nicht zum Lesen solcher Gotteslästerungen verleitet werden. Die Söhne des alten Kaisers Ferdinand und überraschenderweise auch Erzherzog Ferdinand erhoben aber immer wieder Vorstellungen zugunsten der Juden, es ist sogar möglich, dass Maximilian seinen Vater in dessen letzten Lebensstunden in dieser Sache belog: Es ist denkbar, dass es sich bei diesem Bericht des Joseph ha-Kohen um eine der üblichen Sterbeberichte handelt: Der Kaiser verschied zufrieden, als ihm sein Sohn Maximilian II. am Sterbebett berichtete, dass aufgrund des letzten Ausweisungsbefehls kein Jude mehr im Lande wäre.

Die erwähnte Beschlagnahme der Gebetbücher der Prager Gemeinde ist als Vorläufer oder Beginn der Zensur der hebräischen Bücher zu sehen. Damals brachte man die 80 Zentner wiegenden Bücher nach Wien, prüfte sie, und da sie für unschädlich befunden wurden, gab man sie den Besitzern wieder zurück. Das Ereignis machte solchen Eindruck, dass der berühmte Prager jüdische Historiograph und Mathematiker David Gans, ein Freund Tycho Brahes, in seiner bekannten hebräischen Chronik „Zemach David" darüber berichtete.

Aus der Gesamtheit der widersprüchlichen Maßnahmen Ferdinands I. geht lediglich hervor, dass der König in seinen jungen Jahren, im Bestreben, die Zentralgewalt zu stärken, die Juden als Teil seines Kammergutes unbedingt im Lande unter seiner Verfügung haben wollte. Dabei war ihm wohl schon damals klar, dass die Judenschaft Böhmens und der Nebenländer zahlenmäßig ins Gewicht fiel und die größte Gruppe im Vergleich mit allen anderen seiner Territorien darstellte. Unruhen unter christlichen Händlern, insbesondere unter den Prager Bürgern, veranlassten ihn, deren Interessen entgegenzukommen und die Vertreibung der Juden in Erwägung zu ziehen und sie schließlich zu verfügen. Im Grunde wurden die Juden politisch und natürlich wirtschaftlich instrumentalisiert, und manche Auseinandersetzung des Königs mit den Ständen wurde auf ihrem Rücken ausgetragen. Im Wesentlichen argumentierten Ferdinand und seine Berater wirtschaftlich, nur manchmal sind die Anliegen der Schaffung eines Zentralstaates nach westeuropäischem Muster erkennbar. Zu unterstreichen ist allerdings die Tatsache, dass Ferdinand, wenn er einmal einen Vertreibungsbefehl ausgesprochen hatte, mit zahlreichen Zusatzmandaten dafür sorgte, dass die Juden während ihres Abzugs nicht bedrängt und neuerlich schikaniert wurden. Das liest sich vielleicht ein wenig zynisch oder kann so verstanden werden, ist aber immerhin ein nicht zu vernachlässigender Punkt in einer Zeit, in der man sprachlich radikal gegen die Juden wütete. Möglicherweise ließ er sich die Ermahnungen seiner Gemahlin Anna angelegen sein, die ihn noch auf ihrem Totenbett 1547 gebeten hatte, sein Augenmerk auf die Juden zu lenken.

Welche Rolle dabei die konfessionellen Gegensätze spielten, ist nach dem gegenwärtigen Forschungsstand nicht einmal zu vermuten. Erste Ergebnisse aus deutschen Territorien geben wenig Grund für hochgespannte Erwartungen, denn Evangelische und Katholiken waren in ihrer ethisch-theologischen Grundhaltung judenfeindlich eingestellt, und Gegenströmungen wurden nur von Einzelpersonen getragen. Selbst ein Herrscher wie Maximilian II., der im Rufe einer gewissen Offenheit in religiösen Angelegenheiten stand, veränderte erst dann sein Verhalten gegenüber den Juden, als ein neu ausbrechender Türkenkrieg seinen finanziellen Bedarf schlagartig erhöhte. Ein präziser Zusammenhang zwischen dem Verhalten Ferdinands gegen die Juden und seinen Auseinandersetzungen mit den böhmischen Ständen, die 1547 ihren Höhepunkt erreichten, ist beim gegenwärtigen Stand der Forschung nicht zu erkennen. Gerade 1547 spielten im Rahmen der Vorbereitungen des ständischen Aufstandes Argumente gegen die Juden keine Rolle. Vielleicht auch ein Hinweis darauf, dass man den gesamten Problemkreis der Rolle der Juden nicht überschätzen sollte.

Von Maximilian II. erhofften sich die Juden eine Besserung ihrer Lage. Zunächst änderte sich aber nichts. In Schlesien setzte er die Ausweisungspolitik fort, in Böhmen schob er die Entscheidung auf. Als die Verhandlungen wegen neuer Türkensteuern begannen, fanden die Prager jüdischen Ältesten mit ihren Bitten um Erneuerung ihrer Privilegien Gehör. Am 4. April 1567 bestätigte ihnen Maximilian II. ihre alten Rechte, in der Stadt zu wohnen und ihren Geschäften nachzugehen. Ihre Zahl sollte sich allerdings nicht vermehren. Die Vertreibung aus Kolin wurde sogar rückgängig gemacht.

Direkte Beziehungen zwischen Hof und Juden gab es anlässlich des Begräbnisses Kaiser Ferdinands I. Die acht oder zehn Pferde für die

Überführung der Leiche von Wien nach Prag wurden bei jüdischen Händlern gekauft. Und der Kämmerer Erzherzog Ferdinands war bei einem Prager Juden mit 550 Gulden verschuldet; als er in Zahlungsschwierigkeiten kam, musste der Erzherzog für ihn intervenieren, damit er nicht seine Pfänder verlor. Maximilian verbot zwar den Juden, die Bergstadt Kuttenberg zu betreten, doch erhielten einige Juden Ausnahmegenehmigungen.

Der Grund für diese moderate Behandlung der Juden wird ab 1569 deutlich erkennbar. Die Finanzierung der Türkenkriege, die von nun an bis in die Zeit Rudolfs II. und bis zum Friedensschluß von Zitva Torok reichten, erforderten eine maximale Nutzung der Steuererträgnisse. Die Juden waren davon vielfach betroffen. Es ist erstaunlich zu beobachten, wie viele Mittel auf den Generallandtagen der böhmischen Länder und auch auf Einzellandtagen bewilligt bzw. erpresst wurden, wobei sich die Eintreibung trotz der Mitwirkung jüdischer Steuereinnehmer oftmals in die Länge zog. Die bekannteste neue Steuer war der „dreißigste Pfennig", der vom Preis jeder verkauften Ware zu bezahlen war.

Kaiser Rudolf II. und die Prager Juden

Ausgangspunkt für das legendenumsponnene Verhältnis Kaiser Rudolfs zu den Juden ist sein nachweisbares Treffen mit Juda Löw ben Bezalel, dem Rabbi Löw von Prag. Bei dieser Gelegenheit führten sie ein langes Gespräch ohne Zeugen. Wir wissen also nicht, was der Kaiser vom Prager Rabbiner wissen wollte. Dass sie sich über Kabbala, das Weltende und die Harmonie der Welt unterhielten, ist recht wahrscheinlich, waren sie doch beide an solchen Fragen und Systemen interessiert. Christen und Juden beschäftigten sich damals in Prag intensiv mit der Lektüre kabbalistischer Literatur. Rudolfs Beichtvater Pistorius hatte 1587 den ersten Band einer geplanten Sammlung kabbalistischer Texte veröffentlicht. Seltsame, geheimnisvolle Verbindungen zu angeblichen hebräischen Überlieferungen standen im Mittelpunkt neuer Geheimphilosophien. Johann Habermann (Avenarius) aus Eger († 1590) verfasste am Ende seines Lebens die „Biblia Arcano-Magica Mosaica". Sie enthält angeblich die göttliche Botschaft an Moses und kam über Salomon und Alexander den Großen nach Griechenland und Venedig und schließlich nach Naumburg. Apokalyptische und messianische Endzeitfragen beschäftigten auch die Juden. Die Resonanz auf die Werke des Isak Luria und des Moses Cordovero war auch in der Prager Gemeinde groß. Der einer bedeutenden Prager Familie angehörende Sabbatai Horowitz schrieb eine Einführung zu Cordovero, die 1612 gedruckt wurde. In diesem geistigen Umfeld bewegte sich auch der „Hohe Rabbi Löw", der zudem noch als Zauberer galt, der mit dem „Golem" einen künstlichen Roboter geschaffen hatte. Alle diese Gleichzeitigkeiten in Prag regten und regen die Phantasie an, und der auf dem Prager Burghügel lebende und sich okkulten Studien hingebende Kaiser war der natürliche Mittelpunkt aller dieser Spekulationen.

Vergleichsweise nüchtern nimmt sich dagegen das aus den Quellen nachweisbare Verhältnis Rudolfs zu den Juden aus. Abgesehen von der gesetzgeberischen Tätigkeit des Kaisers standen ihm mit Mordechai Meysel und Jakob Bassevi zwei bedeutende Juden gegenüber. Es ist kein Zufall, dass Meysel als einer der ersten Hofbankiers gilt, der unter ganz besonderen Bedingungen seine Geschäfte durchführen konnte. Auch manche Maßnahmen Rudolfs in Wien schufen der Führungsschicht der Juden neue Rechtsbedingungen. Nach den bisherigen Forschungen – diese sind allerdings in den letzten Jahren kräftig in Fluss gekommen – war die Grundlage dieser neuen Entwicklung die „Hofbefreiung": gewissermaßen die Geburtsstunde des barocken „Hoffaktors". Meysel zeigt bereits alle charakteristischen Züge dieser Leute: großer rechtlicher Spielraum zur Abwicklung aller finanziellen Transaktionen im Interesse des Monarchen und die erfolgreiche Nutzung dieser Voraussetzungen, auf der anderen Seite ein großzügiges segensreiches Wirken für eine oder mehrere Gemeinden. Meysel durfte nicht nur Geld gegen Faustpfänder leihen, sondern so wie seine mittelalterlichen Vorgänger gegen Schuldverschreibungen und Immobilienverpfändungen. Ferner war er von allen Handelsbeschränkungen befreit. Große Darlehen konnte man in der Mitte des 16. Jahrhunderts nur bei süddeutschen Kaufleuten beziehen, das Beispiel der Fugger in den Finanzgeschäften Karls V. und Ferdinands I. ist ja zur Genüge prominent. Mit Meysel trat erstmals wieder ein Jude als Konkurrent christlicher Finanzleute auf. Seine Hinterlassenschaft betrug eine halbe Million Gulden. Vergleichen wir: Ferdinand I. schuldete den Fuggern gegen Ende seines Lebens zwölf Millionen Gulden. Im Vergleich zu dieser Augsburger Kaufmanns- und Finanzdynastie war Meysel ein armer Schlucker. Doch war er immerhin imstande, die Prager Judenstadt auf seine Kosten pflastern zu lassen und die berühmte, nach ihm benannte, heute noch erhaltene Synagoge zu erbauen. Nach seinem Tod 1601, als er kinderlos sein Vermögen seiner Frau, der zahlreichen weiteren Verwandtschaft und einigen Armen in Prag hinterlassen hatte, griff der Kaiser ein, um das Geld für die eigene Kammer einzuziehen. Die juristische Begründung für dieses Vorhaben war abenteuerlich: Mordechai Meysel habe das Geld unrechtmäßig erworben, da er dem Gesetz zuwiderlaufende Privilegien genossen habe! Eine sonderbare Argumentation! Denn die Privilegien hatte ihm ja Rudolf II. gewährt. Rudolfs Juristen scheinen das Merkwürdige in der Argumentation gespürt zu haben, denn es folgte eine Berufung auf historische Rechte des Kaisers. „Dieser Jude Meysl und alle anderen Juden, die in unserem böhmischen Königreiche sowie in den mit ihm vereinigten Ländern siedeln, sind nicht allein Lehensleute, sondern ganz und gar Seiner Majestät des Königs von Böhmen Gefangene, die sich hier nur Dank der Gnade Seiner Majestät des Königs und unter Seinem Schutz aufhalten dürfen, weshalb sie denn der den Angehörigen des herrschaftlich ritterlichen Standes und der anderen Stände zuerkannten Rechte und Rechtsmittel gänzlich ermangeln. Darum dürfen sie ihr Hab und Gut nicht testamentarisch vermachen oder aus königlichen Freibriefen Nutzen ziehen; vielmehr hat ihr Vermögen nach ihrem Tode als ohne letztwillige Verfügung hinterlassen zu gelten und fällt daher, falls sie keine Kinder haben, nicht den ferneren Verwandten, sondern der

Obrigkeit, Seiner Majestät dem König von Böhmen zu, der demnach über das Erbgut frei verfügen darf." Erbrechtlich interessant, dass man allenfalls nur einen Anspruch von Kindern anerkennen wollte. Ein klassischer Fall, dass Obrigkeiten und Staaten an einer Eingrenzung der Gemeinschaft der Erbberechtigten immer interessiert sind. Gegenüber den Juden konnte man mit der vollen Tradition des Verhältnisses zwischen dem Kaiser und den Juden auffahren. Die Argumentation enthält eine Reihe von Anklängen an die sogenannte „Kammerknechtschaft", allerdings in einer manchmal unpräzisen, geradezu geschwätzigen Form, die man offenbar aus lateinischen Vorlagen gewann. Der Standpunkt der kaiserlichen Juristen setzte sich durch, und nicht einmal die Armen erhielten das ihnen gestiftete Geld.

Insgesamt erhielten die Juden von Rudolf II. einen gewissen Spielraum für ihre Geschäfte und erfreuten sich eines wirksamen Schutzes, der allerdings teuer erkauft war. Der gute Ruf, den der Kaiser sogar unter jüdischen Geschichtsschreibern genießt, wird dadurch beträchtlich relativiert. Die Phantasie seiner Ratgeber bei der Erfindung neuer Steuern war beachtlich. Da gab es die Kopf-, Toleranz-, Vermögens-, Familien-, Koscherfleisch- und die Kerzensteuer. 1595 bezahlten die Juden noch eine erhöhte Haussteuer. Im Vergleich zum gesamten Aufkommen der Prager Haussteuer berappten sie, die damals etwa 20 Prozent der Prager Bevölkerung ausmachten, rund 35 Prozent der gesamten Steuer. Abgesehen von diesen Extra-Abgaben zahlten sie auch alle anderen Steuern, die von den Christen entrichtet wurden. Berüchtigt war unter ihnen die Biersteuer. Wie schon das Beispiel des Mordechai Meysel zeigt, waren die Aktivitäten Rudolfs vor allem auf die Prager Judenschaft ausgerichtet.

Ungarn

Die Übernahme des Judenprivilegs, das Friedrich der Streitbare in Österreich ausgestellt hatte, durch den ungarischen König Béla IV. im Jahr 1251 glich die Lebensbedingungen der Juden in Österreich und Ungarn einander an. Die beiden Jagellonen Wladislaw und Ludwig, die von 1490 bis 1526 auch in Ungarn die Herrschaft ausübten, hielten an diesen rechtlichen Voraussetzungen jüdischen Lebens fest. Die Steuereinhebungen waren dem Vertreter der ungarischen Juden, dem „praefectus Iudaeorum", anvertraut. Es handelte sich dabei um Jakob Mendel aus Preßburg, dem sein gleichnamiger Sohn in dieser Funktion nachfolgte. König Ludwig ernannte sogar einen jüdischen Münzmeister, und Juden waren auch als Zoll- und Mauteinheber tätig. Insgesamt waren das in diesem Zeitraum recht günstige Verhältnisse, die den Tendenzen der Ziele zuwiderliefen, die von Vertretern der Kirche auch in Mitteleuropa im Wesentlichen durchgesetzt worden waren.

Diese Voraussetzungen änderten sich mit dem Jahr 1526, als König Ludwig in der Schlacht bei Mohács gegen die Türken fiel. Die verwitwete Königin Maria, die Schwester Ferdinands I., floh aus Ofen nach Preßburg. Juden sollen es gewesen sein, die dem in Ofen einziehenden siegreichen Feldherrn Ibrahim Pascha die Schlüssel der Stadt übergaben. Sultan Suleiman selbst ließ 2000 Juden zwangsweise umsiedeln. Trotz dieser Maßnahme entstand in Ungarn der Eindruck, dass die Juden mit den Türken paktierten. Vertreibungen in den großen Städten waren die Folge. Betroffen war Ödenburg, und auch in Preßburg verlangte der Stadtrat die Vertreibung. Königin Maria erließ den Befehl, dass alle Juden, die nicht den Mut aufgebracht hatten, während der Kämpfe mit den Türken in der Stadt auszuharren, nicht mehr zurückkehren durften. Ihre Häuser sollten vom Stadtrat eingezogen werden. Aber auch diejenigen, die in der Stadt geblieben waren, wurden schließlich vertrieben, siedelten sich aber in der Nähe auf adeligen Grundherrschaften an.

Noch 1526 gelang es Ferdinand I., seine Kandidatur als ungarischer König im Westen des Königreiches durchzusetzen. Was die Juden anlangt, hatten jene, die unter habsburgische Herrschaft gelangten, das schwerere Los gezogen. Der Schutz gegen Ritualmordbeschuldigungen und daraus folgende Vertreibungen wie z. B. in Tyrnau in den Jahren 1537 bis 1539 funktionierte nicht, und dort, wo sie nicht vertrieben wurden, litten sie unter hohen Steuerforderungen. Seit 1572 wurden die Juden doppelt so hoch wie die Christen besteuert. Die Regelung ging allerdings vom ungarischen Landtag aus. Im Unterschied zu den österreichischen und böhmischen Ländern scheinen der Einfluss und vielleicht auch das Interesse der Habsburger an den ungarischen Juden geringer gewesen zu sein. Als selbstverständlich betrachtete man es wohl, dass sie als unmittelbar Betroffene mit einer Sonderkriegssteuer zu den Kosten der Türkenkriege beitrugen. Die jüdische Bevölkerung von Ofen, die unter türkischer Herrschaft stand, betrachtete die zeitweilig von den Habsburgern über die Türken errungenen Siege mit großer Sorge. Dies nicht ohne Grund: Im Jahr 1601 eroberten kaiserliche Truppen Stuhlweißenburg; die Juden wurden zum Teil umgebracht und zum Teil als Sklaven verkauft. Jahre später wurden diese Leute von Juden aus Deutschland, Italien und aus dem Osmanischen Reich wieder freigekauft.

Eine eigenartige Geschichte spielte sich 1599 ab, die zeigt, dass auch Kaiser Rudolf II., wenn nicht besondere Umstände vorlagen, eine gefährliche Haltung gegen Juden einnehmen konnte. Damals schickte Sultan Mehmed eine Friedensdelegation nach Prag, der auch einige Juden angehörten, wie in einer ungarischen Chronik berichtet wird. Der Kaiser ließ die Juden angeblich in den Kerker werfen und verurteilte sie später zu Zwangsarbeit. An der Spitze stand der spaniolische Jude Don Gabriel Bonaventura, dem es nicht besser erging. Es erhebt sich natürlich die Frage, ob Rudolfs Vorgangsweise gegen die jüdischen Mitglieder der Delegation etwas damit zu tun hatte, dass sie Juden waren. Die Quellen schweigen über die Motive des Kaisers, es ist aber immerhin auffällig, dass dezidiert von den Juden berichtet wird, die dieses Schicksal erlitten.

Die österreichischen Erbländer

Wie schon aus dem Abschnitt über Böhmen klar wurde, wurde das Verhalten der Habsburger gegenüber den Juden von den Verhältnissen in den Ländern der Wenzelskrone bestimmt. Trotzdem kam es in einigen Fällen vor, dass eine Verordnung zunächst in den Erbländern erlassen wurde und dann erst hinsichtlich Böhmens diskutiert wurde, wie zum Beispiel das Tragen des Kennzeichens der Juden. Der Druck der Stände auf den Herrscher, die Juden zu vertreiben, war auch in Österreich unter und ob der Enns beachtlich, doch waren die Auswirkungen auf die Steuereinnahmen und die Handelsverhältnisse im Vergleich zu Böhmen geringfügig.

Die wenigen Nachrichten, die sich auf einzelne in den Erbländern lebende Juden zu Beginn des 16. Jahrhunderts beziehen, deuten darauf hin, dass es sich um überdurchschnittlich einflussreiche Leute handelte, die immer wieder in direktem Kontakt zum Herrscher standen. Damit setzte sich eine Entwicklung fort, die in Donauösterreich bereits zur Zeit Friedrichs III. einsetzte und im Grunde bis weit ins 18. Jahrhundert andauerte. Die Zeit der Gemeinde im Unteren Werd (Leopoldstadt) im 17. Jahrhundert muss aus diesem Blickwinkel als Ausnahme gelten.

In der frühen Zeit Ferdinands I. spielten die Nachkommen des zur Zeit Maximilians I. wirkenden Hirschel eine wichtige Rolle, vor allem in der Steiermark. Die Witwe und die Kinder des Hirschel standen in engem Kontakt zu den Brüdern Hans und Wolfgang von Stubenberg, gehörten aber auch zu einer Kompanie, die direkt Darlehen an Ferdinand I. gab. Dieser Kompanie gehörten auch Juden an, die in Eisenstadt lebten. Im Grunde bediente sich Ferdinand jener Verhältnisse, wie sie von seinem Großvater Maximilian I. durch die Vertreibung aus Innerösterreich geschaffen worden waren. Hirschels Nachkommen nannten sich nach Marchegg, Eisenstadt und auch nach Zistersdorf und hatten auch Verbindungen nach Triest und nach Eger in Böhmen. Eine Schlüsselrolle scheint die Witwe des Hirschel, Lea, gespielt zu haben. Die Ehe des Mendl, der vermutlich aus Böhmen stammte und sich später in Zistersdorf niederließ, scheint ein frühes Beispiel für die im Laufe des Jahrhunderts dichter werdenden Beziehungen zwischen Böhmen und Österreich bzw. Wien und Prag zu sein. Juden, die vereinzelt in Wien wirkten, hatten ihren eigentlichen Lebensmittelpunkt mit Gemeindezugehörigkeit und familiären Bindungen meist in Prag.

Die Geschichte der Juden in den Erbländern entpuppt sich daher in dieser Zeit gewissermaßen als Teil der Geschichte der böhmischen, insbesondere der Prager Juden. Allerdings tritt diese Verbindung dominierend erst gegen Ende des Jahrhunderts hervor.

Die Geschäftstätigkeit des Mendl von Zistersdorf ist recht gut erforscht. Auch er stand in enger Beziehung zum Landesfürsten und verhandelte mit ihm über ein schließlich gewährtes Darlehen über 1000 Gulden für die Wiener Stadtbefestigung. Die Sache spielte sich 1546 ab, als Ferdinand I. dieses Problem energisch weiterverfolgte. Mendl handelte auch mit Venediger Waren, was ihm manche Schwierigkeiten mit den Zollbeamten am Tabor und beim Rotenturmtor einbrachte. 1533 schrieb Ferdinand I. an die böhmische Kammer, dass der Prager Jude Munko den Mendl gegen seine Geleit- und Freibriefe bedrängt hatte. Mendl hatte offenbar in Prag Geschäfte gemacht und war dabei mit einem der führenden Juden der Prager Gemeinde in Streit geraten. Daraus entwickelte sich eine längere Auseinandersetzung zwischen den beiden bedeutenden Geschäftsleuten. Als Mendl starb, wurden seine Güter offenbar beschlagnahmt, nach Verhandlungen aber im Jahr 1548 seinen Kindern ausgefolgt.

Die Familie hatte mit Aron von Triest einen weiteren wichtigen Zweig, denn Aron erhielt von Ferdinand I. ein Privileg.

Zu den privilegierten Juden gehörte auch Lazarus von Günzburg, der nicht nur von Ferdinand I. einen Schutz- und Geleitbrief besaß, sondern auch von den Herzögen von Bayern und Kaiser Karl V. Er hatte zunächst das Recht, sich in Günzburg in der Markgrafschaft Burgau anzusiedeln, begab sich aber später nach Niederösterreich und Wien, um dort als Arzt zu wirken. Diese Absicht scheiterte jedoch am Widerspruch der Medizinischen Fakultät der Wiener Universität, so dass er nach Wolkersdorf übersiedelte und von dort aus Handelsgeschäfte betrieb. Auch er hatte wie Mendl von Zistersdorf manchen Streit in Zollangelegenheiten mit den Behörden auszutragen, wobei ihm Ferdinand I. manchmal behilflich war. So stritt er sich 1555 um eine Ladung Safran, die ihm zunächst als Schmuggelgut abgenommen worden war. Ferdinand entschied die

Angelegenheit, und Lazarus bekam einen Teil seiner Ware wieder zurück.

Einzelne Juden genossen also die Unterstützung des Erzherzogs, der aber in generellen Fragen der Ausweisung der Juden gegenüber den Ständen ein offenes Ohr hatte. Schon die Judenordnung von 1536 hat einen restriktiven Zug und ist alles andere als ein Privileg. Ferdinand unterschied zwischen den inländischen Juden, die zu seinem Kammergut gehörten, worunter wohl auch die böhmischen Juden zu verstehen waren, und den ausländischen. Die Judenordnung, die sich auf Niederösterreich und Wien bezog, geht im Grunde davon aus, dass es nur Juden gab, die für kurze Zeit in Wien Geschäftliches oder vielleicht Behördliches zu erledigen hatten. Die Bestimmungen galten nämlich auch hinsichtlich der inländischen Juden nur für solche, die länger als über Nacht in Wien bleiben wollten. Die Obrigkeit sollte ihnen für die Zeit des Aufenthalts ein Papier zur Berechtigung, sich in Wien frei bewegen zu dürfen, ausstellen. Die inländischen Juden hatten keine günstigeren Aufenthaltsbedingungen als die auswärtigen. 1546 begannen dann die Versuche, die Juden auszuweisen, die sich bis zum Ende von Ferdinands Regierungszeit fortsetzten.

Abseits von den politischen und wirtschaftspolitischen Punkten ist mit Ferdinand ein noch wenig erforschtes Kapitel humanistischer Kultur verbunden, nämlich sein Interesse an hebräischer Wissenschaft. Im Gegensatz zu der Vielzahl von Studien über Reuchlin und die Auseinandersetzungen, die über seine einschlägigen Werke geführt wurden, sind die beiden in Wien wirkenden Orientalisten Guillaume Postel und Johann Albrecht Widmanstetter wenig bekannt. Widmanstetter besaß eine bekannte Sammlung kabbalistischer Texte, die 1557 vom Münchner Hof erworben wurde.

Die Politik Maximilians II. in Niederösterreich unterschied sich wenig von der seines Vaters bzw. von seiner eigenen in Böhmen. Der Erlaubnis für einige Juden, ihren Geschäften nachzugehen, standen generelle Ausweisungsversuche, die alle anderen Juden betrafen, gegenüber. Am 2. März 1565 erging das erste dieser Patente.

Da wurde zunächst die herrschende Situation geschildert: Schon sein Vater hätte aus besonderen Gnaden Juden erlaubt, sich an einigen Orten im Lande anzusiedeln und dort ihrem Gewerbe nachzugehen. Diese wurden als die „befreiten" Juden bezeichnet, also als jene, die ein Privileg besaßen. Es hielten sich aber im Lande noch viele andere auf, obwohl bereits 1554 ein allgemeiner Befehl ergangen war, dass sie das Land zu verlassen hätten. Diese Juden seien für die anderen Bewohner, also die Christen, höchst schädlich und verderblich. Es sei die Pflicht eines christlichen Kaisers und regierenden Fürsten, solche Missstände abzustellen. Wie wir schon bei der Reichspolitik der Habsburger feststellen konnten, musste die Anwendung kaiserlichen Rechts in seinem frühabsolutistischen Verständnis nicht immer Vorteile für die Juden bringen. Sie sollten sich also aus Niederösterreich wegbegeben. Alle früheren Vergünstigungen waren aufgehoben. Ausgenommen von der Vertreibung waren nur jene Juden, die sich taufen ließen. Dieser Befehl galt auch für alle Juden, die unter grundherrschaftlicher Obrigkeit lebten. Von größeren Auseinandersetzungen zwischen dem Landesfürsten und den Grundherren ist nichts bekannt, vereinzelte Aktenstücke lassen aber erkennen, dass die adeligen Herren sich in Bittschriften dafür einsetzten, dass die landesfürstlichen Steuereinnehmer die Juden in ihren Gebieten nicht übermäßig besteuern sollten. Alle diese Aktivitäten spielten sich in einem unvergleichlich kleineren Rahmen ab als in Böhmen oder Mähren. Wenn auch die Karte der Dörfer in Niederösterreich, in denen Juden nachzuweisen sind, eine gewisse Dichte aufweist, handelte es sich meist nur um eine jüdische Familie, die dort wohnte. Daher wuchsen sich verschiedene Meinungen über die Besteuerung der Juden nur selten zu ernsthaften Konflikten aus. Die Juden lebten meist in Grenznähe, wodurch der Handel nach Böhmen, Mähren und Ungarn und weiter in den Osten unter günstigen Bedingungen vonstatten gehen konnte. Die Lage an wichtigen Handelsstraßen war gegeben. Die Ballung der Siedlungen in Grenznähe hatte auch im Falle von Ausweisungen, die ja gewissermaßen permanent drohten, den Vorteil, dass man sich ein paar Kilometer weiter, namentlich in Mähren, nieder-

181

lassen konnte. Noch anlässlich der berühmten Vertreibung von 1669/70 begab sich der Großteil der Wiener und niederösterreichischen Juden in die nahegelegenen Gemeinden nach Mähren und Ungarn. Die wenigen Familien, die nach Berlin und Brandenburg gingen, wurden zwar berühmt, waren aber doch die Ausnahme. Auch in diesem Fall verdrängte die Wahrnehmung des Spektakulären die vergleichsweise gewöhnliche Realität. Im Grunde bedeutete diese Abwanderung in benachbarte Dörfer und Städte eine Fortsetzung der Ausweisungspolitik Maximilians I.: Die Stände einer Region waren zufrieden gestellt, und der Landesfürst konnte als Herr des Nachbarterritoriums weiterhin über die Einnahmen von den Juden verfügen.

Maximilian machte auch in anderen Bereichen Druck auf die Juden in Niederösterreich. 1567 erließ er ein Wucherverbot (Wucher wurde in dieser Zeit bereits klar als übermäßiges Zinsennehmen definiert), indem er Untertanen und Amtsinhaber aufforderte, „daß ihr oftbemeldten Jüden das ubermäßige, alzuvil und unleidenliche, wucherliche Fürleihen auf der Unterthanen Gründ, Güeter und Fechsung, so denen Christen zu treiben verwört, durchaus keineswegs gestattet ...''

1571 folgte dann ein völlig anderer Plan, der schon in eine fernere Zukunft weist. Den Juden in Wien sollten Wohnungen angewiesen werden. Es ging dabei um sieben Familien. Ein Objekt erwies sich als zu klein, der zukunftsweisende Gedanke, die Juden im Werd jenseits der Schlagbrücke (diese Brücke lag beim Rotenturmtor und führte auf die jenseits des stadtnächsten Donauarms liegende Insel) anzusiedeln, setzte sich nicht durch, so dass ihnen ein uns nicht bekanntes größeres Haus zur Verfügung gestellt wurde, in dem auch Juden, die sich nur kurze Zeit in Wien aufhielten, übernachten konnten. Ein halbes Jahr nach dem gedanklichen Entwurf befahl Maximilian von Prag aus die Durchführung.

Die Sprunghaftigkeit in der Behandlung der Juden zeigte sich deutlich, als Maximilian Ende 1572 wieder einen Ausweisungsbefehl ergehen ließ, der auch die Wiener Juden betraf. Man muß hier innehalten und sich die Frage stellen, was hinter einer derart chaotischen Politik stecken könnte. Das Problem scheint darin zu liegen, dass gerade Maximilian sich offenbar nicht entschließen konnte, welchem Prinzip er Priorität einräumen sollte. Einerseits gehörte es zu den Pflichten eines Herrschers, die Juden zu schützen. Im 16. Jahrhundert ist das mit dem Zusatz zu versehen, dass dies nur mehr konkret und nicht mehr als abstrakter Schutzauftrag verstanden wurde. Der Schutz galt nur, wenn Juden auch wirklich in einer Stadt oder einer Region lebten. Die Fürsten kämpften nicht mehr oder noch nicht um das Recht, Juden anzusiedeln. Grundsätzlich war jenes Phänomen wirksam, das der berühmte jüdisch-russische Historiker Simon Dubnow „die spanische Krankheit" nannte. Damit meinte er, dass seit der Vertreibung der Juden aus Spanien 1492 ihre Abwesenheit von Europa als Normalzustand betrachtet wurde. Dort, wo sie in größerer Zahl lebten, wie in Böhmen und Mähren, und der Fürst die finanziellen Vorteile ihrer Anwesenheit genoss, erwies er sich in Anknüpfung an mittelalterliche Vorbilder als ihr schützender Herr. Fiel ihre Zahl aber weiter nicht ins Gewicht, ließ er sich von nicht immer erkennbaren tagespolitischen Irritationen leiten und verfügte Ausweisungen. So kennen wir die Vorgeschichte der Ausweisung von 1572 nicht. Irgendeine Beschwerde des Wiener Handelsstandes oder eines anderen ständischen Gremiums kann die Geschichte ins Rollen gebracht haben. Gerade die ständische Gestaltung der Gesellschaft schaltete die Wirksamkeit längerfristiger politischer Einflüsse aus. Der fürstliche Judenschutz verkümmerte als allgemeines Prinzip zur schriftlichen Phrase, und der neue Gedanke, dass die Juden dem Ganzen in irgendeiner Weise nützlich sein konnten, war noch nicht genügend entwickelt. Der alte Judenschutz fand konkreten Ausdruck nur in den Verboten, abziehende Juden zu drangsalieren. Die neue Vorstellung hing davon ab, wie sehr man sich, äußerlichem Druck gehorchend, finanzielle Vorteile erhoffte, und dies implizierte natürlich die Erfahrung mit der Zahl der Juden in einer Region. Daher musste Böhmen mit seinem Steuermultiplikationsfaktor von mehreren tausend Juden auch den Habsburgern die Augen öffnen: das Herumschieben von Juden konnte nicht die Lösung sein. Doch dauerte es trotz der

Türkenkriege und des Dreißigjährigen Krieges noch lange, ehe man diese Tatsachen zur Kenntnis nahm.

In der Regierungszeit Rudolfs II. bereitete sich in Wien eine Veränderung vor, die in mehrfacher Weise mit Prag in Verbindung stand und schließlich in der Zeit Ferdinands II. voll entwickelt war. 1575 begannen Verhandlungen mit Juden, die in Wien lebten, über eine Zahlung von 10.000 Gulden. Welche Juden hier lebten, ist aus den Quellen nicht ersichtlich, es werden aber wohl Mitglieder der reichen Prager Familien gewesen sein, die in Wien eine Art von Geschäftsfilialen unterhielten. Vermutlich begannen sich genau in dieser Zeit, man schätzt in den „siebziger und achtziger Jahren des 16. Jahrhunderts", aus der Zahl der befreiten Juden jene der besonders günstig gestellten hofbefreiten Juden herauszuschälen. Dieser Vorgang korrespondiert mit der Entstehung der Gruppe der „hofbefreiten" Handwerker. Einer der frühesten Inhaber einer solchen privilegierten Stellung war der Prager Jude Veit Munk, der jedenfalls seit 1595 im Besitz dieser Rechte war. Die Verbindung zu Prag wird in diesem Fall deutlich. 1585 hatte sich Rudolf II. zu einer Ausweisung entschlossen, da die Antwort auf seine Frage nach Zahl und Vermögen der Wiener Juden recht trist ausfiel. Doch am Beginn des Türkenkrieges 1593 begann Rudolfs II. große Suche nach Geld. 1596 zahlten die Wiener Juden 6000 Gulden als Darlehen, das sie sich selbst zu einem Zinssatz von zehn Prozent ausleihen mussten. Um weitere Forderungen, namentlich Steuerforderungen, wurde zwischen den Juden und Erzherzog Matthias in zunehmender Schärfe gestritten. Zudem gab es eine gewisse Zuwanderung nach Wien. Die alteingesessenen befreiten Juden hatten eine Synagoge, ein rituelles Tauchbad und einen Friedhof eingerichtet. Der Friedhof war jener in der Rossau, in der heutigen Seegasse, dessen ältester Grabstein von 1582 stammt. Das bedeutet: Eine jüdische Gemeinde war im Entstehen. Diese Juden beschwerten sich 1598 bei Erzherzog Matthias, dass seit 1596 täglich fremde Juden nach Wien kämen, die im Besitz verschiedener Freiheiten waren, aber nicht daran dächten, sich an den Zahlungen der Wiener Juden zu beteiligen. Ferner würden diese Zuwanderer ungeniert die vorhandenen Einrichtungen in Anspruch nehmen. Matthias sollte einen Beitrag für die neuen Ankömmlinge festsetzen. Der Erzherzog nahm diese Vorstellungen positiv auf und verfügte, dass die nach Wien ziehenden Juden sich an den Lasten, die die Wiener Juden zu tragen hatten, beteiligen mussten, da sie die Einrichtungen sonst nicht benutzen dürften. Die später erwähnte Judenschule der Judenschaft des Veit Munk scheint eine Reaktion auf diese Streitigkeiten gewesen zu sein: Zweifellos, eine Gemeinde war im Entstehen!

Der Streit um die Kriegskontribution und die Steuern eskalierte derart, dass Matthias und die Reichshofkanzlei mit Ausweisung drohten und eine solche am 5. Februar 1600 sogar verfügten. Doch war diese Maßnahme anscheinend nur der Anfang neuer Verhandlungen, denn am 4. Mai 1601 richtete die Hofkammer an Matthias ein Schreiben mit einer Auflistung der jüdischen Haushalte. Die meisten Juden wohnten damals im Stubenviertel, und zwar in der Gegend um den Kienmarkt, den heutigen Ruprechtsplatz. Alle Familien stammten aus Prag und gruppierten sich um die führende Familie Munk. In der Schultergasse, also im Bereich der ehemaligen, mittelalterlichen Judenstadt, wohnte Elia Alvanus, eigentlich Elia b. Abba Mari Chalfan aus Prag. Sein Vater Abba Mari war Arzt in Prag gewesen und 1586 verstorben. Elia ging nach Wien, wo er ebenfalls als Arzt tätig war. Ursprünglich kamen die Chalfans aus Frankreich und wanderten im Laufe des 16. Jahrhunderts über Italien nach Prag. Trotz aller Drohungen mit Ausweisung entwickelten sich die Elemente einer gewissen Stabilität der jüdischen Ansiedlung weiter. So sollte der Reichshofratspräsident die Freibriefe der Juden studieren, um dann neue Privilegien für die „Hofjuden", wie sich Matthias 1611 bereits ausdrückte, zu konzipieren. Die Hofjuden verglich er dabei mit den anderen Hofhandelsleuten, die „unsern Hoflägern nachziehen sollen". Die Zeit war reif geworden für die umfassenden Maßnahmen Kaiser Ferdinands II., die in gleicher Weise die österreichischen und böhmischen Länder betrafen.

185

Ferdinand II.

Seine Politik gegenüber den Juden hat seit langer Zeit einiges Erstaunen hervorgerufen. Der Kaiser der Gegenreformation, einer der wichtigsten Vertreter bei der Entwicklung der staatlichen Frömmigkeit, hat zu gleicher Zeit eine umfassende Verbesserung der Lebensverhältnisse der Juden initiiert. Bevor wir hinter die Bedingungen dieser Vorgänge leuchten, ist es nur möglich, eine Ursache dafür anzugeben: Der Kaiser bedurfte in der großen kriegerischen Auseinandersetzung seiner Regierungszeit, dem Dreißigjährigen Krieg, großer finanzieller Mittel, um diesen überhaupt führen zu können.

Tatsächlich waren seine Maßnahmen umfassend, erstreckten sich auf das Reich wie auch auf jedes seiner eigenen Territorien. Dabei schuf er im Einzelnen nichts Neues, doch im Zusammenspiel der verschiedensten Regelungen entstand eine Situation, die sich beträchtlich von den Verhältnissen, die unter seinen Vorgängern herrschten, unterschied. Die Entwicklung des kaiserlichen Hofjudenprivilegs war eine Säule von Ferdinands Judenpolitik. Im vollen Umfang scheint dieser Privilegientypus in der kaiserlichen Kanzlei entwickelt worden zu sein, obwohl Matthias als König von Böhmen bereits 1611 Jakob Bassevi ein derartiges Privileg erteilt hatte, in dem er ihm den Titel eines „befreiten kaiserlichen Hofjuden" verlieh. Befreiungen dieser Art sind in Ansätzen bereits früher nachzuweisen, häufiger sind sie erst in der Zeit Ferdinands II. zu finden. Berühmt ist sein Privileg für Samuel zum Drachen und Samuel zum Straußen und ihre Nachkommen, der älteste Schutzbrief für die Familie Oppenheimer. Ihre Mitglieder, zu denen auch ihre Mitarbeiter gehörten, konnten überall, wo Juden wohnten, ungehindert ihren Wohnsitz nehmen und Handel treiben. Es standen ihnen freie Religionsausübung und das Beerdigungsrecht zu. Aus anderen Privilegien wissen wir, dass die Inhaber eines Hofjudenprivilegs freies Geleit im gesamten Reichsgebiet genossen und vom Tragen des gelben Rings befreit waren. Anstelle dieses diskriminierenden Zeichens führten sie das Reichswappen mit sich. Sie konnten sich direkt an das kaiserliche Gericht oder an das Reichskammergericht in Speyer wenden. Später, in der Zeit Leopolds I., als sich das Institut noch weiter entwickelt hatte, kamen dazu Steuerbefreiungen, fallweise die Berechtigung, hebräische Bücher mit sich zu führen, und das sozialgeschichtlich auffallende Recht, sich in einem eigenen Haus mit eigenem Gefolge niederzulassen. Die wenigen Inhaber solcher Privilegien glichen sich in ihren Lebensformen dem Adel an, unter den auf Repräsentation zielenden Rechten gab es auch die Freiheit für einen Hoffaktor, mit einem Degen in der Öffentlichkeit zu erscheinen. Trotzdem waren unter den Hoffaktoren einige, die ein traditionelles, jüdisches Leben führten und sich von ihrer glänzenden Geschäftswelt nicht übermäßig beeindrucken ließen. Viele von ihnen – und die aus österreichischer Sicht berühmtesten Hof- und Kriegsfaktoren Samuel Oppenheimer und Simson Wertheimer sind dafür markante Beispiele – setzten ihren Einfluss zugunsten ihrer Glaubensgenossen ein und wurden daher als Verteidiger des Judentums, als Schtadlanim, betrachtet. So bewirtete Oppenheimer in seinem Haus am Petersplatz täglich jene Juden, die sich vorübergehend in der Residenzstadt aufhielten, und Wertheimer verhinderte 1700 für einige Jahre die Publikation der üblen antisemitischen Schrift „Entdecktes Judentum" des Johann Andreas Eisenmenger, die erst 1711 in Preußen erschien und im späten 19. Jahrhundert noch einmal zu zweifelhaften Ehren kommen sollte. Die Inhaber der Hofjudenprivilegien waren häufig miteinander verwandt, bildeten also allmählich eine eigene soziale Schicht innerhalb der Juden im Reich, die allerdings in enger geschäftlicher Beziehung zu den einzelnen Gemeinden und zur Masse der Juden in den habsburgischen Ländern, insbesondere in Böhmen, stand. Einzelne Hofjuden bekleideten rabbinische Ämter, wobei nicht immer ganz klar ist, wie weit es mit ihrer rabbinischen Bildung her war. Die Funktion eines ungarischen oder mährischen Landesrabbiners war neben der traditionellen Bedeutung auch ein hochpolitisches Amt, das für die Kommunikation zwischen dem Kaiser und den „Judenschaften" zuständig war.

Die von Ferdinand II. geförderte Neukonstituierung einer jüdischen Gemeinde in Wien war keine Marginalie, denn diese Begünstigung erfolgte in der Residenzstadt. Die Stärkung des Gemeindeeinflusses, die unter Ferdinand II. insgesamt zu beobachten ist, führte dazu, dass die Hofjuden nicht im luftleeren Raum agierten, sondern mit ihren vielfältigen wirtschaftlichen und politischen Funktionen in und gegenüber den Gemeinden eine feste Basis ihrer Tätigkeit fanden. Im Falle Samuel Oppenheimers wissen wir sehr genau Bescheid, dass er an der Spitze eines Kreditnetzes stand, an dem fast alle Gemeinden des Reiches, Böhmens und Ungarns beteiligt waren. Er stützte sich also neben anderen Juden auf die Gemeinden. Die Privilegierung bzw. Ordnung der Wiener Gemeinde schuf dem Gemeinwesen einen beachtlichen Spielraum, der eine nicht zu unterschätzende Verbesserung des Klimas bewirkte. Es wäre natürlich ein sehr gewagter Schluss, zu behaupten, dass Ferdinand diese Verbesserung gezielt herbeiführte, um die Juden zu aktiver Mitarbeit zu motivieren. Der Effekt seiner Politik lässt sich aber in diese Richtung interpretieren. Obwohl auch er und seine Ratgeber bisweilen äußerst zähe Verhandlungen um die Beiträge der Juden zu verschiedenen Unternehmungen führen mussten, ergab sich insgesamt eine deutliche Steigerung der kaiserlichen Einnahmen von Seiten der Juden. Etwas Vorsicht bei solchen vergleichenden Urteilen ist allerdings angebracht, da der Geldwert in diesen Jahren wenig stabil war und es sich daher empfiehlt, jede einzelne Zahlung nach ihrem tatsächlichen Wert zu prüfen.

Ferner sind enge Kooperationen von Juden mit führenden adeligen Entrepreneurs wie Albrecht von Wallenstein oder dem kaiserlichen Statthalter Karl von Liechtenstein festzustellen, die für die Entwicklung der Wirtschaft zukunftsweisend waren. Die Erfindung der Uniform für die Soldaten Wallensteins, die zum Teil von jüdischen Schneidern geliefert wurde, war z. B. eine der wesentlichsten Triebfedern für die Konfektionserzeugung von Kleidungsstükken. Das Staunen über die generelle Haltung Ferdinands II. gegenüber den Juden darf aber nicht darüber hinwegtäuschen, dass es genügend Stoff für Auseinandersetzungen zwischen dem Kaiser und seinen Schützlingen gab. Die Vorgeschichte der Entstehung einer eigenen Judenstadt auf der Donauinsel gegenüber dem Rotenturmtor verlief keineswegs linear und ohne Probleme. Die privilegierten Juden in Wien waren schon längst an den Bau einer Synagoge gegangen, von der es hieß, sie hätten sie viel zu groß gebaut. Neben den Kontributionsforderungen konnte der Kaiser nun auch Strafgelder einheben. Die Forderungen nach Darlehen, Strafzahlungen und steuerartigen Zahlungen, die mit angeblich hohen Gewinnen aus der Beteiligung an der kaiserlichen Münzproduktion begründet wurden, kletterten in den Jahren 1624/25 deutlich in die Höhe. 30.000 bis 50.000 Gulden verlangte man von den Juden öfter, einmal erreichten sie eine Höhe von 100.000 Gulden. Damit lag man in Wien noch ein Stück hinter Prag zurück, doch die Unterschiede verwischten sich. Knapp vor der Wohnungsanweisung auf der Donauinsel, dem Werd, drohte noch einmal eine Ausweisung. Das Verhältnis zwischen Ferdinand II. und den Wiener Juden war durchaus gespannt und keineswegs harmonisch. Der Kaiser entschloss sich aber, mit der Wohnungsanweisung und dem folgenden Privileg für die jüdische Gemeinde den gordischen Knoten zu durchschlagen. Hinsichtlich des Handels und der Pfanddarlehen wurden die Freiheiten der Juden denen ihrer Glaubensgenossen im Reich und in Böhmen angeglichen, handwerkliche Tätigkeit sollten sie aber nur im eigenen Bereich der jüdischen Gemeinde ausüben. Dies war ein wesentlicher Unterschied zu Böhmen, wo die Juden insgesamt in der handwerklichen Produktion mitwirkten. Die an sich recht günstigen Verhältnisse erfuhren auch durch die Rückkehr Melchior Khlesls nach Wien keine Veränderung. Mit der intensiv einsetzenden Propaganda der Gegenreformation wuchs auch unter den Juden die Furcht, den gerade erreichten Status zu verlieren, und 1628 erhielten die Juden in Frankfurt am Main Briefe aus Wien, in denen die Rede von drohenden Gewaltmaßnahmen war. In dieser Situation bewährte sich aber Ferdinands Schutz. Die einzige Folge von Khlesls Rückkehr war die 1630 wieder beginnende Gewohnheit der „Judenpredigten", auf die noch zurückzukommen sein wird.

Die Spitze der Gemeinde bildeten die befreiten Hofjuden, die mit ihren finanziellen Leistungen die Existenz der Gemeinde erst ermöglichten, weil der Kaiser auf sie Rücksicht nehmen musste. Ihre Zahlungen gingen weit über jene Beträge hinaus, die von der Gemeinde insgesamt verlangt wurden. Die Aufwendungen der Gemeinde selbst wurden meist für klar definierte Zwecke verwendet: für die Bezahlung einiger Leute der Stadtguarda oder für jährliche Beträge für ein Mitglied des Hofes (nach Ferdinands Tod erhielt seine Witwe von den Wiener Juden einen bestimmten Betrag). Man schätzt die Größe der Wiener Judenschaft zu dieser Zeit auf etwa 3000 Personen. Bedenkt man, dass 1669 aus Wien etwa 1300 Juden vertrieben wurden, scheint diese Schätzung recht hoch. Allerdings muss man damit rechnen, dass sich in Wien immer eine große Zahl von Juden aufhielt, die nur wenige Tage in der Stadt blieb.

Wie immer es sich mit dieser Größenordnung von 3000 verhält, die Prager Judenschaft umfasste damals die dreifache Zahl an Gemeindemitgliedern und war daher für Ferdinand unvergleichlich wichtiger. Gleich nach dem Prager Fenstersturz kam es in der Judenstadt in der Altstadt zu Plünderungen. Die Juden waren sich rasch darüber klar, dass ein Sieg der Stände ihre Situation nur verschlechtern konnte. Dem König hatten sie dagegen einiges an finanzieller Hilfe anzubieten, und sie wussten, dass er diese auch brauchte. Wie die Juden erwartet hatten, beantragten Vertreter der Prager Stände 1619 die Vertreibung der Juden aus Böhmen oder zumindest die Einschränkung ihres Handels auf das Gebiet der Judenstadt und des Tandelmarkts. Inzwischen rückte aber das kaiserliche Heer näher. Nach der Schlacht am Weißen Berg erklärte Ferdinand öffentlich, dass die Juden in dieser schwierigen Zeit ihre Treue bewiesen hätten. Ihre Häuser wurden daraufhin auf kaiserlichen Befehl besonders geschützt, während die siegreichen kaiserlichen Soldaten die Häuser des nichtkatholischen Adels und der anderen oppositionellen Ständevertreter plünderten.

Ferdinand bestätigte den Juden hierauf ihre Privilegien, und ab 1623 begannen die finanziellen Verhandlungen über Kontributionen zur Abdeckung der enormen Kriegskosten. Durch Vermittlung des Fürsten Karl von Liechtenstein erhielten die Juden vom Kaiser das Recht, die nahe der Judenstadt gelegenen Häuser, die von Protestanten verlassen worden waren, zu erwerben. Diese Maßnahme lief auf eine Vergrößerung der Judenstadt hinaus, gegen die sich natürlich der Rat der Prager Altstadt heftig zur Wehr setzte. Vorübergehend einigten sich die Juden mit dem Altstädter Rat, indem sie zusagten, ihm finanziell bei der Bezahlung von Truppenteilen unter die Arme zu greifen. Doch schon ein Jahr später hagelte es neue Beschwerden von Seiten der Altstadt. Der Rat erhoffte sich das Eingreifen des Kaisers durch den Hinweis auf die bedrohliche Situation der Kirchen, die von Judenhäusern umstellt waren. Karl von Liechtenstein schmetterte die Beschwerden ab und erklärte, die Juden hätten noch weitere Vergünstigungen verdient, da sie hohe Beträge für den Krieg bezahlten. Er befahl, die von den Juden erworbenen Häuser ins Grundbuch einzutragen und sie von allen städtischen Abgaben zu befreien. Die Stimmung wurde in den nächsten Jahren aber so angeheizt, dass Ferdinand schließlich verfügte, die Juden dürften diese Häuser nur an Christen weiterverkaufen. Diese Anordnung erwies sich als wirkungslos, denn jedes Haus hatte eine große Zahl von Miteigentümern, deren Besitzanteile man nicht verkaufen konnte.

Die von Ferdinand im Privileg von 1623 neu erlassenen Bestimmungen förderten vor allem den Handel und das Kreditgeschäft der Juden. Interessant ist die Verordnung, dass die Juden an keiner Zoll- oder Mautstelle mehr als die Christen bezahlen sollten. In den vergangenen Jahrzehnten hatten sich bei diesen Abgaben bedeutende Unterschiede zwischen Christen und Juden entwickelt. Es gilt aber zu bedenken, dass diese Gleichstellung bereits im Mittelalter mehrfach verfügt worden war und entgegen der konkreten Praxis auch als Prinzip von der allgemeinen Rechtsordnung des Reiches anerkannt worden war. So bedurfte es manchmal besonderer Umstände, dass sich in der Privilegiengewährung des Landesfürsten das geltende Reichsrecht durchsetzen konnte.

Wie schon kurz angedeutet, bot die berufliche Diversifizierung unter den Juden in Böhmen viele Vorteile, die es nicht nur ermöglichte, von ihnen Geld zu bekommen, sondern auch Naturalleistungen. Insbesondere ist hier die Bereitstellung von Tuchwaren und Nahrungsmitteln zu erwähnen. Die Naturalleistungen sparten Zeit, was im Krieg oft einen ausschlaggebenden Vorteil bedeuten konnte. Die Zusammenarbeit der Juden mit fortschrittlich agierenden adeligen Heerführern schuf einen Erfahrungsschatz, der kurze Zeit später in der sich verbreitenden merkantilen, nationalökonomischen Literatur seinen Niederschlag fand.

Die relative Freizügigkeit in der Behandlung der Juden in diesen Jahrzehnten des Krieges wurde nur durch die schon erwähnten Judenpredigten und die damit verbundenen Missionsversuche gestört. Von Wien ausgehend sollten die Forderungen Kardinal Khlesls, die Juden durch Predigten zu bekehren, auch bald in Prag angewendet werden. Konkret scheint die Sache dann doch von Ferdinand initiiert worden zu sein, zumindest lässt ein in der Hofkanzlei entstandener Text auf diese Vorgangsweise schließen. Auf Befehl des Kaisers hatte die Hofkanzlei die Meinung Kardinal Khlesls eingeholt und berichtete dem Kaiser am 12. März 1630 über den Stand der Dinge. Es ging um technische Fragen, wie den Ort, an dem die Predigten stattfinden und unter welchen Begleitmaßnahmen sie ablaufen sollten. Die Predigt sollte am Samstag (!) in einem Saal der Universität stattfinden und ein Anwesenheitsprotokoll geführt werden, in das die Juden, man höre und staune, mit Tauf- und Zunamen einzutragen wären. Damit kein Jude die Predigten heimlich verlasse, sollten die Eingänge bewacht werden, und die Wächter hatten auch dafür zu sorgen, eingeschlafene Juden wieder zur Aufmerksamkeit zu ermuntern. Diese Vorschläge berühren uns heute vielleicht ein wenig komisch, für die Juden war es bestimmt nicht lächerlich, gerade am Schabbat zu einer derartigen Gehirnwäsche zwangsgeladen zu sein. Den Kardinal erreichten die letzten Fragen zur Durchführung der Predigten an seinem Todestag, am 18. September 1630. Wie die Pläne dann tatsächlich umgesetzt wurden, wissen wir nicht. An sich waren Jesuiten als Prediger vorgesehen, die auch hebräisch können sollten, doch dauerte es in Prag bis Oktober, bis ein solcher Mann zur Verfügung stand. Die Predigten erwiesen sich als wirkungslos. Man änderte die Taktik und versuchte in Einzelfällen zum Erfolg zu kommen.

Bis in die theresianische Zeit war es dann üblich, jüdische Kinder gegen den Willen ihrer Eltern zur Taufe zu überreden und in katholischen Familien zu erziehen. Die Juden wehrten sich natürlich mit dringlichen Eingaben gegen dieses Vorgehen, hatten aber nur selten Erfolg bei ihren Interventionen.

Ebenfalls Erfolg hatte man bei Juden, die eines Verbrechens angeklagt waren, denn die Taufe führte dazu, dass sogar ein Todesurteil null und nichtig wurde. Für die getauften Juden blieben die Folgen zwiespältig. Sie retteten sich zwar vor der Strafe, ein Kontakt zu ihrer ehemaligen Gemeinschaft war jedoch nicht mehr möglich, da sie ausgestoßen waren, und die Akzeptanz, auf die sie als getaufte Juden in der christlichen Gesellschaft stießen, war gering. Genau diese sozialpsychologischen Folgen waren es, die den Bemühungen, Juden zu taufen, wenig Erfolg versprachen.

Sicherlich war es einem katholischen Herrscher wie Ferdinand II. ein Anliegen, die Konversion der Juden zu versuchen, sein Misserfolg änderte aber nichts an seiner Haltung gegenüber den Juden. Dieses Beispiel zeigt aber doch deutlich, dass hinter Ferdinands Behandlung der Juden nicht ein tiefergehendes Verständnis des christlich-jüdischen Verhältnisses stand, sondern die wirtschaftliche Notwendigkeit sein Verhalten steuerte. Aus dieser Situation wuchs jedoch das Institut der Hoffaktoren, die in den folgenden Jahrzehnten nicht nur, wenn die Lage schon fast aussichtslos war, mit Geld einsprangen, sondern zunehmend in das merkantile System eingebunden wurden. Die Hoffaktoren von Ferdinands Nachfolgern standen zwar zum Teil in einem sehr persönlichen Verhältnis zum Herrscher, ihr wirtschaftliches Wirken hatte aber durchaus etwas Technisch-Strukturelles an sich. Doch gehört es zum Bild des Hoffaktors, dass er sich nach Venedig begab, um für seinen Kaiser persönlich einen berühmten Diamanten zu erwerben, um ihn dann im Schutze des kaiserlichen Geleites unversehrt an den Hof zu bringen. Das „System" der Hoffaktoren war so erfolgreich, dass es gerade in der Residenzstadt über das Prinzip der Gemeinde siegte, indem der Kaiser 1669 die Wiener jüdische Gemeinde zerstörte und bald darauf nur mehr Hofjuden zuließ.

Diese waren nicht nur für den Kaiser, sondern auch für andere Mitglieder der Dynastie tätig. So erhielt Adam Arnstein, der älteste Vertreter der später berühmten Wiener Familie, ein Hofjudenprivileg von Amalie, der Witwe Kaiser Leopolds I., für Lieferungen, die er an ihren Hofstaat zu leisten hatte. Sein Privileg war sinnigerweise nicht wie üblich in roten, sondern in schwarzen Samt gebunden.

Kaiser, Staat und bürgerliche Gesellschaft

Vom Josefinismus zum Vormärz

In einem Punkt hatte die Toleranzpolitik sicher keine Änderung gebracht: Die Vertreter der jüdischen Führungsschicht standen in enger Beziehung zum Kaiser bzw. zu den zentralen Behörden, die für Krieg und Finanzen zuständig waren. Im Grunde setzte sich in dieser Zusammenarbeit unter modifizierten Bedingungen das Hofjudentum fort. Allerdings mischte sich bei der engen verwandtschaftlichen Verflechtung von Wiener und böhmischen Juden diese „hofjüdische" Komponente mit einem Unternehmertum, das wohl eine traditionelle Bindung an die Interessen der Obrigkeit aufwies, zugleich aber schon Elemente freien Wirtschaftens enthielt. Die schon längere Zeit in Wien oder Prag wirkenden Familien, die seit Jahrzehnten zur Spitze der jüdischen Gesellschaft zählten, zeichneten sich durch große Nähe zum Hof aus, die Aufsteiger waren trotz ihrer traditionellen Prägung durch die Tätigkeit auf den Grundherrschaften vielfältigeren Geschäften verpflichtet.

Ein bedeutender Mann, an dem sich diese Fragen eindrucksvoll studieren lassen, war Israel Löbel Hönig, der 1789 mit dem Adelsprädikat von Hönigsberg ausgezeichnet wurde und als der erste geadelte

Jude gilt. Seine Lebenszeit umfasst noch die Epoche Maria Theresias, aber auch die Zeit danach, da er erst 1808 mit 84 Jahren starb. Er stammte aus Kuttenplan in Böhmen, und schon sein Vater erwarb sich mit Naturallieferungen an die Armee große Verdienste. 1752 übernahm Israel zusammen mit seinem Vater und seinem Bruder die Prager Tabakpacht. Er verschaffte sich sogar bei den böhmischen Ständen mit dieser Tätigkeit einen guten Ruf, da er seine Pachtzahlungen pünktlich leistete, das Publikum gut bediente und sich als rechtschaffener Mann erwies, dem überall Vertrauen entgegengebracht wurde. So erhielt er im Siebenjährigen Krieg wieder Aufträge für Heereslieferungen. 1761 wurde ihm bescheinigt, dass er über seine eigentlichen Verpflichtungen hinaus unter Hintansetzung seines Vermögens, Leib und Lebens alles genau erfüllt habe und er daher die höchste Gnade Maria Theresias erworben habe. Er und seine Brüder erhielten jetzt erst das freie Niederlassungsrecht in Böhmen, Mähren und Schlesien. Sozial engagiert, verteilte er in eben dieser Zeit an arme, verwaiste Kinder Matratzen. Schließlich übernahm er 1764 mit 20 anderen Wiener jüdischen Kaufleuten die Tabakpachtung für Böhmen, Nieder- und Oberösterreich. Hatte die Prager Pacht in seinen jungen Jahren erst einen Umfang von jährlich 5000 bis 6000 Gulden umfasst, war sie nun auf 900.000 Gulden jährlich gestiegen. Teile der Pacht wurden wieder für soziale Aufgaben verwendet. Zehn Jahre später war die Pacht schon auf 1,6 Millionen Gulden gestiegen. Dazu kamen nun auch die innerösterreichischen Länder. Die 25-prozentige Gewinnbeteiligung ermöglichte es dem Hof, sich über die Gesamteinnahmen rasch ein Bild zu machen. Die Entwicklung verlief so günstig, dass Josef II. die gesamten Gewinne für staatliche Zwecke verwenden und den Tabakverkauf zum Staatsunternehmen umformen wollte. Am 3. April 1783 wurde Hönig eingeladen, bei Hof zu erscheinen. Josef hatte bei diesem Treffen die Abrechnung von 1782 in der Hand und beauftragte Hönig, die notwendigen Maßnahmen durchzuführen. Seine unangenehmste Aufgabe war es, die Gesellschafter seiner Tabakpachtungskompanie zum Rückzug zu bewegen. Doch es gelang ihm und er wurde Direktor der Tabakgefälle. Schließlich erhielt er den Titel eines niederösterreichischen Regierungsrates. Aus einem „freien" Unternehmer war ein beamteter Direktor geworden, der seinen Unternehmungsgeist aber nicht verlor und nebenher eine Wachskerzenfabrik gründete. Am 2. September 1789 wurde er nobilitiert. Dies stellte sich aber nicht als das erhoffte „Entrebillet" in die adelige Gesellschaft heraus, die ihn nicht als ihresgleichen anerkannte. Als er die niederösterreichische Grundherrschaft Velm erwarb, dauerte es jahrelang, ehe er in die niederösterreichische Landtafel eingetragen wurde. Mit dem Adelstitel war nicht einmal ein offizielles Wohnrecht in Wien verbunden.

Trotzdem zeigt sich an den folgenden häufigeren Adelserhebungen von Juden, dass ihre Laufbahn als „Hofjuden" nun einen krönenden Abschluss finden konnte. Es wurde dies eines der wichtigsten Elemente des Strebens nach Anerkennung in den führenden Gesellschaftsschichten. Ganz vereinzelt kamen Nobilitierungen von Juden schon früher vor. Jakob Bassevi, der aus Italien kommend in Böhmen wirkte, beteiligte sich auf Initiative Kaiser Ferdinands II. an der Ausprägung schlechter Taler. Das trug ihm zwar allgemein einen schlechten Ruf ein, doch am 18. Januar 1622 wurde er als erster Jude unter habsburgischer Herrschaft in den Adelsstand erhoben, wenig später wurde sein Wappen mit der Adelskrone gebessert. Eine Ausnahme stellt Diego d'Aguilar dar, der von Karl VI. ein spanisches Baronat verliehen bekam. Die anderen älteren Nobilitierungen wurden genau genommen nicht an Juden verliehen, sondern an Getaufte. Wie wir ja schon bei der Frage der Marranen gesehen haben, ist die Entscheidung sehr schwierig, ob man solche Erscheinungen einfach in den Rahmen einer „jüdischen Geschichte" stellen kann.

Ganz ähnlich wie in den Kriegen des 18. Jahrhunderts profilierten sich einige Familien während der Koalitionskriege und in den folgenden Napoleonischen Kriegen. Unter den älteren Familien ragen Nathan Adam Freiherr von Arnstein und Bernhard Freiherr von Eskeles hervor. Beide beschäftigten sich mit Großhandel, zunehmend aber als Bankiers. Zusammen mit nichtjüdischen Geldgebern wie Fries und Geymüller aus der Schweiz, Steiner aus der Steiermark und Parish in Hamburg war ihnen die Durchführung der kriegsbedingten notwendigen Anleihen übertragen. Arnstein erwarb sich bei diesen mühseligen Transaktionen einen hervorragenden Ruf. Der berühmte Salon seiner aus Berlin stammenden Frau Fanny steht wieder ganz im Zusammenhang der repräsentativen Elemente, die sich nun stärker auf kulturell-geistige Veranstaltungen verlagerten. Mit Hilfe des Vermögens ihres Mannes war sie an sozialen Stiftungen beteiligt, förderte Literatur und Musik und wirkte bei der Gründung der Gesellschaft der Musikfreunde mit. Mit der Gestaltung des Wiener Kongresses erreichte Arnsteins Finanzierungstätigkeit einen neuen Höhepunkt. Graf de la Garde schrieb dazu: „Der Baron Arnstein hat sozusagen sich selbst übertroffen. Die seltensten Blumen, allen Klimas entlehnt, schmückten die Treppen, die Salons, die Tanzsäle mit reichstem Farbenglanz und ausgezeichnetstem Dufte. Tausende von Kerzen und Spiegeln, Gold und Seide glänzten überall. Eine ausgezeichnete Musik, wie man sie damals nur in Wien hören konnte, bezauberte das Ohr. Es war mit einem Worte eines der unvergleichlichen Resultate, welche der Reichtum erlangt, wenn er vom Geschmacke unterstützt wird. Mitten unter diesen aristokratischen Schönheiten glänzte, ohne die Konkurrenz zu fürchten, die Baronin Fanny Arnstein, mit Unermüdlichkeit den Fremden entgegenkommend ... Auf das Konzert folgte ein Ball und dem Balle ein Souper, bei welchem der Baron sich ein Vergnügen daraus gemacht zu haben schien, alle Jahreszeiten und alle Entfernungen als nicht vorhanden darzustellen. Er hatte die Erzeugnisse aller Länder und aller Klimas vereinigt. Die Säle waren mit Bäumen geschmückt, die mit reichen Früchten beladen waren. Es nahm sich merkwürdig aus, mitten im Winter wie in einem Garten der Provence Kirschen, Pfirsiche und Aprikosen pflücken zu sehen."

Arnsteins Partner Bernhard Eskeles war 1816 die treibende Kraft bei der Gründung der Nationalbank, als deren Vizegouverneur er viele Jahre an ihrer Spitze stand. Arnstein und Eskeles verbanden, wie für diese Generation bezeichnend, die geradezu beamtete

Tätigkeit im kaiserlichen oder Staatsauftrag mit dem freien Unternehmertum.

Betrachtet man die Familienliste der Juden im Wien des Jahres 1804, fällt allerdings auf, dass die Großhändler bereits im Vormarsch waren und auch einige andere Berufe von Juden ausgeübt wurden. Da gab es den Zahnarzt Ascher Noe, den Hühneraugenausschneider Moses Ettinger und den Antiquar Michael Lazar. Die großen Bankiers und Heereslieferanten standen, gleich, ob sie in Wien oder Prag lebten, zeitweilig auch mit dem Kaiser in persönlichem Kontakt. Simon Laemel, der geniale Kaufmann aus Prag, hatte sich bei einer gegenüber Frankreich vorgetäuschten Transaktion erfolgreich behauptet und damit Österreich große Gewinne verschafft. Als er schließlich bei Kaiser Franz zur Audienz erschien und der Kaiser meinte: „Wenn nur alle Juden wären wie der Herr Laemel", antwortete Laemel selbstbewusst: „Damit E. M. sie scheren können."

Der Wiener Kongress hatte, obwohl auch jüdische Vertreter erschienen, um ihre Vorstellungen über die künftige Rechtsstellung bekannt zu geben, keine Veränderungen bewirkt. Die durch den Kongress bekräftigte Haltung, eine Restauration der alten Zustände zu begünstigen und durchzusetzen, hatte auch für die Juden die Folge, dass die Errungenschaften der Emanzipation, die von den siegreichen Franzosen in den besetzten deutschen Ländern eingeführt worden war, wieder beseitigt wurden bzw. ihre Beseitigung möglich wurde. Umso mehr galt dies für Territorien, die von den französischen Verfassungsverhältnissen nicht beeinflusst worden waren. Es blieb bei der merkwürdigen Situation, dass je nach der Lage der Dinge Kontrollbestimmungen verschärft oder gelockert wurden. Alles dies sicher im Geiste josefinischer Toleranz und Kontrollwut. Wenn auch nun in Wien die Judenschaft Vertreter hatte und damit wieder ein Schritt in Richtung Gemeindebildung getan wurde und seit 1826 die prächtige Synagoge zur Verfügung stand, hatte sich im Grunde nichts seit den Zeiten Josefs II. verändert. Isak Noa Mannheimer, der den jüdischen Gottesdienst in der Seitenstettengasse leitete, hatte nicht den Titel eines Rabbiners, sondern eines Religionslehrers, und der berühmte Kantor Salomon Sulzer hatte nicht einmal ein Aufenthaltsrecht in Wien. Auch die Anfänge des Hauses Rothschild in Österreich passen in dieses Schema. Salomon Rothschild kam 1816 nach Wien und galt natürlich als fremder Jude. Er musste sich in der Renngasse im Hotel Zum römischen Kaiser einmieten, und noch später konnte er die Genehmigung, sich im Bergbau zu betätigen, nur schwer erhalten. 1822 war er aber schon Freiherr geworden und übernahm die führende Rolle im Bankwesen. Wesentlich war seine Neuorganisation der Börse als einem von politisch-ökonomischen Stimmungen abhängigen Anleihemarkt. Dadurch gewann er entscheidendes Übergewicht gegenüber den älteren Banken, wie eben Arnstein und Eskeles. In besonders engem Kontakt stand Salomon Rothschild mit dem Fürsten Metternich und seiner Frau, und der Staatskanzler förderte ihn nach Kräften. Für die wirtschaftliche Zukunft der Monarchie war Rothschilds Einsatz für den großzügigen Ausbau des Eisenbahnnetzes bedeutend. Der Bau der Nordbahn erwies sich als seine dauerhafteste verkehrswirtschaftliche Leistung. Etwa gleichzeitig wie Rothschild bzw. einige Jahre später betraten mit Baron Jona Königswarter und Hermann Todesco bereits die ersten Vertreter einer neuen Gruppe die Bühne in Wien, die ihren Aufstieg in der Gründerzeit vollendeten.

Mit Ausnahme der Rothschilds, die aus Frankfurt am Main kamen, stammte der Großteil der nach Wien wandernden Juden aus Prag bzw. aus Böhmen und Mähren, worin sich wieder die engen wirtschaftlichen Verbindungen zwischen Wien und dem böhmisch-mährischen Raum auch in dieser Zeit spiegeln.

Trotz ihrer besonderen Stellung wurden die Juden im Vormärz mehr und mehr ein Teil der an Einfluss gewinnenden bürgerlichen Gesellschaft. Dies galt nicht so sehr von den beschriebenen führenden Familien, die in größter Nähe des Hofes und der staatlichen Einrichtungen agierten und durch die Nobilitierung zunächst gar nicht in das Wiener Bürgertum integriert waren (hier lag die Nobilitierungswelle noch in der Zukunft). Es waren die Vertreter der Intelligenz, die jüdischen Studenten und die bereits hie und da in den großen Städten der Monarchie lebenden jüdischen Künstler, deren politische Ansichten mit jenen der Bürger übereinstimmten. Mit manchen dieser politischen Ansichten gerieten sie in Widerspruch zum „Metternichschen System", und einige der jungen Dichter und Schriftsteller mussten sich ins Exil retten. So übte der Dichter Karl Isidor Beck Kritik an Salomon Rothschild, als dieser zum Ehrenbürger von Wien ernannt wurde, indem er spöttisch schrieb: „Da naht der kindliche Bürgermeister aus Österreichs fetter Kaiserstadt, er reiche dir, du Lorbeerbereister mit großen Siegeln ein würdig Blatt. Wo Policinell in launiger Posse die Galere des Sklaven rosig bemalt, wo dein gehetzter Glaubensgenosse sein Licht und seine Luft bezahlt: Dort wird das Recht des Bürgers dein." Dieses Gedicht stammt aus einer zynischen „Widmung" an das Haus Rothschild, in der Rothschild als Stütze der reaktionären Kräfte verurteilt wurde. Rothschild war tatsächlich Metternich auf Gedeih und Verderb verbunden: Er finanzierte die Flucht des Kanzlers nach London und musste selbst im Oktober 1848 aus Wien fliehen. Metternich sagte noch am Vorabend der Revolution zu ihm: „Holt mich der Teufel, so holt er Sie auch; ich sehe der Hölle gerade ins Gesicht; Sie schlafen, statt zu kämpfen; Ihr Schicksal ist also geschrieben!"

Trotz dieser lauter werdenden Kritik beurteilten die Behörden die Lage der Juden günstig. Die Hofkanzlei verwies 1833 in einem Bericht darauf, dass die Juden nicht mehr isoliert seien, die Taufe einiger Juden und ihre Verehelichung mit christlichen Ehepartnern hindere sie nicht daran, ihre Kontakte zu ihren ursprünglichen Familie zu halten. Wohlstand und achtbare Lebensweise verschafften ihnen einen günstigen Stand in der Gesellschaft und Aufnahme in die gesellschaftlichen Zirkel. Besonders hob man hervor, dass die Juden sich bei wohltätigen Stiftungen hervorragend beteiligten.

Die Revolution 1848 und die folgende Entwicklung

Umbrüche standen unmittelbar bevor, und die von den jüngeren Juden geforderte rechtliche Gleichstellung mit der übrigen Bevölkerung, der Ruf nach einer Konstitution, der zugleich bedeutete, sich von der Toleranz, von der Bevormundung des paternalistischen Staates zu trennen, war die Wiederaufnahme von Themen, die schon auf dem Wiener Kongress als Forderung erhoben wurden. Die nun bereits zwei Generationen alte Toleranzpolitik war in den Augen vieler Juden keine Antwort mehr auf die bestehenden Probleme. Dieser Skeptizismus und diese politischen Ziele mussten die tatsächlichen und emotionalen Bindungen an das Kaiserhaus lockern.

Neben den Literaten gab es eine Reihe von begabten Politikern unter den Juden, unter denen dem Prager Juden Ignaz Kuranda besondere Bedeutung zukam, da seine seit 1842 in Leipzig erscheinende Zeitschrift „Grenzbote", die natürlich in das „Metternichsche Österreich" geschmuggelt werden musste, eine Verbindung zwischen der regierungskritischen Intelligenz im Lande und den liberalen Strömungen in Europa herstellte. Kurandas Begabung zeigte sich vor allem in seinem gemäßigten Vorgehen im Jahr 1848, als er in das Frankfurter Parlament gewählt wurde, aber auch in seiner Tätigkeit nach der Revolution als Abgeordneter zum niederösterreichischen Landtag und im Reichsrat.

Beim Ausbruch der Revolution wurde der Arzt Adolf Fischhof ein berühmter Mann, der in der zweiten Hälfte des 19. Jahrhunderts als politischer Denker einen enormen Einfluss gewann. Als sich am 13. März 1848 Adolf Fischhof im Hof des niederösterreichischen Landhauses inmitten einer großen Menge von aufgebrachten Menschen aufhielt, die sich aber nicht im Klaren war, was zu tun sei, fühlte er den Drang, wie er selbst berichtete, „ein zündendes Wort in die Menge zu schleudern, der hohen geschichtlichen Bedeutung des Moments enthusiastisch Ausdruck zu geben, und diese neugierige Masse zu einer großen Kundgebung hinzureißen". Ein Punkt seiner Rede war für die weitere Zukunft auch im Sinne unserer Überlegungen von großer Bedeutung. Er kritisierte, dass eine übelberatene Staatskunst die Völker Österreichs auseinandergehalten habe. Dieses Thema sollte Fischhof auch später nicht mehr loslassen, und er gehört damit zu jenen Juden, die in sehr tief gehender

Weise versuchten, Lösungen des Nationalitätenproblems anzubieten. Diese Lösungsversuche mit ihrer existentiellen Einsicht in die humanitären Rechte des Einzelnen, zu denen auch das Recht gehörte, sich zu einer Nation zu bekennen und diese Nationen einander gleichzustellen, haben mit der oberflächlichen Beschwörung der angeblichen gemeinsamen Supranationalität von Kaiser und Juden nichts zu tun. Fischhofs Weitsicht und Mut in seiner Rede im Musikverein 1869, die Diskrepanz zwischen dem Vielvölkerstaat und dem Versuch, den gesamten Staat mit der liberalen Verfassungspartei zu beherrschen, herauszustellen, sind nicht nur für den heutigen Betrachter eindrucksvoll und erstaunlich. Selbst ein Zeitgenosse wie Karl Lueger schrieb fragend rhetorisch an den erkrankten Fischhof, der sich nach Emmersdorf in Kärnten zurückgezogen hatte: „Was denkt wohl der Mann in Emmersdorf über dich?"

Der 13. März 1848 und der folgende Tag kosteten mehreren Menschen das Leben, unter denen sich auch zwei Juden befanden: der Technikstudent Karl Heinrich Spitzer und der Webergeselle Bernhard Herschmann. In einer eindrucksvollen Zeremonie, an der Vertreter der Katholiken, Protestanten und Juden teilnahmen, wurden die Toten am 17. März auf dem Schmelzer Friedhof bestattet. Der Katholik Prof. Füster, der Wiedererwecker der slowenischen Sprache, hatte Mannheimer und Sulzer zu einer gemeinsamen Totenfeier aufgefordert.

Die Revolution, die mit so vielen Hoffnungen begonnen hatte, endete im Oktober mit der Erstürmung Wiens, andere Städte der Monarchie waren bereits erobert worden oder sollten bald danach ihre kurzlebige Freiheit verlieren. Standgerichte nahmen ihre Tätigkeit auf, und Revolutionäre wurden zum Tod verurteilt. Auch Fischhof wurde des Hochverrats angeklagt – ihm wurde eine Beteiligung am Tod des Kriegsministers Latour vorgeworfen, den er unter Einsatz seines Lebens geschützt hatte. Nach monatelanger Untersuchungshaft wurde er wegen Mangels an Beweisen freigesprochen.

Während der Ereignisse des Jahres 1848 kam es zum Thronwechsel; der 18-jährige Franz Joseph I. trat die Regierung an und musste zunächst trotz der Niederschlagung der Revolution auf die radikale

Änderung des Klimas Rücksicht nehmen. Wie die Verfassung auch immer aussehen mochte, wie oktroyiert sie auch war, ohne Konstitution war nicht mehr zu regieren. Für die Juden traten unmittelbare Folgen ein. Äußerlich am dramatischesten war die Anrede, die der junge Kaiser am 3. April 1849 gegenüber den Wiener Juden gebrauchte: „Es gereicht Mir zum Vergnügen, den Ausdruck treuer Ergebenheit und Anhänglichkeit entgegenzunehmen, welche Sie Mir im Namen der israelitischen Gemeinde von Wien darbringen. Durch die Gleichberechtigung aller Völker und Stämme, welche die von Mir verliehene Verfassung zu einem großen mächtigen Reich vereinigt, wird, wie Ich fest vertraue, die Wohlfahrt und das Glück des Ganzen wie des Einzelnen dauernd begründet und einer gedeihlichen Entwicklung zugeführt werden." Drei Jahre später wurden die provisorischen Statuten der Israelitischen Kultusgemeinde vom Kaiser genehmigt.

Der Höhepunkt im Sinne der Durchsetzung der Gleichstellung der Juden schien das Verfassungsgesetz vom 4. März 1849 gewesen zu sein, in dem die Glaubensfreiheit und der Genuss der bürgerlichen Rechte unabhängig vom Bekenntnis garantiert wurden. Ferner hatten alle religiösen Vereinigungen das Recht der Selbstverwaltung, das auch für jene Institutionen und Vereine galt, die dazugehörten. Ebenso konnten Schulen errichtet werden, wenn auch eine staatliche Oberaufsicht bestehen blieb. Die öffentlichen Ämter und Staatsdienste wurden für jedermann geöffnet. Dies macht alles den Eindruck von „Ende gut, alles gut", doch die Märzverfassung war nur der Beginn neuer heftiger Diskussionen mit vielen Detailproblemen, deren Lösung erst 1861 bzw. mit den Staatsgrundgesetzen 1867 erreicht wurde.

Bevor diese Probleme näher zu beleuchten sind, soll noch eine Frage zur Sprache kommen, die sich schon im Zusammenhang mit der Märzverfassung aufdrängt. Die Gleichstellung der Juden ist letztlich eine Ableitung aus der Glaubens- und Religionsfreiheit. Daraus könnte zu folgern sein, dass sie als Staatsbürger jüdischen Glaubens zu betrachten seien. Dass dieser Gedanke keineswegs „opinio communis" war, zeigt sich schon in Franz Josephs

Anrede vom 3. April: Er sprach von der israelitischen Gemeinde und nicht von einer Kultusgemeinde und von der Gleichberechtigung von Völkern und Stämmen. Dem Schreiber der Dankadresse war klar, dass er nicht einfach einer Religionsgemeinschaft gegenüberstand. Da gab es andere Identitäten. Und daran entzündete sich die Diskussion, die engstens mit dem sich entwickelnden Antisemitismus in Verbindung stand, wenn es da überhaupt noch etwas zu entwickeln gab. Schon tauchte jene Idee auf, nach der einige Leute in den Juden eine „race", also Rasse, sehen wollten – sie entlehnten den Ausdruck aus der Sprache der Pferdezüchter des 18. Jahrhunderts. Die Begriffe Nation und Volk waren nur mit Vorbehalten für die Juden verwendbar, da sie zunehmend politisch belastet waren, denn im Vielvölkerstaat hatten solche Begriffe ihre scharfe Bedeutung. Die Juden selbst mussten zwischen Skylla und Charybdis ihren Weg suchen und versuchten verschiedene Varianten: War man deutsch, tschechisch, magyarisch oder doch eine eigene jüdische Nation? Man sieht schon, die Sache war weit verzwickter, als sie Csokors Dr. Grün in begreiflicher emotionaler Bewegung sah.

Die Verhandlungen, die der Märzverfassung vorangegangen waren, zeigen natürlich ein weniger glattes Bild, als der auf uns gekommene Text des kaiserlichen Patents. Der entscheidende Mann, der Innenminister Graf Stadion, schien zunächst entschlossen, die Emanzipation der Juden durchzusetzen. Einige Fragen, wie die Erteilung des Wahlrechts für die Juden, fanden keinen Widerspruch. Bezüglich der Grundrechte, die nun unabhängig von der Religion gewährt werden sollten, bemerkte der bekannte böhmische Historiker und Politiker Palacký, dass man die Juden nur allmählich den anderen Bevölkerungsgruppen gleichstellen sollte. Erteile man ihnen nämlich schon jetzt diese Rechte, könnten sie Massakern von Seiten der unduldsamen Bevölkerung ausgesetzt werden. Nachdem auch Karl Friedrich Kübeck sich für eine Aufschiebung der Frage der Gleichstellung der Juden ausgesprochen hatte, erklärte sich Stadion nun für diese Vorgangsweise. Kübeck hatte sich schon vor 1848 als Gegner der Juden erwiesen. Stadion meinte nun, man solle die „Klassen, die noch nicht aufgeklärt sind, nicht in Aufregung versetzen".

Die weiteren Diskussionen zu Beginn des Jahres 1849 zeigten, dass eine Reihe von regionalen Vertretern und Parteien eine Gleichstellung der Juden verhindern wollte. Tiroler Abgeordnete wollten überhaupt unterbinden, dass Anhänger nichtkatholischer Bekenntnisse in ihrem Land Anerkennung genießen sollten, und die Steirer strebten sogar an, dass die Vertreibungsurkunde Maximilians I. von 1496 gültig bleiben solle. Bäuerliche Vertreter waren unter dem Einfluss ihres regionalen Klerus gegen die Emanzipation der Juden, und insgesamt war man im Reichsrat überzeugt, dass die ganze Angelegenheit eine beträchtliche Schwierigkeit darstelle. Der Reichsrat wäre also zu keiner Lösung gelangt. Er konnte aber ohnehin nicht entscheiden, da er aufgelöst wurde, und die Regierung verabschiedete aus eigener Machtvollkommenheit die Märzverfassung. Wenn die Regierung auch die Gleichberechtigung der Religionsgemeinschaften verkündete, behielt sie sich doch vor, Beschränkungen gegen die Juden aufrecht zu halten und dies beizeiten auch zu veröffentlichen. Für die Juden war das eigentliche Problem, dass bis zur Veröffentlichung der zusätzlichen Gesetze die alten Bestimmungen aus der Zeit vor der Revolution gelten sollten, was beträchtliche Unsicherheit schuf. Immerhin schienen aber die wichtigen Formulierungen der Verfassung Grund zum Optimismus zu geben. Immerhin mahnten einige Umstände zur Vorsicht, und den wichtigsten sprach Mannheimer offen an: Eine zwangsweise eingeführte Verfassung könne, so wie sie gegeben, ebenso leicht wieder aufgehoben werden. Das am 17. März erlassene Gemeindegesetz schien aber geeignet, solche Bedenken zu zerstreuen. Keinem Österreicher konnte man den Aufenthalt in einer Gemeinde verweigern, und nach vier Jahren wurde man Gemeindeangehöriger. Die weitere Entwicklung hing mit einem erfolgreichen Vorgehen gegen die noch existenten revolutionären Bewegungen zusammen. Wien, Prag, Galizien und Istrien befanden sich unter der Herrschaft einer Militärdiktatur, in Italien und Ungarn rückte die Revolution vorwärts. Trotzdem setzte sich in der Regierung dominierend die Ansicht durch, dass man mit der Gleichberechtigung der Juden ernst machen müsse. In diesem Sinne wurden die Statthaltereien angewiesen, die allerdings ganz anderer Meinung waren und den Juden dieselbe Stellung zuwiesen wie im Vormärz. Doch die Regierung setzte sich zunehmend mit ihrer Ansicht durch. Ein besonders wichtiger Punkt war die Beseitigung des Eheverbots zwischen Christen und Juden. Justizminister Schmerling erkannte das zentrale Problem und meinte, dass hierin eine der Ursachen für die Absonderung der Juden liege, und formulierte, dass in der Beseitigung dieses Verbots eine Chance bestehe, „dieses abgerissene und doch nicht mehr zu verdrängende Stück Volk in den gesellschaftlichen Organismus hineinzuspinnen". Die Antwort war die Einführung der Zivilehe. Diese wurde mit Blick auf den § 1 der Verfassung als unbedingt notwendig erachtet. Doch folgte diesen Betrachtungen keine gesetzliche Veröffentlichung. In Prag gab es Probleme mit dem Betrieb von Geschäften außerhalb des Judenviertels und mit den jüdischen Eheschließungen, da der Magistrat die alten Methoden beibehalten wollte, nachdem eine behördliche Zustimmung zu einer Eheschließung notwendig war. Da sich die Beamten selbst nicht einig waren, wurden eine Zeitlang überhaupt keine jüdischen Ehen geschlossen. In Ungarn war das Verhältnis der jüdischen Gemeinden zu den zentralen Behörden gestört, weil sich viele Juden in den Dienst der Revolution stellten, als Spione tätig waren und schließlich von den kaiserlichen Heerführern mit hohen Geldstrafen belegt wurden. In Galizien und in Lemberg waren die Behörden nicht bereit, die Ghettos aufzulassen. Trotz aller dieser Schwierigkeiten ließen sich die Juden z. B. von der Art, wie man mit ihnen Verhandlungen führte, beeindrucken. Man sah sich weitgehend ernst genommen. Wenn es Probleme gab, machten die Juden nicht ganz zu Unrecht die nachgeordneten Behörden dafür verantwortlich und feierten den Kaiser. Damals schon, 1850, wurde des Kaisers Geburtstag von ihnen gefeiert. In Galizien gab es in diesem Jahr 263 solcher Veranstaltungen. Bei seiner im gleichen Jahr stattfindenden Reise durch Galizien wurde Franz Joseph an allen Orten mit Abordnungen gehuldigt. Er besichtigte jüdische Institutionen, Industrieunternehmungen und empfing Abordnungen der Juden. Die Erdölförderung in Galizien, die damals noch von großer Bedeutung war, und die Raffinierung wurden wesentlich von Juden mitgetragen.

1851 wurde durch kaiserliche Erlässe kundgemacht, dass eine Änderung der Verfassung bevorstand. Die Juden begannen um ihre Errungenschaften zu fürchten, und die Regierung bemühte sich, diese Ängste zu zerstreuen. Man versicherte ihnen, dass sich an ihrer verfassungsmäßigen Stellung nichts ändern würde. Der Grund für diese Vorgangsweise war klar. Die Nachrichten über die bevorstehende Änderung der Verfassung hatte sich unangenehm auf die Börsenkurse ausgewirkt. Wichtiger noch war die Tatsache, dass man eine Staatsanleihe vorbereitete und der Wiener Gemeinde zu verstehen gab, dass eine entsprechende Zeichnung der Anleihe eine Voraussetzung für die ungeschmälerte Stellung der Juden sei. Der Wink mit dem Zaunpfahl hatte Erfolg.

Als nun die Verhandlungen über die Aufhebung der Märzverfassung begannen, stellte sich bald heraus, dass die meisten Regierungsmitglieder und Abgeordneten des Reichstages den Gleichheitsgrundsatz nicht aufheben wollten, vereinzelt aber Widerstand spürbar war. „Die bedenklichen Folgen der Entstehung von bisher im Lande unbekannten religiösen Genossenschaften" wurden ausgiebig ins Spiel gebracht. Als dem Kaiser der Entwurf vorgelegt wurde, stimmte er nicht zu, dass der Grundsatz der Gleichberechtigung der Juden erhalten blieb. Kübeck, der Präsident des Reichsrates, und der kaiserliche Flügeladjutant Major Babarczy hatten ihn wahrscheinlich beeinflusst. Der Major hatte sogar eine Schrift verfasst, in der er die Einführung der vormärzlichen Beschränkungen für die Juden forderte. Das Silvesterpatent vom 31. Dezember 1851 hob im Wesentlichen die Verfassung von 1849 auf und stellte Durchführungsverordnungen in Aussicht. Bis dahin sollten die geltenden Gesetze weiterbestehen. Welche waren damit gemeint? Darüber gab es heftige Diskussionen. Die einen meinten, mit dem Hinweis auf die bestehenden Gesetze sei die Verfassung 1849 gemeint, andere standen auf dem Standpunkt, dass nun wie-

Israel Hönig von Hönigsberg, ab 1783 Direktor der Tabakregie. Als erstem österreichischen Juden wurde ihm der 1789 der Erbadel verliehen.

Dr. Adolf Fischhof gehört zu den bekanntesten Personen der Revolution 1848.

Der Student Karl Heinrich Spitzer war eines der Todesopfer vom 13. März 1848.

No:	Namen des Familienhaupts	Vermögen	Nahrungsstand	Anzahl der Familie
28.	Bernhard Eskeles	150.	Compagnion des Wollen Aufstinat.	3.
29.	Joseph Levi,	25.	Commissions u. Galanterie Waaren handle,	2.
30.	Michael Simon,	50.	Jubelen und antiqen	6.
31.	Jacob Aflasinger,	25.		1.
32.	Mayer Mannheimer,	50.		7.
33.	Jacob Pollak,	100.	Pretiosen, Diamanten u. Messse Negociant.	10.
34.	Jacob Juda Pollak,	10.		11.
35.	Lazar Viatsch,	75.	Branntweinbrauner,	6.
36.	Niesser Kohn,	80.		17.
37.		25.	Commissions handle nach	5.
38.	Joseph	30.	Galanterie Waaren	10.
39.	Salomon Lehmann Herz,	150.	Compagnion des Nathan Arnsteiner.	21.
40.	Benedict Sayn,	100.	Wollen u. Seiden handle	10.
41.	Daniel Leonhard Oppenheimer	20.	Doctor Medicina,	2.
42.	David König,	100.	Jüden Traiteur.	15.
43.	Emanuel Engel,	100.	Jüden Traiteur.	16.
44.	Leonhard Kirschmann,	150.		10.
45.	Jacob Oppenheimer,	150.		13.
46.	Abraham Goldstein,	70.		12.
47.	David Kolisch,	80.		10.
48.	Isaac Jacob Gödölbig,	30.		15.
49.	Joachim Michel Levi,	30.		14.
50.	Joachim Baruch,	50.	Wollen, Seiden	12.
51.	Götz Gabriel Oppenheimer,	100.		8.
52.	Samuel Davis,	80.		5.
53.	Wolfgang Pollak,	70.	Leder handle	7.
54.	David Joseph Ascharole,	40.		4.
55.	Noe Ascher,	30.	Zahnarzt.	10.
56.	Goldin Magazin, W.	12.		10.
57.	Israel Wolf Sappir,	70.	Galanterie Waaren	lebt mit Familie in
58.	Ludwig Gottal,	70.	Wollen und	3.
				275. Personen

Ausschnitt aus der Wiener jüdischen Familienliste 1804.
Nr. 28 Bernhard Eskeles und Nr. 55 der Zahnarzt Noe Ascher.

Das Wappen von Hofmann von
Hofmannsthal.

Innenraum des Wiener Stadttempels um 1830.

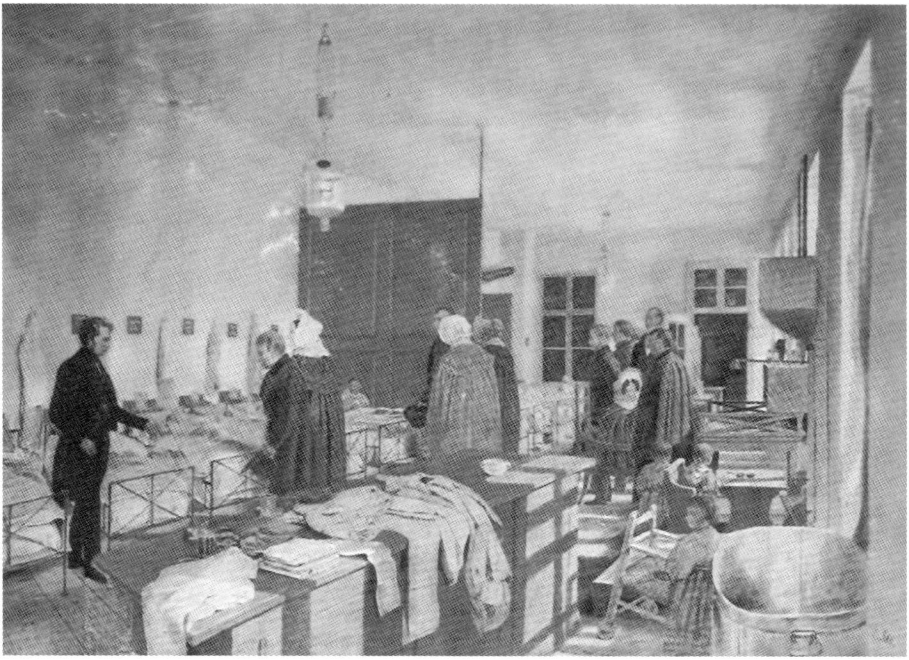

Besuch Kaiser Ferdinands I. im Mauthnerschen Kinderspital.

Kaiserhuldigung der jüdischen Flüchtlinge aus Galizien in Wien am 15. Oktober 1914.

der die vormärzlichen Gesetze galten, die besten Aussichten hatte noch die Auffassung, dass das Allgemeine Bürgerliche Gesetzbuch gelte. In der Praxis bewährte sich dieser Standpunkt recht gut. Trotzdem kam es zu unlösbaren Problemen, denn Innenminister Alexander Bach erklärte nun seine Absicht, ein Gesetz über die staatsbürgerliche Stellung der Juden zu erlassen. Ein Einzelfall, eine Grundstücksangelegenheit in Galizien, sollte Bach dazu zwingen, die Sache voranzutreiben, denn es erhob sich die Frage, ob Juden nun unbeschränkt Grundstücke erwerben konnten oder nicht. Er sah die Sache in so großen Zusammenhängen, dass er sich außerstande fühlte, zum Einzelfall, geschweige denn generell Stellung zu nehmen. Die Lösung der galizischen Einzelfrage erfolgte so gewunden, dass die Entscheidung, die auf eine Beschränkung beim Erwerb von Grundstücken hinauslief, bei den Juden einen niederschmetternden Eindruck hinterließ. In den Gemeinden konnte man sich vorstellen, was von einem künftigen Judengesetz zu erwarten war. Die Wiener Gemeinde wurde aktiv und überreichte dem Kaiser persönlich ein Majestätsgesuch, in dem sie um Widerruf der Verordnung bat. Der Kaiser antwortete ausweichend. Die Wiener Juden wiesen darauf hin, dass ihre verfassungsmäßige Stellung ja auf den Kaiser zurückzuführen sei, der die Gleichberechtigung 1849 ausdrücklich auch mündlich als Tatsache konstatiert hatte. Zudem kamen Nachrichten aus Italien von Radetzky, die Juden könnten sich der Irredenta anschließen, und in Paris und London beschwerten sich die Juden über die Verordnung Franz Josephs I. Die Regierung und insbesondere Bach, der den einzelnen Entscheidungen der kaiserlichen Verordnung kräftig entgegenwirkte, erklärten in Zeitungsartikeln, auch im Ausland, dass sie nicht daran dächten, die alten Judengesetze des Vormärz wieder einzuführen.

Dies entsprach auch den Tatsachen. Neben den Bauern blieben auch für die Juden im Wesentlichen die Verfassungserrungenschaften in Geltung, wenn auch lokale Behörden oder der konservative Kreis um den Kaiser manchmal Schwierigkeiten machten. So wollte man in Böhmen wieder das Verbot erneuern, dass Juden

209

keine christlichen Dienstboten anstellen durften. Die Zulassung zum Notariat und zur Beamtenschaft wurde immer wieder in Frage gestellt, und die Ansiedlungsverbote in den Bergwerkszentren, an der Militärgrenze und in den Alpenländern blieben in Kraft. Hingegen verlor das System der Familienstellen in Böhmen an Bedeutung, die Sondersteuern verschwanden, die Gewerbefreiheit gewann auch für die Juden an Boden und auch ihre Behandlung beim Militär besserte sich; sie erhielten Auszeichnungen, und die Zahl der jüdischen Offiziere stieg an.

1859 kamen dann die Dinge tatsächlich in Fluss. Österreich brauchte Anleihen und musste allen Verdächtigungen entgegentreten, die vormärzlichen Gesetze wieder einzuführen. Die außenpolitisch prekäre Lage gab den fortschrittlichen Kräften Auftrieb, die nun den Einfluss der Konservativen zurückdrängten. Letztlich sollte sich die endgültige Regelung bis zur Niederlage von Königgrätz hinziehen. 1867 gab es schließlich keinen Zweifel mehr, dass die Gefahr, die Errungenschaften der Revolution zu verlieren, gebannt war.

Eine eigenständige Haltung des Kaisers ist in diesem Fragenkomplex nicht zu erkennen. Zwischen seinen Ministern und Ratgebern schwankend, gehorchte er lediglich äußerem Druck. Dass die Juden selbst aus politischen Gründen seine Erklärung vom 3. April 1849 über den grünen Klee lobten, war selbstverständlich; immerhin konnte solches Lob auch als moralischer Appell gedeutet werden, dass der Kaiser gefälligst bei seinen einst gemachten Zusagen zu bleiben habe. Diese rhetorischen Äußerungen mögen einen gewissen Einfluss auf die retrospektive Betrachtung des Zeitalters Kaiser Franz Josephs gehabt haben. Damit meine ich nicht so sehr die Einschätzung durch den heutigen Geschichtsschreiber, sondern den Schwanengesang auf die Monarchie eines Stefan Zweig und eines Joseph Roth, die sich wahrscheinlich auf diese Formulierungen bezogen. Sie hatten aber sicher auch die spätere Regierungszeit Franz Josephs vor Augen, die sich deutlich von seinen jüngeren Jahren unterschied.

An der sich seit 1859 abzeichnenden Entscheidung über die Gleichstellung hielt der Kaiser in den folgenden Jahrzehnten fest. Nicht zuletzt deshalb, weil sich judenfeindliche Äußerungen zunehmend tumultuarisch äußerten, wogegen Franz Joseph entschiedene Abneigung hegte. Die josefinische Komponente seines Regierungsstils kam in dem Bemühen zum Ausdruck, so lange als möglich auf die besondere Lage in den einzelnen Ländern Rücksicht zu nehmen. Doch auch diese Methode war überholt. Der Gesamtstaat bedurfte gerade in solchen Fragen einheitlicher Grund- und Wertvorstellungen.

Antisemitismus und Nationalitätenproblem

Bald nach der Konstituierung der Doppelmonarchie wurden zwei Probleme deutlich sichtbar, die schon vorher bestanden hatten. Der Antisemitismus und die Nationalitätenfrage waren mehrfach miteinander verknüpft. Nach 1867 gehörte der Aufbau eines patriotischen, österreichischen Programms zu den wichtigsten Aufgaben. Dies stieß aber auf beträchtliche Schwierigkeiten. Die einflussreichste Gruppe waren noch immer die Verfassungsliberalen, zu denen auch die meisten führenden Juden gehörten. Da die Verbindung zwischen den Gemeinden in der Monarchie und der Wiener sehr eng war, empfanden sich die Juden zumeist als deutsch. Diese Konstellation hatte ihre Wurzeln, wie wir sehen konnten, schon in josefinischer Zeit und wirkte nun fort. Bedeutung erlangte dieses Bewusstsein vor allem in den böhmischen Ländern. Sieht man nämlich weiter, ergeben sich ganz andere Verhältnisse. In Galizien gab es zwar in den gebildeten Schichten unter den Juden einen Hang zum Kulturdeutschtum, das im 20. Jahrhundert noch Gewicht bekommen sollte, doch nach dem Ausweis der Volkszählungen galten die meisten Juden Galiziens als Polen. Sie wurden dadurch antiruthenisch, also antiukrainisch instrumentalisiert. Es ist daher vor dem Hintergrund judenfeindlicher Traditionen kein Wunder, dass der Nationalitätenstreit auch auf einer antisemitischen Linie ausgetragen wurde. Ruthenische Äußerungen gegen die polnische Mehrheitsbevölkerung nahmen ebenso antisemitische Formen an wie tschechische gegen die Deutschen. Ebenso wurden

211

die Juden im ungarischen Reichsteil für die Magyarisierung gegen die Kroaten und andere kleinere Völker eingesetzt. Dazu kam noch, dass die führenden Budapester Juden wie ihre Glaubensgenossen in Galizien ziemlich deutsch dachten und fühlten. Die Verteilung der Juden in der ganzen Monarchie hatte zunächst überhaupt keine supranationale Wirkung, so lange sie nicht den Wunsch hatten, als eigene jüdische Nation behandelt zu werden. Dieser Gedanke trat erst ans Licht, als die sozialen Verhältnisse in Wien einen aggressiven Antiliberalismus hervorbrachten, der sich auch gegen die Juden richtete, die von den neuen Wirtschaftsverhältnissen profitierten.

Ein verbal radikaler, in seiner Zielrichtung nicht klarer Antisemitismus war in vielen Schriften während der Revolution aufgetaucht. Im Wesentlichen orientierten sich diese Pamphlete an traditionellen Themen, unter denen z. B. das Neuaufleben der Ritualmordbeschuldigung auffällig ist. Schon in den ersten Jahren nach 1848 richtete sich die Kritik an den Juden vor allem gegen die liberalen Vertreter, hingegen fand sogar ein erklärter Judenfeind wie Sebastian Brunner für die Orthodoxen lobende Worte. Dies deckt sich auch mit der Tendenz des Kultusministers Leo von Thun, der bereit war, die Orthodoxen gegen die progressiver eingestellten Juden zu unterstützen.

Die Äußerungen Kaiser Franz Josephs zum Antisemitismus waren eindeutig und zeigen, dass er sich gegenüber dieser störenden Bewegung anders verhielt als zu Beginn seiner Regierungszeit gegenüber den Versuchen, die alte Ordnung möglichst zu bewahren. 1882 erklärte der Kaiser öffentlich: „Ich dulde keine Judenhetze in Meinem Reiche, jede Antisemitenbewegung muß sofort in ihrem Keime erstickt werden." Dementsprechend war der Kaiser auch für orthodoxe Juden der „ritterliche Monarch" und die „Garantie unseres Schutzes". Für die Juden galt daher, dass der gottesfürchtige Jude jeden Grund hätte, „ein Patriot und treuer Untertan" des Kaisers zu sein. Zu den frühen Kundgebungen, die damals im Augenblick der Gefahr einer rechtlichen Schlechterstellung politische Signale für den Kaiser waren, trat nun eine Einschätzung seines Wirkens, das sich auf eine Politik bezog, in der sich allmählich eine neue Rolle der Juden in der Politik des Vielvölkerstaates abzeichnete.

Ausgangspunkt war die Überzeugung vieler Juden, dass der dynastische Patriotismus, das loyale Österreichertum und die Eintracht unter den Nationalitäten ihren Grundbedürfnissen entsprachen. Dem Standpunkt der Orthodoxen kam in dieser Vorstellungswelt große Bedeutung zu. Sie waren der Auffassung, dass Ministerpräsident Graf Taaffe und der Polenklub die richtige Politik in der Nationalitätenfrage und damit zum Erhalt der Monarchie betrieben. Die Orthodoxen vertraten die Meinung, dass die liberale Gemeindeführung am Antisemitismus schuld sei. Besonders kritisierten sie die Imitation der Nichtjuden und die Bemühungen der Juden, sich als assimilierte Magyaren oder Deutsche zur Schau zu stellen. Als Beweis führten sie an, dass es in den slawischen Provinzen zu keinen antisemitischen Kundgebungen komme. Die Verhältnisse in Polen wurden positiv beurteilt. Das galizische Judentum sei nicht bereit, seinen Glauben der deutschen Kultur zu opfern, und identifiziere sich mit der polnischen Nation.

Diese politische Haltung wurde von Dr. Josef Samuel Bloch präzisiert, wobei seine Tätigkeit von Fischhof geschätzt und unterstützt wurde. Der junge Rabbiner von Floridsdorf wurde durch seinen publizistisch Aufsehen erregenden Streit mit dem Prager Professor für alttestamentarische Wissenschaften, August Rohling, bekannt, während die etablierten Wiener Juden, ihr Prediger Jellinek und ihr Rabbiner Güdemann wenig zu sagen hatten, ja Bloch sogar auf offener Straße beschimpften. Es war klar, dass die Honoratioren der Wiener Gemeinde nach wie vor auf die verfassungsliberale Partei setzten und die Konfrontation mit Bloch wegen der Unterschiede in der Nationalitätenfrage stattfand. Als Abgeordneter des galizischen Wahlbezirkes Kolomea, Biczacz und Sniatyn wurde er 1884, 1885 und wieder 1891 in den Reichstag gewählt, wo er jüdische Probleme zu seinem Hauptanliegen machte. In seiner 1884 gegründeten Zeitschrift „Österreichische Wochenschrift" bekämpfte er den Antisemitismus und kritisierte assimilatorische Tendenzen unter den Juden. In Übereinstimmung mit Fischhof trat er für jüdische Interessen ein, betonte dabei aber immer den Grundsatz der Gleichberechtigung für alle Völker. Der Überbau dieses politischen Programms war die Glorifizierung der Dynastie. In seiner Schrift „Der nationale Zwist und die Juden in Österreich" aus dem Jahr 1886 trat er dafür ein, dass die Juden im Nationalitätenkampf neutral bleiben sollten. Anstelle der Assimilation an Deutsche, Tschechen, Polen oder Ungarn sollten sie sich als österreichische Juden fühlen. In klarer Erkenntnis der Entwicklung schrieb Bloch: „Sobald das Volk von der Überzeugung durchdrungen ist, nur dem Stammesgenossen Geltung zu gewähren, dann wird der kühnste Toleranzprediger es nicht zuwege bringen, den Jeiteles oder Kohn als Stammesgenossen dem Volk zuzumuten. Ohne zur lächerlichen Karikatur herabzusinken, können wir weder deutschnational oder tschechischnational uns gebärden und als Logik der Tatsachen und als Gebot politischer Klugheit ergibt sich für uns – außerhalb aller nationalen Parteien Stellung nehmen zu müssen."

Sein Streit mit den Liberalen wurde so intensiv, dass der Prediger am Leopoldstädter Tempel, Jellinek, und Blochs Intimfeind Emmanuel Baumgarten seine Ernennung zum Universitätsprofessor verhinderten, für die sich Graf Taaffe eingesetzt hatte.

Obwohl Bloch mit der Gründung der Österreichisch-Israelitischen Union in ein ruhigeres Fahrwasser geriet, hielt er doch an seinem Prinzip der Stärkung der jüdischen Identität und der Ablehnung der Assimilierungstendenzen fest. Auch pflegte er Kontakte mit den Studentenkreisen der Kadimah, die wesentlich an der Entstehung eines nationalen Judentums beteiligt waren, das nicht immer zionistisch sein musste. Durch sein steigendes Ansehen gewann er auch Einfluss in der Kultusgemeinde, wobei ihm der politische Abstieg der Liberalen zu Hilfe kam. Die grundsätzlichen Konflikte zwischen den Juden blieben zwar bestehen, doch minderten sie sich im Rahmen der Begegnung in der Union, die gewissermaßen zum politischen Arm der Kultusgemeinde wurde. Wenn sich auch die meisten ihrer Mitglieder kritisch bis ablehnend zum Zionismus äußerten, trug die Union doch zur Stärkung des jüdischen Bewusstseins

214

bei. Diese Stärkung erfolgte aber im Rahmen eines Bekenntnisses zum österreichischen Staat. Dieser wiederum und an seiner Spitze der Kaiser fanden in den Juden tatsächlich eine Gruppe von Österreichern, die sich aus dem Streit der Nationalitäten heraushielt und damit den vom Hof erwünschten österreichischen Patriotismus stärkte. Die Position der Juden war nicht supranational, sondern wurzelte in einem wachsenden jüdischen Bewusstsein. Da sich die Juden im Gegensatz zu anderen Nationen nicht sehr stark fühlten – 1,5 Millionen Juden lebten in der Monarchie –, lehnten sie sich gerne an den Schutz an, den die Regierung zu gewähren schien. Vielleicht spielt in diesem Punkt ein traditionelles Verhalten mit, Reflexe auf die mehrfach besprochene Schutzaufgabe des Kaisers gegenüber den Juden, die allerdings am Ende des 19. Jahrhunderts einen anderen Inhalt hatte. Der Kaiser galt den Juden zusammen mit der Regierung als Hüter der errungenen verfassungsmäßigen Rechte. Wenn sich auch idealtypische Vergleiche mit älteren Beispielen für das kaiserlich-jüdische Verhältnis in einem gewissen intellektuellen Übermut aufdrängen, sind in diesem Punkt erhebliche Einwendungen am Platz. Ihre verfassungsmäßigen Rechte hatten sich die Juden an der Seite des liberalen Bürgertums 1848 erkämpft. Dass dieses Bürgertum mit der Zeit nicht mehr die Macht und manchmal auch nicht die Lust hatte, sich für ihre ehemaligen Mitstreiter einzusetzen, brachte die Juden wieder in die Nähe des obersten Schirmherrn, dem man 1848 die eigenen Rechte abgetrotzt hatte und der nun gezwungen war, überzeugend darzulegen, dass man eigentlich ihm diese Verfassungsrechte zu verdanken habe.

Auch die letzten Jahre der Monarchie sind nur eine Momentaufnahme, eine vorübergehende Konstellation, die in den Erinnerungen von Zweig und Roth als konfliktfreie Vergangenheit schlechthin erscheinen und damit den absolut falschen Anschein der Zeitlosigkeit erwecken. Man ist überfordert, ein generelles Urteil über das Verhältnis der Habsburger zu den Juden abzugeben. Immer war es Spiegel der jeweiligen Verhältnisse, immer durch realpolitische Lagen geprägt; eine prinzipielle Haltung lässt sich nicht erkennen.

215

Die habsburgischen Herrscher waren wohl Katholiken, aber keine Theologen, die langfristig über das jüdisch-christliche Verhältnis reflektierten. Als Herrscher waren sie Politiker, die von taktischen Erwägungen im Fluss der Tagespolitik extrem abhängig waren und daher gar nicht die Möglichkeit hatten, über die Fundamente ihrer Beziehung zu den Juden nachzudenken.

Wieder tritt uns als Ausnahme Josef II. entgegen. Er hielt als einziger habsburgischer Herrscher an einem Prinzip fest, das er schon als Mitregent und Berater seiner Mutter für richtig gehalten hatte, dem der Toleranz. Wie ihm auch der Wind entgegenwehte, wie weitschweifig und klug die Gegendarstellungen der Statthalter und anderer Beamter auch sein mochten, mehr als kleine Korrekturen seiner Grundüberlegungen und Befehle vermochten sie ihm nicht abzugewinnen. Zu Anfang dieses Buches wurde behauptet, dass die Toleranzpolitik den Höhepunkt habsburgischer Politik gegenüber den Juden bedeutete. Trotz der Berücksichtigung aller Kritik an der josefinischen Politik hat sich im Vergleich mit vielen anderen Vorfahren und Nachkommen dieses Urteil bestätigt.

LITERATURHINWEISE

Habsburg und die Toleranzpolitik
Die Darstellung folgt in ihrer prinzipiellen Problematik Joseph KARNIEL, *Die Toleranzpolitik Kaiser Josephs II.* Gerlingen 1985. Vgl. auch Wolfgang HÄUSLER, *Toleranz, Emanzipation und Antisemitismus. Das österreichische Judentum des bürgerlichen Zeitalters 1782–1918,* in: Das österreichische Judentum, Wien, München 1974, S. 83–140. Ders., *Die josephinische Publizistik zur Frage der Toleranz für das österreichische Judentum,* in: Bericht über den vierzehnten österreichischen Historikertag in Wien. Wien 1979, S. 59–73. Helene KOHN, *Beiträge zur Geschichte der Juden in Österreich unter Kaiser Joseph II.* Diss. Wien 1919. Zu Böhmen Ruth KESTENBERG-GLADSTEIN, *Neuere Geschichte der Juden in den böhmischen Ländern. 1. Teil. Das Zeitalter der Aufklärung 1780–1830.* Tübingen 1969. Ludwig SINGER, *Zur Geschichte der Toleranzpatente in den Sudetenländern.* Jahrbuch der Gesellschaft für Geschichte der Juden in der Cechoslovakischen Republik 5, Prag 1933, S. 231–312. Zu Ungarn Wolfdieter BIHL, *Die Entstehungsgeschichte des josephinischen Patents für die Juden Ungarns vom 31. März 1783.* FS Adam Wandruszka, Wien 1974. Zu Triest Lois C. DUBIN, *The Port Jews of Habsburg Trieste. Absolutist Politics and Enlightment Culture,* Stanford 1999. Im übrigen ist die umfassende Bibliografie in dem zitierten Werk von Joseph KARNIEL zu konsultieren. Zur Wiener Entwicklung des 18. Jahrhunderts Max GRUNWALD, *Samuel Oppenheimer und sein Kreis* (Quellen und Forschungen zur Geschichte der Juden in Deutsch-Österreich 5), Wien, Leipzig 1913.

Die Habsburger und die Juden im Mittelalter
Michael TOCH, *Die Juden im mittelalterlichen Reich* (Enzyklopädie deutscher Geschichte, Band 44), München 1998. Michael TOCH, *Siedlungsstruktur der Juden Mitteleuropas im Wandel vom Mittelalter zur Neuzeit,* in: Juden in der christlichen Umwelt während des späten Mittelalters. Hg. von Alfred Haverkamp und Franz-Josef Ziwes (Zeitschrift für historische

Forschung. Beiheft 13), Berlin 1992, S. 29–40. Alfred HAVERKAMP, *„Concivilitas" von Christen und Juden in Aschkenas im Mittelalter*, in: Robert Jütte, Abraham P. Kustermann, Jüdische Gemeinden und Organisationsformen von der Antike bis zur Gegenwart (Aschkenas. Beiheft 3, Wien, Köln, Weimar 1996), S. 103–136. Klaus LOHRMANN, *Judenrecht und Judenpolitik im spätmittelalterlichen Österreich* (Handbuch zur Geschichte der Juden in Österreich Bd. 1), Wien, Köln 1990. Klaus LOHRMANN, *Bemerkungen zum Problem „Jude und Bürger"*, in: Juden in der Stadt. Hg. von Fritz Mayerhofer und Ferdinand Opll (Beiträge zur Geschichte der Städte des Mittelalters 15, Linz 1999), S. 145–166. Solomon GRAYZEL, *The Church and the Jews in the XIIIth Century*, Philadelphia 1933. Johann Evangelist SCHERER, *Die Rechtsverhältnisse der Juden in den deutsch-österreichischen Ländern*, Leipzig 1901. Alfred HAVERKAMP, *Die Judenverfolgungen zur Zeit des Schwarzen Todes im Gesellschaftsgefüge der deutschen Städte*, in: Zur Geschichte der Juden im Deutschland des späten Mittelalters und der frühen Neuzeit (Monographien zur Geschichte des Mittelalters 24, Stuttgart 1981), S. 27–93. Guido KISCH, *Ausgewählte Schriften*, 3 Bde., Bd. 1: *Forschungen zur Rechts- und Sozialgeschichte der Juden*, Stuttgart 1955; Bd. 2: *Forschungen zur Rechts-Wirtschafts- und Sozialgeschichte der Juden*, Sigmaringen 1979; Bd. 3: *Forschungen zur Rechts- und Sozialgeschichte des Mittelalters*, Sigmaringen 1980. Walter J. PAKTER, *Medieval Canon Law and the Jews* (Münchner Universitätsschriften, Juristische Fakultät: Abhandlungen zur rechtswissenschaftlichen Grundlagenforschung 68), Ebelsbach 1988. Friedrich LOTTER, *Innocens Virgo et Martyr. Thomas von Monmouth und die Verbreitung der Ritualmordlegende im Hochmittelalter*, in: Rainer Erb (Hg.), Die Legende vom Ritualmord (Dokumente, Texte, Materialien 6), Berlin 1993, S. 25–72. Alexander PATSCHOVSKY, *Der „Talmudjude". Vom mittelalterlichen Ursprung eines neuzeitlichen Themas*, in: Juden in der christlichen Umwelt während des späten Mittelalters. Hg. von Alfred Haverkamp und Franz-Josef Ziwes (Zeitschrift für historische Forschung. Beiheft 13), Berlin 1992, S. 13–28. Klaus LOHRMANN, *Die Judenverfolgungen zwischen 1290 und 1420 als theologisches und soziales Problem*, in: Wellen der Verfolgungen in der österreichischen Geschichte, hg. von Erich Zöllner (Schriften des Instituts für Österreichkunde 18), Wien 1986, S. 40–51. Winfried STELZER, *Am Beispiel Korneuburg: Der angebliche Hostienfrevel österreichischer Juden von 1305 und seine Quellen*, in: Österreich im Mittelalter. Bausteine zu einer revidierten Gesamtdarstellung (Studien und Forschungen aus dem niederösterreichischen

Institut für Landeskunde, Bd. 26), St. Pölten 1999, S. 309–347. Manfred ANSELGRUBER, Das „Hostienwunder" von Pulkau aus der zeitgenössischen Quelle des Fridericus von Bamberg, in: ders. und Herbert Puschnik, Dies trug sich zu anno 1338. Pulkau zur Zeit der Glaubenswirren. Pulkau 1992, S. 53–68. Wilhelm WADL, Geschichte der Juden in Kärnten im Mittelalter. Mit einem Ausblick bis zum Jahre 1867 (Das Kärntner Landesarchiv 9), Klagenfurt 1981. Otto BRUNNER, Das Archiv des Landmarschalls Ulrich von Dachsberg. Mit einem Exkurs zur Geschichte der Juden in Wien. Mitteilungen des Vereins für Geschichte der Stadt Wien 7 (1927), S. 63–90.

Verfolgungen und Vertreibungen

Artur Goldmann, Das Judenbuch der Scheffstraße zu Wien (1389–1420) (Quellen und Forschungen zur Geschichte der Juden in Deutsch-Österreich, Band 1), Wien, Leipzig 1908 (mit der Textausgabe der sogenannten Wiener Geserah). Samuel KRAUSS, Die Wiener Geserah vom Jahre 1421, Wien, Leipzig 1920. Michael H. SHANK, „Unless You Believe, You Shall Not Understand". Logic, University and Society in Late Medieval Vienna, Princeton 1988. Ruth KESTENBERG, Hussitentum und Judentum. Jahrbuch der Gesellschaft für Geschichte der Juden in der Cechoslovakischen Republik 8 (1936), S. 1–25. Israel YUVAL, Juden, Hussiten und Deutsche. Nach einer hebräischen Chronik, in: Juden in der christlichen Umwelt während des späten Mittelalters. Hg. von Alfred Haverkamp und Franz-Josef Ziwes (Zeitschrift für historische Forschung. Beiheft 13), Berlin 1992, S. 59–102. David KAUFMANN, Die letzte Vertreibung der Juden aus Wien und Niederösterreich, ihre Vorgeschichte (1625–1670) und ihre Opfer, Wien 1889. Stefi JERSCH-WENZEL, Juden und Franzosen in der Wirtschaft des Raumes Berlin/Brandenburg zur Zeit des Merkantilismus, Berlin 1978. Josef BERGL, Das Exil der Prager Judenschaft von 1745 bis 1748. Jahrbuch der Gesellschaft für Geschichte der Juden in der Cechoslovakischen Republik 1 (1929), S. 263–331. S. H. LIEBEN, Briefe von 1744–1748 über die Austreibung der Juden in Prag. Jahrbuch der Gesellschaft für Geschichte der Juden in der Cechoslovakischen Republik 4 (1932), S. 353–480.

Die Habsburger als Kaiser und die Juden

Selma STERN, Josel von Rosheim. Befehlshaber der Judenschaft im Heiligen Römischen Reich Deutscher Nation, Stuttgart 1959. J. Friedrich BATTENBERG, Die Privilegierung von Juden und der Judenschaft im

Bereich des Heiligen Römischen Reiches deutscher Nation, in: Das Privileg im europäischen Vergleich, Bd. 1, hg. von Barbara Dölemeyer und Heinz Monhaupt (Ius Commune. Sonderheft 93), Frankfurt/Main 1997, S. 139–190. Ders., *Die „privilegia contra Iudaeos".* Zur Privilegienpraxis *der römisch-deutschen Kaiser in der Frühen Neuzeit,* in: ebd., Bd. 2, Frankfurt/Main 1999, S. 85–115. *Deutsch-jüdische Geschichte in der Neuzeit,* Bd. 1, *Tradition und Aufklärung 1600–1780* von Mordechai Breuer und Michael Graetz, München 1996. Siehe auch: Johann Evangelist SCHERER, *Die Rechtsverhältnisse der Juden in den deutsch-österreichischen Ländern,* Leipzig 1901 (Beiträge zur Geschichte des Judenrechtes im Mittelalter mit besonderer Berücksichtigung der österreichisch-ungarischen Monarchie 1).

Die Habsburger als Landesfürsten

Allgemein: Simon DUBNOW, *Weltgeschichte des jüdischen Volkes. Von seinen Uranfängen bis zur Gegenwart,* Bd. VI: *Die Neuzeit. Erste Periode. Das XVI. und die erste Hälfte des XVII. Jahrhunderts.* Berlin 1927. Gerson WOLF, *Ferdinand II. und die Juden. Nach Aktenstücken in den Archiven der k. k. Ministerien des Inneren und Äußeren.* Wien 1859. Böhmen: Vladimir LIPSCHER, *Zwischen Kaiser, Fiskus, Adel, Zünften: Die Juden im Habsburgerreich des 17. und 18. Jahrhunderts am Beispiel Böhmens und Mährens,* Diss. Zürich 1983. Jaroslav PROKES, *Der Antisemitismus der Behörden und das Prager Ghetto in nachweißenbergischer Zeit.* Jahrbuch der Gesellschaft für Geschichte der Juden in der Cechoslovakischen Republik 1 (1929), S. 41–262. Anton BLASCHKA, *Die Judenschulden im Register des Prager Burggrafenamtes 1497–1500.* Jahrbuch der Gesellschaft für Geschichte der Juden in der Cechoslovakischen Republik 2 (1930), S. 97–119. Guido KISCH, *Die Zensur jüdischer Bücher in Böhmen. Beiträge zu ihrer Geschichte.* Jahrbuch der Gesellschaft für Geschichte der Juden in der Cechoslovakischen Republik 2 (1930), S. 456–490. Tobias JAKOBOVITS, *Das Prager und Böhmische Landesrabbinat Ende des siebzehnten und Anfang des achtzehnten Jahrhunderts. Beiträge zu ihrer Geschichte.* Jahrbuch der Gesellschaft für Geschichte der Juden in der Cechoslovakischen Republik 5 (1933), S. 79–136. Guido KISCH, *Die Prager Universität und die Juden (mit Beiträgen zur Geschichte des Medizinstudiums).* Jahrbuch der Gesellschaft für Geschichte der Juden in der Cechoslovakischen Republik 6 (1934), S. 1–144. Vaclav PESAK, *Die Judensteuer in Böhmen in den Jahren 1527–1529.* Jahrbuch der Gesellschaft für Geschichte der Juden in der Cechoslovakischen Republik 7 (1935), S. 1–35.

Helmut TEUFEL, *Zur politischen und sozialen Geschichte der Juden in Mähren vom Antritt der Habsburger bis zur Schlacht am Weißen Berg (1526–1620)*, Diss. Erlangen, Nürnberg 1971. Wien und Österreich: Max GRUNWALD, *Geschichte der Juden in Wien 1625–1740*. Geschichte der Stadt Wien 5, Wien 1913, S. 65–99. Max GRUNWALD, *Samuel Oppenheimer und sein Kreis*. Quellen und Forschungen zur Geschichte der Juden in Deutsch-Österreich, Wien, Leipzig 1913. Sabine HÖDL, *Juden in Niederösterreich von 1493 bis 1555. Eine Suche nach jüdischen Zeugnissen in einer Zeit ohne Juden. Mit einem Überblick über die Situation im 15. Jahrhundert*. Diplomarbeit, Wien 1994. Sabine HÖDL, *Zur Geschichte der Juden in Österreich unter der Enns 1550–1625*. Diss. Wien 1998. Hugo GOLD, *Geschichte der Juden in Österreich. Ein Gedenkbuch*. Tel Aviv 1971. Felicitas HEIMANN-JELINEK, *Österreichisches Judentum zur Zeit des Barock*, in: Kurt Schubert (Hg.), Die österreichischen Hofjuden und ihre Zeit. Eisenstadt 1991, S. 8–62 (Studia Judaica Austriaca XII). Josef JANACEK, *Die Handelsbeziehungen zwischen Prag und Linz im 16. Jahrhundert*. Historisches Jahrbuch der Stadt Linz (1960), S. 5–80. Leo MENCZER, *Geschichte der Juden in den österreichischen Provinzstädten im 17. und 18. Jahrhundert*. Diss. Wien 1929. Walter MESSING, *Beiträge zur Geschichte der Juden in Wien und Niederösterreich im 16. Jahrhundert*. Jahrbuch des Vereines für Geschichte der Stadt Wien 1 (1939), S. 11–49. Ungarn: *Monumenta Hungariae Judaica*. 12 Bände 1903–1969. J. BERGL, *Geschichte der ungarischen Juden*. Budapest 1879.

Kaiser, Staat und bürgerliche Gesellschaft
Hilde SPIEL, *Fanny von Arnstein oder die Emanzipation: Ein Frauenleben an der Zeitenwende, 1758–1818*, Frankfurt 1978. Klaus LOHRMANN, *Das österreichische Judentum zur Zeit Maria Theresias und Joseph II.* (Studia Judaica Austriaca VII), Eisenstadt 1980. Bernhard WACHSTEIN, *Die Inschriften des alten Judenfriedhofs in Wien*. Teil 1–2 (Quellen und Forschungen zur Geschichte der Juden in Deutsch-Österreich 4), Wien, Leipzig 1912 und 1917. Hanns JÄGER-SUNSDTENAU, *Die geadelten Judenfamilien im vormärzlichen Wien*. Diss. Wien 1950. Salo W. BARON, *Die Judenfrage auf dem Wiener Kongreß*. Wien 1905. *Das Judentum im Revolutionsjahr 1848* (Studia Judaica Austriaca I), Wien, München 1974. Bernhard DENSCHER, *Vergessene jüdische Literatur. 1000 Jahre österreichisches Judentum*, hg. von Klaus Lohrmann, Eisenstadt 1982, S. 205–224. Rudolf LEITNER, *Die Judenpolitik der österreichischen Regierung in den Jahren 1848–1859*. Diss. Wien o. J. Hanoch AVENARY, *Kantor Salomon*

Sulzer und seine Zeit. Eine Dokumentation, Sigmaringen 1985. Robert S. WISTRICH, *Die Juden Wiens im Zeitalter Kaiser Franz Josephs*, Wien, Köln, Weimar 1999. Marsha ROZENBLIT, *Die Juden Wiens 1867–1914. Assimilation und Identität*, Wien, Köln, Graz 1989. I. A. HELLWING, *Der konfessionelle Antisemitismus im 19. Jahrhundert in Österreich*, Wien 1972. Robert A. KANN, *Das Nationalitätenproblem in der Habsburgermonarchie*. 2. Aufl., 2 Bde., Graz, Köln 1964. Hillel KIEVAL, *The Making of Czech Jewry: National Conflict and Jewish Society in Bohemia 1870–1918.* New York 1988.

REGISTER